SOCIOLOGIE DE LA SCIENCE

PHILOSOPHIE ET LANGAGE

Sous la direction de

Angèle Kremer-Marietti

sociologie de la science

Sociologie des sciences et rationalité scientifique

MARDAGA

Réalisé avec l'aide du Ministère de la Recherche
et de la Technologie (DIST).

Hayen 11 - B-4140 Sprimont-Belgique
D 1998-0024-18

REMERCIEMENTS

Je remercie l'Université de Picardie-Jules Verne (Amiens), le Ministère de l'Éducation Nationale, le Ministère des Affaires Étrangères, le Ministère de la Recherche et de la Technologie (DIST), le Centre National de la Recherche Scientifique, la Fondation Singer-Polignac, grâce à l'aide desquels les travaux du Colloque ont pu être réalisés, à la Sorbonne et à l'Université d'Amiens, les 17, 18 et 19 avril 1990.

Et je remercie tout particulièrement Mademoiselle Mireille Delbraccio, Ingénieur au CNRS, Secrétaire du Colloque, qui a contribué avec Madame Thérèse Jasmin, Gestionnaire du Colloque, à l'organisation et à la réussite de ces Journées internationales.

Angèle Kremer-Marietti

Introduction
La sociologie de la science mise en question

Angèle Kremer-Marietti

Toute science est nécessairement soumise à des exigences, diverses mais ponctuelles, de *légitimation*, indispensables autant à sa reconnaissance globale, pure et simple, qu'à la justification, en son propre discours, de tout nouvel apport, dans la finalité de l'intégrer de droit au *corpus* de la discipline. C'est aussi pourquoi les épistémologues ont souvent tenté de mettre sur pied une théorie de la justification des résultats scientifiques, et surtout, en particulier, une théorie de la justification de la progressivité, particulière ou générale, de la science.

Par lui-même, le *concept de justification* requiert fondamentalement la nécessité d'un recours à une évaluation s'appliquant à des faits avancés comme scientifiques, ainsi qu'à leur théorie scientifique, considérée elle-même comme un fait général. L'évaluation évoquée est faite dans le but de justifier logiquement et réellement tout nouvel élément susceptible d'être introduit dans telle science déterminée, supposée elle-même en progression. À la limite, l'évaluation pourrait porter et opérer également sur la décision concernant le fait de savoir s'il y a effectivement ou non une *révolution scientifique*. Les corps scientifiques constitués tout comme les Académies sont susceptibles d'interroger légitimement les éléments susceptibles d'accéder dans le domaine réservé d'une science reconnue. Les critères de la légitimation relèvent *a priori* de la *rationalité scientifique*, et tels qu'ils sont partagés entre l'expérimentation et les processus naturels qui, à eux seuls, ne sauraient suffire à constituer une discipline, quelle qu'elle soit.

En outre, l'analyse de la rationalité scientifique, qu'elle soit une ou diversifiée, a mis au jour, en effet, le mode spécifique d'émergence des « croyances scientifiques ». Or, sur cette analyse des conditions d'admission dans le *corpus* des croyances scientifiques, anciennes ou nouvelles, les thèses des épistémologues et des philosophes de la science sont loin de s'accorder. Aussi, à partir d'un nouvel éclairage, la question se pose de savoir si la rationalité scientifique, invoquée constamment dans l'œuvre collective de la science, est, dans l'accomplissement concret du travail scientifique, véritablement pure de tout élément extérieur à la démarche intellectuelle propre à la recherche scientifique. Des éléments externes, c'est-à-dire sociaux ou institutionnels, contribueraient-ils à la formation des dites croyances scientifiques ?

L'époque actuelle étant vouée à la controverse[1], certains points fondamentaux doivent être soulignés et rappelés.

1

C'est bien pourquoi nous nous sommes demandé « si » et — si oui — « jusqu'à quel point » un examen sociologique pouvait rendre compte de la recherche scientifique prise en bloc comme en détail, ainsi que de ses progrès et résultats effectifs. En proposant, comme thème de recherche et de débat, la « sociologie de la science », nous avions donné l'occasion, aux divers chercheurs impliqués, de soumettre certains résultats scientifiques à l'épreuve des faits — et pas seulement des *faits scientifiques* — une épreuve qui soit contradictoire ou justificative en vue de reconnaître très précisément, de près ou de loin, l'ingérence de l'élément social dans la construction de l'édifice scientifique. Exemplairement, les analyses détaillées de Laurent Bibard et de Dominique Pestre[2] nous ont montré, non seulement les difficultés habituelles à la recherche, mais encore et surtout les avatars, souvent économiques, qui peuvent être ceux d'une recherche concrète.

La présente enquête avait donc permis aux sociologues et aux historiens des sciences de manifester, preuves à l'appui, l'effectivité caractérisée d'éléments strictement institutionnels et culturels — et c'est ce qui peut apparaître avec l'idéologie des sexes dans la biologie, sous l'examen scrutateur de Kathleen Okruhlik. Mais la diversité objective de cette enquête avait aussi permis aux rationalistes — et comme telle se présente Mahasweta Chaudhury — de disposer leurs arguments dans la discussion des critères de la « bonne science », et ainsi d'évaluer jusqu'à quel point précisément certains critères sont durablement valables par eux-mêmes et en eux-mêmes, et, par là, strictement *autonomes*.

L'épistémologie n'est plus — si elle le fut jamais — une discipline normative. Elle a, de plus, la possibilité de se tourner désormais vers l'étude des *sciences de la cognition* et, sur leur base, de s'intéresser à l'architectonique des opérations du cerveau humain. Dans cette orientation, ses préoccupations rejoindraient certaines des préoccupations qui sont généralement propres à une *philosophie de l'esprit* et même à une *théorie de la connaissance*. Toutefois, si l'épistémologie peut, dans la perspective cognitive, s'interroger, du double point de vue structurel et fonctionnel, sur les facultés de représentation et de calcul de l'esprit humain, elle pourrait rendre compte, au-delà des opérations formelles d'un *cogito*, des opérations neurologiques du cerveau humain et, tout aussi bien, des « représentations mentales » d'un système physique, appréhendées selon un mode physicaliste.

L'établissement d'une architectonique de l'esprit est nécessaire à une forme d'épistémologie que nous dirons « individuelle »; en complément de cette approche, seront également nécessaires à une forme d'épistémologie que nous dirons « sociale » les sciences sociales elles-mêmes, qui peuvent lui apporter à la fois les faits et les modèles qui leur sont particuliers. Psychologie et sociologie cognitives sont possibles, l'une et l'autre *ensemble*, sans que l'une doive nécessairement gêner l'autre, ou prendre sa place. Cette virtuelle mixité inspire Brian S. Baigrie : c'est ce qui lui a fait concevoir ce que pourrait être une sociologie cognitive de la connaissance qui serait apte à se concilier l'autorité de la raison, ainsi qu'il le démontre dans les pages que nous publions.

Si, cependant, nous ouvrons cet ouvrage sur quelques vues historiques, c'est parce que l'histoire met au jour une véritable archéologie de la « sociologie de la science » : Jean-Gérard Rossi nous en fait découvrir l'un des précurseurs, Alphonse Louis Pierre Pyrame de Candolle (1806-1893), tandis qu'Annie Petit nous renvoie au père de la sociologie et au créateur du positivisme, Auguste Comte (1798-1857). Par la suite, la sociologie de la science a dû surtout se distinguer de la sociologie de la connaissance, du moins dans le sens que lui avait donné Karl Mannheim (1893-1947), c'est-à-dire dans le sens d'une sociologie désintéressée des connaissances scientifiques et de leurs critères obligés, mais au contraire attachée, par exemple, comme le montrait Mannheim, dans *Idéologie et utopie* (1929-1931), à l'idéologie, qui stabilise la réalité sociale, et à l'utopie, qui s'efforce de la changer. Pourtant, l'initiateur d'une perspective sociale sur la science et le savoir en général, Auguste Comte avait développé, résolument tout au long de sa carrière d'intellectuel, des vues fort précises sur les relations du savoir et des sociétés dans leur histoire. La fameuse loi des trois états implique une sociologie historique des savoirs, rappelée ici par Magali Cachera. Poussant plus loin son investigation, Comte s'était également livré à une analyse très articulée du corps scientifique intégré au corps social auquel il appartient. C'est à retracer cette ambition qu'Annie Petit consacre une étude approfondie. Cette spécialiste souligne parfaitement que, pour Comte, une régénération des savants signifiait aussi une régénération de la société dans laquelle vivent les savants. L'étude d'Annie Petit fait appel aux diverses théories sur la question du statut de «savant», autant à celles des maîtres de Comte (Saint-Simon et Condorcet) qu'à celles des successeurs et critiques du positivisme (Littré, Robin, Renan).

2

Les considérations que nous venons d'évoquer mettent en lumière l'introduction du point de vue social dans un domaine que le rationalisme traditionnel a toujours considéré comme étant «pur», par principe, de tout élément «non objectif» : l'objectivité scientifique étant définie du point de vue de la pureté de l'élément rationnel, comprise relativement à d'éventuels apports pouvant provenir de la sensibilité ou de l'affectivité et même de la motivation à agir — cette dernière fût-elle elle-même reconnue comme «rationnelle».

Traditionnellement, cette détermination négative de l'*objectivité* dans les sciences avait pour visée le bon usage scientifique de la raison, et ne concernait que le «sujet connaissant», maître des différentes fonctions de son âme, et surtout se faisant gloire de n'admettre comme partie prenante de son travail de recherche que les vertus d'honnêteté intellectuelle, de courage et de rigueur. La seule idée de l'éventualité d'une dimension sociale ou institutionnelle, imputable à la pensée rationnelle et scientifique, n'était pas même évoquée, étant par avance confisquée dans la classe de la contradiction dans les termes. Autonome par excellence et seule agissante, la raison ne pouvait rien devoir à l'influence de la société, et encore moins à ses pouvoirs économiques.

Sans toutefois satisfaire aux *desiderata* du courant empiriste, la position de Comte s'est distinguée du courant proprement rationaliste en associant étroitement les développements de la société à ceux de la pensée, qu'elle soit artistique, intellectuelle ou scientifique. Quant à la pensée directement occupée par l'élaboration des sciences, elle se présentait à lui comme fondée, à l'âge positif, sur l'observation, l'expérience et le raisonnement, étroitement conjugués. Aussi la théorie comtienne de la «logique positive», que nous voyons exposée dans le *Système de politique positive* (I, 450), se distribue-t-elle, selon les trois sous-états de l'état théologique, en trois «logiques» ou langages opératoires[3], allant du plus simple et plus immédiat, la «logique des sentiments», propre à la période fétichiste, vers la «logique des images», appartenant surtout au polythéisme, pour aboutir à la «logique des signes», celle du monothéisme. L'essor du langage et celui de la société étaient toujours pour Comte dans un rapport étroit[4]. Comte insistait sur le rôle scientifique du langage[5] : le monothéisme, en déterminant la «logique des signes», était considéré par lui comme favorisant la *déduction* «que les signes (abstraits) rendent plus facile et plus rapide»[6]. Cette théorie de l'intellect, saisi dans le cadre historicosocial, avait le mérite de faire la synthèse des mentalités, des religions et des types de société qui peuvent leur correspondre. Elle montrait l'impact, énergique et décisif, des religions traditionnelles sur les opérations intellectuelles. De cet ensemble de considérations, il ressortait aussi pour Comte que l'*objet* d'étude n'est pas seul déterminant dans la constitution de la science, mais encore que le *sujet étudiant et vivant en société* (par exemple, ce qu'il appelait le «corps scientifique») a également quelque chose à voir en ce qui concerne cette finalité. Qui plus est, on peut dire que Comte est allé assez loin dans la prise en compte de la nécessité et de la priorité du point de vue social pour évaluer le domaine de la spéculation scientifique, comme en fait foi le *Discours sur l'esprit scientifique* (1844)[7]. Ce texte explicite donne au point de vue social la valeur d'un critère *nécessaire* de la scientificité.

3

Il ne semble pas que Comte ait été directement compris en ce qui concerne le critère social avancé par lui pour statuer sur l'universalité et sur la légitimité scientifiques. Une tradition «sociologique» de l'estimation de la science s'est cependant prolongée au-delà de Comte, avec Durkheim et Weber. C'est ce qu'indiquait déjà clairement Bernard-Pierre Lécuyer dans l'article intitulé «La Sociologie des Sciences», paru dans le tome I de l'*Encyclopédie Philosophique Universelle* (1989)[8]. S'opposant au «caractère prétendument unitaire de l'entreprise scientifique»[9], l'article de Lécuyer situe nettement le projet déclaré d'une «sociologie des sciences». Il fait justement remonter à Robert Merton (1938) l'initiative donnant la première explicitation des mécanismes institutionnels nécessaires à l'activité scientifique. Le même rapport de Lécuyer signale, mais un peu plus tard dans le vingtième siècle, un renouveau britannique et français de cet intérêt, qui date, en fait, des années 1970.

Nous sommes alors conduits à remarquer, pour l'ambiguïté qu'elle présente, la notion mertonienne de «notoriété», qui fut utilisée après Merton par certains sociologues de la science. Sans nul doute, c'est Thomas Kuhn qui, depuis 1962, a eu l'avantage d'avoir introduit «une dimension sociale dans l'histoire des sciences et une dimension cognitive dans les travaux sociologiques sur les sciences»[10]. Ensuite, la théorie de l'échange de Homans s'impose, en 1965, à Hagstrom, qui lui-même retient de Kuhn la notion de «science normale». Il se produit alors, au cœur de la communauté scientifique, un échange tacitement autorisé de l'*information*, d'une part, contre la *notoriété*, d'autre part : c'est ce qu'observe également Hagstrom[11].

Aussi bien, la présente communication de Lécuyer ouvre-t-elle un vaste panorama sur la recherche en sociologie des sciences. Il fait le point sur les principaux résultats dans ce domaine, comparés aux travaux des épistémologues. On peut souligner que c'est un travail qui constitue une avancée décisive : il met peut-être fin à un conflit qui s'était élevé parmi les sociologues, entre une sociologie de la connaissance et une sociologie de la science. Anglais, Américains et Français confirment que «le vrai ne triomphe pas pacifiquement parce qu'il est le vrai»[12]. Chacun, au contraire, est pris dans le champ symbolique pour y agir dialectiquement; et la perspective sociologique permet de reconnaître que les algorithmes formels ne suffisent pas à expliquer les résultats scientifiques. Cette riche contribution élargit donc encore le contexte général des principales ramifications et de la croissance d'une sociologie qui se donne la totalité de la science pour objet d'étude. Entrent dans cette ouverture à la fois une sociologie classique des sciences et une sociologie de la «connaissance scientifique des sciences» (nouvelle formule) : ce qui semble devoir désormais s'imposer, c'est l'analyse des conditions nécessaires à la conception d'un programme de sociologie des connaissances scientifiques.

Sur la base d'un tel enseignement quant aux tenants et aux aboutissants sociologiques de toute innovation scientifique, Bernhard Plé revient sur le «cas Merton» pour en approfondir toute la signification à la fois sociologique, économique et idéologique. Par l'exposé de la genèse ainsi que du premier développement de cette nouvelle «science de la science», Plé repère ainsi quels furent les jalons reconnus de l'interaction entre le progrès des sciences positives et les changements sociaux, et plus précisément entre les exigences épistémologiques des sciences positives et leur adaption à des exigences purement économiques. Mais, si la question de la prévision intervient sans jamais trouver de solution suffisante, la temporalité est présente dans la sociologie mertonienne, compte tenu de l'inquiétude morale qu'elle manifeste à l'endroit de la science. Pour Merton, que pouvait-on attendre de la science livrée à elle-même, abandonnée de toute réflexion sociologique capable de l'encadrer?

4

Mais les problématiques ont aujourd'hui beaucoup évolué. Elles sont en fait multiples. D'une part, du côté des rationalistes, la formulation de la question pourrait être la suivante : faut-il laisser à la sociologie des sciences le droit d'en agir à sa guise avec la rationalité scientifique? D'autre part, mais cette fois du côté des sociologues ou même des épistémologues de la sociologie, la question paraît être tout autrement tournée : qu'en est-il de la validité scientifique de la sociologie des sciences? Si la première problématique semble être la plus évidente, quand on réfléchit à une sociologie de la *science* en faisant porter l'interrogation sur le destin et les critères légaux jusque-là reconnus, la seconde problématique se découvre également à nous dans une étrangeté aussi curieuse, dès que nous consentons à accéder au bien-fondé de la première et que nous observons comment cette *sociologie*, sur laquelle nous nous interrogeons à son tour, peut être habilitée à s'occuper d'un domaine tel que celui des sciences. On peut alors comprendre la démarche de Claude Javeau[13] qui, sur la base de prétentions épistémologiques légitimes, en venait à requérir des comptes à la sociologie, et en particulier à ce qu'elle est devenue sous l'influence des divers avatars *sociologiques* sous lesquels elle a dû se développer tant bien que mal, et surtout sans toujours parvenir à faire droit à sa propre scientificité. Aussi les problèmes actuels spécifiques aux sciences humaines sont-ils justement explicités par Jeffrey Barash qui se demande si la notion de «paradigme scientifique», telle que Thomas Kuhn l'applique dans son ouvrage *La structure des révolutions scientifiques* au travail dans les sciences naturelles, peut également être étendue au champ des sciences de l'homme. Existe-t-il une différence dans la finalité même des sciences de la nature et de l'homme qui rendrait problématique pour les dernières l'idée même de consensus scientifique que la notion de paradigme présuppose? L'élaboration méthodologique des sciences de l'homme depuis le XIXe siècle a donné lieu à une série de débats auxquels se réfère ce chercheur.

On reconnaîtra la sévérité avec laquelle James Robert Brown passe au crible les positions de l'« anthropologue de laboratoire » tel qu'il présente — et que se présente d'ailleurs lui-même — Bruno Latour. Les redressements de Brown visent ce qu'il juge comme étant des excès de langage de Latour ; il nous apprend ainsi à nuancer la discussion comparative au sujet des critiques de la science, que développent respectivement Latour et Longino. Il est vrai que la communication de Mahasweta Chaudhury est plus mouvementée, car elle prévoit les attaques venant de toutes parts, et dirigées contre la « rationalité scientifique » ; et il y a fort à faire à défendre cette dernière contre des ennemis déclarés ou non. L'exposé de la philosophe restitue les grandes thèses contemporaines faisant actuellement question : celle de Feyerabend, doté de son « *anything goes* » (« n'importe quoi peut aller ») ; celle de Hempel et de son instrumentalisme, celle de Bloor et de son « programme fort », celle de Kuhn et de son relativisme épistémologique, celle de Laudan et de son « modèle réticulé ». En ce qui concerne ce dernier, il n'est pas sans intérêt de remarquer que les méthodes justifient les théories, qui à leur tour contraignent les méthodes, de même que les buts indiquent les méthodes, qui à leur tour justifient les buts : enfin, théories et buts finissent par s'harmoniser. On ne peut que tomber d'accord avec Mahasweta Chaudhury au sujet de la « valeur corroborative d'une théorie » (Popper), selon laquelle on doit accorder le crédit aux théories, non pas « sur la base de la résolution des problèmes pour la résolution desquels elles ont été conçues, mais parce qu'elles corroborent de nouvelles prévisions ». Et faut-il privilégier l'explication pour « ramener des phénomènes distincts par bien des traits à un même ensemble de traits qui deviennent les propriétés pertinentes (*relevant*) de cet ensemble », ainsi que l'exprimait, à notre Colloque, Michel Meyer ? Mais, une fois admise, la théorie doit être elle-même *interprétable* selon les langages et leur traduction, ainsi que Duhem invitait déjà à le considérer. Et il faut le dire derrière Duhem, ainsi que l'affirme Anastasios Brenner : dans la mesure où les hypothèses peuvent être multipliées, l'interprétation théorique peut toujours être améliorée.

Deux mots encore, sur la publication de ces textes, qui fut longtemps retardée. Quelques articles ont dû être écourtés pour des raisons éditoriales et certaines communications, absentes de ce volume, ont été ou seront publiées dans un autre ensemble.

NOTES

[1] Controverse justifiée, ainsi que le montrent les récentes réactions du physicien Alan D. Sokal; voir, entre autres, l'article intitulé «Pourquoi j'ai écrit ma parodie», *Le Monde* du 31 janvier 1997.
[2] La communication de Dominique Pestre suivait le texte de son article, paru sous le titre, «Comment se prennent les décisions de très gros équipements dans les laboratoires de 'science lourde' contemporains. Un récit suivi de commentaires». *Cf. Revue de Synthèse*, janvier-mars 1988, Centre International de Synthèse.
[3] *Cf.* A. Kremer-Marietti, «Auguste Comte et la sémiotique», in *RSSI*, Ottawa, vol. 8, n° 1-2, March-July, 1988, p. 131-144.
[4] *Cf. Système de politique positive*, II, Paris, 1852, p. 259.
[5] *Cf.* A. Kremer-Marietti, *Entre le signe et l'histoire. L'Anthropologie positiviste d'Auguste Comte*, Paris, Méridiens Klincksieck, 1982, p. 212-213.
[6] *Cf. Système de politique positive*, II, p. 101.
[7] *Cf.* l'Édition classique du Discours sur l'esprit positif : Paris, Société Positiviste Internationale, § 37, p. 77 : «... cette dernière expansion de la philosophie naturelle tendait spontanément à la systématisation aussitôt, en constituant l'unique point de vue, soit scientifique, soit logique, qui puisse dominer l'ensemble de nos spéculations réelles, toujours nécessairement réductibles à l'aspect humain, c'est-à-dire social, seul susceptible d'une active universalité». Annie Petit a publié une nouvelle édition du *Discours sur l'esprit positif* avec une introduction et des notes, Paris, Librairie Philosophique Vrin, 1995; voir *op. cit.*, § 37, p. 136.
[8] *Cf. Encyclopédie Philosophique Universelle*, tome I, Paris, 1989, Presses Universitaires de France, p. 942-948.
[9] *Op. cit.*, p. 942, 2e colonne.
[10] *Op. cit.*, p. 944, 2e colonne.
[11] *Ibid.*
[12] *Op. cit.*, p. 945, 2e colonne.
[13] La communication de Claude Javeau a paru en langue italienne dans *Critica Sociologica*, Roma, n° 107-108, année 1993-1994, «La sociologia è morte! Viva la sociologia!».

1.
Sociologie de la connaissance et sociologie de la science

Bernard-Pierre Lécuyer
Directeur de recherche CNRS/GEMAS

On peut définir de manière au moins immédiate la sociologie de la connaissance comme l'étude systématique des rapports entre les situations sociales de divers groupes sociaux et ce qu'on peut appeler d'un terme vague mais commode leur «vision du monde» (*Weltanschauung*). Cette vision du monde inclut les perspectives les plus diverses. Elle peut porter sur l'optimisme ou le pessimisme quant à l'avenir de l'humanité, la perception de l'univers politique et social, l'adhésion ou le rejet de valeurs religieuses (et de quelles valeurs en particulier), les canons définissant pour des groupes différents le beau et le laid, le bien et le mal.

Qu'en est-il des critères du vrai ou de l'objectivité ? Ces deux notions revêtent évidemment une importance particulière dans le cas de la science (il serait plus exact de dire des sciences) et des activités scientifiques. En gros deux positions sont possibles, qui servent aussi de démarcation jusqu'en 1970 environ entre d'une part la sociologie de la connaissance, d'autre part la sociologie de la science dans sa version mertonienne, qu'on peut appeler institutionnelle.

Selon la sociologie de la connaissance, les critères et les contenus des connaissances sont au moins partiellement le produit de facteurs sociaux. Ainsi conçue, la sociologie de la connaissance issue partiellement de Durkheim (1912), entièrement de Scheler (1926) et de Mannheim (1927, 1929) (je me limite à ces trois références pour être bref), se concentre sur les conceptions politiques, religieuses, sociales et idéologiques. Elle exclut de ses analyses la démarche scientifique. Cette dernière relève de la seule épistémologie.

Au contraire la sociologie de la science telle que la conçoit Merton se concentre entièrement sur la science : c'est la seule forme de connaissance qu'elle étudie. Mais elle l'étudie sous un angle très particulier : celui de la «structure normative» de la science. Cette notion, définie progressivement de 1941 à 1950, acquiert toute son importance après 1960. La «structure normative» de la science, c'est ce qui constitue la science comme activité sociale. Sa particularité, parmi les autres activités sociales, est de dépendre d'une éthique constituée par quatre impératifs institutionnels ou normes. Ce sont le communalisme, qui exige que les résultats des scientifiques soient très largement partagés, et donc publiés; l'universalisme, selon lequel les résultats doivent avoir une portée universelle et être soumis à des critères d'évaluation impersonnels; le désintéressement, qui exclut les intérêts personnels des activités authentiquement scientifiques; le scepticisme organisé, qui non seulement permet mais encourage la critique. Les règles qui dérivent de ces quatre normes encadrent l'activité des scientifiques, avec éventuellement des contradictions intéressantes (la quantité des publications peut nuire à leur qualité). Mais tout ce qui relève des procédures de démonstration et des critères d'évaluation continue de relever pour Merton, comme pour la sociologie de la connaissance, de l'épistémologie.

La «sociologie de la connaissance scientifique» apparue vers 1970 d'abord en Grande-Bretagne, puis aux États-Unis et en France, veut retrouver par-delà Merton et Mannheim l'ambition originale qu'elle attribue non sans abus à Durkheim : soumettre à l'analyse sociologique la science et les connaissances scientifiques. L'épistémologie est reléguée au rang d'illusion. La notion de vérité est réintégrée dans l'analyse sociologique et devient une croyance ou le résultat d'un processus de persuasion parmi d'autres. On retracera par exemple en détail les procédures et les étapes successives des négociations aboutissant à un accord consacrant un rapport de forces et prenant l'aspect d'un *consensus*. Ce *consensus* définit ce qu'il convient de considérer comme une vérité scientifique (ou ce qui parvient à compter au rang de vérité scientifique). On se demandera si la richesse incontestable des analyses ainsi effectuées (parmi toutefois beaucoup d'observations triviales ou non pertinentes) est véritablement de nature à ôter définitivement à la notion d'épistémologie toute légitimité.

1. LA SOCIOLOGIE CLASSIQUE DE LA CONNAISSANCE

La sociologie de la connaissance qu'on peut appeler «classique» s'étend en gros des origines jusque vers 1940. Il est difficile d'attribuer une origine historique précise à la conscience du fait que la production et la diffusion de certaines connaissances sont liées à des circonstances socio-historiques déterminées. Il faut en effet se souvenir de la sévère remarque de Whitehead reprise par Merton (1945, 1947) selon laquelle « toutes les choses importantes ont déjà été dites par quelqu'un qui ne les a pas découvertes ». On peut cependant relever des prodromes de la sociologie de la connaissance dans l'idée des progrès de l'esprit humain mise en avant, à la fin de l'ère des Lumières, par Turgot et ensuite par Condorcet. C'est naturellement Auguste Comte qui, avec sa loi des trois états (l'esprit humain passe d'abord par l'état théologique, puis par l'état métaphysique, enfin par l'état positif) présente le plus clairement la théorie évolutive de l'esprit humain, conçue par lui comme discontinue et endogène (Manuel, 1962, 1965; Petit, 1992, 1998). Marx et Engels avec leur théorie de la conscience de classe, complétée trop commodément pour certains par la notion d'aliénation, jettent les bases d'une sociologie de la connaissance fondée sur les rapports complexes entre rapports de classe et conscience de ces rapports au sein des classes concernées. Il n'y a pourtant pas chez ces auteurs d'analyse systématique des rapports entre la production de connaissances et les diverses conditions socio-historiques dans lesquelles cette production a lieu.

Le premier classique explicitement revendiqué par la nouvelle « sociologie de la connaissance scientifique » est évidemment Durkheim (Durkheim-Mauss, 1901-1902; Durkheim, 1912). D'après lui certaines notions fondamentales de l'esprit humain, comme celle de force, certaines procédures opératoires comme celles de classification, sont directement issues de l'expérience sociale. L'idée première d'une force supérieure aux individus, tels que les interdits moraux et le sacré, aurait été donnée à l'homme par l'expérience sociale. Les notions purement logiques en apparence comme celles d'ordre, de classification, plus spécifiquement de genre et d'espèce, enfin de différenciation et de hiérarchisation, auraient été suggérées à l'homme par l'existence de groupes sociaux du fait de leurs structurations et différenciations internes. On peut avec Boudon (1982) voir dans cette théorie durkheimienne d'une part une laïcisation et une relativisation des formes *a priori* de la sensibilité et de l'entendement telles que Kant les concevait, d'autre part une manifestation d'impérialisme sociologique. Pourquoi en effet choisir pour origine des catégories logiques les données immédiates de l'expérience sociale plutôt que celles de l'expérience psychique ? Il faut sans doute chercher la réponse dans une conception de l'objectivité vue comme entièrement extérieure au moi et à ses contingences, conception évidemment empruntée à Comte et, au-delà, à Bonald. Si l'on respecte les mises en garde présentes implicitement chez Durkheim lui-même, les postulats de sa sociologie de la connaissance demeurent recevables. Pour reprendre Boudon (1982), «la dépendance de la connaissance par rapport aux 'structures sociales' (Durkheim dit «l'expérience collective») n'est jamais suffisante pour déterminer, ni le contenu des théories particulières, ni la validité ou le degré de crédibilité de ces théories».

Durant l'entre-deux-guerres, la *Wissenssoziologie* connaît ses développements les plus brillants, particulièrement en Allemagne et en Europe Centrale. Sur un continent déchiré par les idéologies et l'avènement du totalitarisme, le problème essentiel était de jeter les bases d'une connaissance «rationnelle» et «objective» de l'univers social, tout en rendant compte, de la manière la plus satisfaisante possible, de l'existence de jugements de valeur et d'idéologies se récusant mutuellement. Les travaux de Max Weber (1920-1921) et de son frère Alfred Weber, de Max Scheler (1926), de Karl Mannheim (1927, 1929) et du sociologue russe Pitirim Sorokin (1937-1941), émigré aux États-Unis, sont tous consacrés à ce problème. Encore une fois, selon la distinction indiquée plus haut, les connaissances et les procédures de la pensée scientifique échappent à leurs analyses.

L'ensemble des démarches caractérisant la sociologie de la connaissance est codifié par Merton (1945 [1947]) dans un paradigme qui s'appuie plus particulièrement sur les œuvres de Marx et Engels, de Durkheim, de Granet, de Mannheim, de Scheler et de Sorokin. Il signale un fait qui ressort immédiatement à la lecture de ces six noms : la sociologie de la connaissance est d'abord une spécialité franco-allemande; c'est ensuite seulement que les sociologues américains s'y intéressent. Le paradigme (ou programme de recherche) de la sociologie de la connaissance consiste d'après Merton en cinq grandes questions sur les productions mentales qui sont les suivantes :

1. OÙ <u>chercher le cadre existentiel des productions mentales?</u>
   a) <u>Cadres sociaux</u> : position sociale, classe, génération, etc.
   b) <u>Cadres culturels</u> : valeurs, moralité, «climat d'opinion», *Volksgeist*, *Zeitgeist*, etc.

2. QUELLES <u>sont les productions mentales soumises à l'analyse sociologique</u>?
   a) <u>Types de production</u> : convictions morales, idéologies, idées, catégories de la pensée, etc.
   b) <u>Aspects analysés</u> : leur sélection (centres d'attention), le niveau d'abstraction, les présuppositions (ce qui est considéré comme «donné» et comme «problématique»), etc.

3. COMMENT les productions mentales sont-elles liées à leur cadre existentiel ?
    a) Relations causales ou fonctionnelles : détermination, cause, correspondance, relation nécessaire, etc.
    b) Relations symboliques, significatives ou organiques : liaison, harmonie, cohérence, unité, conformité, etc.
    c) Termes ambigus à éviter pour désigner ces relations : correspondance, reflet, lié à, etc.

4. POURQUOI des fonctions explicites ou voilées sont-elles attribuées à ces productions mentales conditionnées existentiellement ?
    a) Pour maintenir la puissance, pour renforcer la stabilité, pour faciliter l'orientation ou l'exploitation, pour coordonner des relations sociales, etc.

5. QUAND les corrélations entre le cadre existentiel et la connaissance deviennent-elles saisissables ?
    a) Les théories historiques (limitées à des sociétés ou des civilisations particulières)
    b) Les théories analytiques générales

Les auteurs examinés donnant tous des réponses différentes aux différentes questions du paradigme, Merton en conclut que la sociologie de la connaissance ne se donne pas la peine d'établir la vérité des faits qu'elle invoque, qu'elle passe directement aux conséquences de faits seulement allégués, et qu'ainsi faisant elle met la charrue avant les bœufs.

Après avoir formulé ce « paradigme », ou programme, Merton signale, d'une manière caractéristique de son opérationnalisme, qu'il y a bien d'autres catégories pour analyser la sociologie de la connaissance, mais que celles qu'il vient d'énoncer lui suffisent. Parmi les problèmes consciemment évités figure le suivant, qui est éternel : quelle peut être la validité épistémologique d'une connaissance, compte tenu des conditions existentielles qui se sont exercées sur elle ? Il poursuit en ces termes : « Les 'solutions' de ce problème, fondées sur le postulat que la sociologie de la connaissance doit nécessairement s'identifier à une théorie sociologique de la connaissance, se situent entre deux extrêmes : d'une part la thèse selon laquelle 'la genèse de la pensée n'a pas de rapport nécessaire avec sa validité', d'autre part une position d'extrême relativisme, selon laquelle la vérité est 'simplement' fonction de la réalité sociale et culturelle, reposant uniquement sur le 'consensus social' (si bien que n'importe quelle théorie de la vérité acceptée dans une civilisation donnée a des titres de validité égaux à n'importe quelle autre » (Merton, 1947 : 384).

Dans cet essai, Merton refuse de se situer lui-même sur le *continuum*. Il n'est pas sans intérêt de remarquer que dans ce texte, publié dans sa version américaine en 1945, il se prononce dans des termes très favorables sur l'avenir de la sociologie de la connaissance (Merton, 1947 : 416). Mais la simple lecture montre que son approbation porte sur les développements récents qui concernent tous à des degrés divers, selon des termes qu'il emprunte à Scheler, « l'influence considérable qu'exerce sur la connaissance l'organisation sociale de l'activité intellectuelle » (*Ibid.*, 412). Toutes les études citées, qui se situent entre 1935 et 1945, portent sur des cas bien circonscrits du développement des sciences exactes, des sciences humaines et de la technologie, en rapport avec des rôles ou des structures sociales identifiables empiriquement, qui exercent des pressions contradictoires. La manière même dont il suggère de façon très opérationnelle comment on pourrait reprendre à partir de Mannheim le problème des intellectuels montre bien où il voit l'avenir de la sociologie de la connaissance. D'abord dans des « théories de portée moyenne », liées à des travaux empiriques, et non dans des efforts spéculatifs. Ensuite dans des sphères de connaissance et de structure sociale clairement identifiables. Cette conclusion de 1945 est bien dans le prolongement de l'essai antérieur marquant une rupture au moins temporaire avec Mannheim et la sociologie de la connaissance (Merton, 1941).

Ce n'est pas un hasard si Merton choisit Mannheim comme cible dans son essai de 1941. C'est en effet lui qui a le plus contribué par ses travaux à étendre et à enrichir la sociologie de la connaissance, même s'il n'a pas forgé l'expression dont la paternité revient à Max Scheler (1926). Mannheim pose la question générale des rapports entre la connaissance (prise au double sens de démarche de connaissance (*Erkenntnis*) et de connaissance acquise (*Wissen*) d'une part, et la société d'autre part. C'est un auteur éminemment éclectique, chez qui l'on reconnaît les influences du marxisme, de la phénoménologie (surtout de Max Scheler) et du néo-kantisme, notamment de Max Weber dont il est en définitive très proche malgré certaines de ses déclarations. Le mode d'exposition de sa pensée ne lui a pas toujours été favorable, car il a surtout publié des études partielles, souvent des études de cas. En outre sa pensée a évolué tout en restant fidèle à certaines intuitions fondamentales, ce qui en rend l'interprétation parfois délicate.

Dès ses premiers travaux (entre 1925 et 1930), il est accusé conjointement et contradictoirement en Allemagne de déshumaniser la pensée en la soumettant à une objectivation réductrice, et de la relativiser (Simonds, 1978). Mais une exégèse attentive (*Ibid.*) établit de façon convaincante que dès cette période Mannheim cherchait avant tout à mettre sur pied une méthode permettant d'assurer l'exactitude dans l'interprétation du sens propre à chaque forme de pensée présente dans la société (une herméneutique) sans abandonner pour autant l'ambition de parvenir à une connaissance «objective» (ou tout au moins communicable sur une base intersubjective) des phénomènes sociaux. On peut dire avec Shils (1968) que pour Mannheim la sociologie de la connaissance est d'abord une réaction contre l'idéalisme allemand qui voit l'histoire intellectuelle comme une succession d'idées se développant de façon autonome. C'est aussi une réaction à l'état de la société de son temps. Plus encore que Marx et Tönnies (1887), Mannheim est frappé par l'ampleur des clivages sociaux de son époque. Ce ne sont pas seulement des divergences d'intérêt, mais plus profondément des divergences de «styles de pensée» (Mannheim, 1927 [1956]), notion qu'il emprunte à l'histoire de l'art. Ces clivages portent non seulement sur les catégories selon lesquelles les événements sont appréhendés, mais aussi sur les critères de validité adoptés.

Pour tenter d'échapper (sans y parvenir complètement) au risque de relativisme inclus dans certaines de ses œuvres, Mannheim propose le «relationnisme». D'après ce principe, la vérité d'une proposition ne peut être établie sans tenir compte «des valeurs et positions du sujet... et du contexte social». Il faut bien distinguer, en intention du moins, le «relationnisme» de «l'historicisme absolu» (Boudon, 1982) selon lequel l'Histoire ne se comprend que de l'intérieur, ce qui entraîne comme seules alternatives le scepticisme ou le mysticisme.

Sur ces fondements théoriques ambitieux et souvent ambigus, Mannheim conduit des analyses socio-historiques d'une grande finesse qui demeurent des modèles. Dans son essai célèbre sur la pensée conservatrice en Allemagne (Mannheim, 1927 [1956]), il cherche les raisons de la prédominance de la pensée conservatrice en Allemagne dans la première moitié du XIXe siècle. Pour cela, il dégage d'abord les éléments principaux du «style de pensée» proprement conservateur, opposé à la fois au simple «traditionalisme» prédominant en Grande-Bretagne et au «rationalisme» caractéristique de la culture française. Il en repère les principaux indicateurs, en identifie les «porteurs» principaux et en suit la dynamique.

2. LA CRITIQUE MERTONIENNE ET LE PROGRAMME RESTREINT DE SOCIOLOGIE DE LA SCIENCE

En 1941, Merton critique dans un texte vigoureux et partiellement injuste l'effort qui est au cœur même de la recherche de Mannheim :

établir le conditionnement social (ou l'enracinement social) des «styles de pensée» émanant et révélant les «visions du monde» (*Weltanschauungen*) ou plus exactement les «cultures objectives» (terme repris par Mannheim de Simmel). Merton propose de renoncer au moins provisoirement à ce programme qui n'est plus réalisable selon lui à cause de son excessive généralité. Il propose d'y substituer l'étude précise des rapports entre des structures sociales et des faits de connaissance clairement identifiables et quantifiables. Comme on l'a dit, c'est déjà le plaidoyer pour les «théories de portée moyenne».

C'est aussi la référence à son œuvre empirique majeure : *Science, Technology and Society in Seventeenth-Century England* (Merton, 1938a). Dans cette recherche, Merton, comme on sait, propose une interprétation sociologique de la révolution scientifique et technique en Angleterre au XVIIe siècle. Il établit des relations entre l'éveil de l'intérêt pour les sciences et les techniques dans la société britannique du temps, ainsi que les orientations des travaux scientifiques et techniques, et les tendances majeures de la société. Pour ce faire il examine successivement : 1) la population des scientifiques britanniques au XVIIe siècle selon leur profession, leur spécialité scientifique, et les fluctuations (sur ce point, Plé, 1998, dans ce volume); 2) le puritanisme, et la science (cette partie, la plus discutée est similaire de l'analyse de Weber sur l'essor du capitalisme et le développement économique); 3) le rôle des demandes nées des exigences de nature économique et militaire dans l'orientation des travaux scientifiques; 4) les rapports entre la science et la croissance de la population.

Ces différentes tendances, et plus particulièrement l'éthique protestante, apportent à la révolution scientifique en cours un aiguillon (le «puritan spur to science») qui permet d'en comprendre l'ampleur et le succès au sein de la société britannique. Il faut bien préciser que l'hypothèse émise, et vérifiée avec succès, n'est pas celle d'une relation causale, mais d'un renforcement. Le système de valeurs prédominant dans l'Angleterre du XVIIe siècle, et notamment certains aspects de l'éthique protestante dont le puritanisme, dont l'*ethos* est reconstruit d'après des textes de l'époque et l'influence effective retracée d'après l'histoire de la Royal Society, s'avère favorable à la démarche rationnelle et empirique que requiert l'investigation scientifique. Ainsi formulée, la thèse de Merton représente une extension de celle de Weber sur l'éthique protestante et l'esprit du capitalisme (Weber, 1920-1921). Dans la réédition de 1970, Merton déclare n'avoir constaté cette similitude qu'une fois l'essentiel de son travail achevé (Merton, 1970). Cette thèse très claire sera ultérieurement critiquée, comme on le verra plus loin, par la sociologie cognitive des sciences pour ses limitations (Knorr-Cetina, 1991). Elle ne sera pas contestée dans sa cohérence interne. Pour l'essentiel des débats entre Merton et les historiens des sciences, notamment sur le caractère non-causal de l'hypothèse émise et vérifiée, je renvoie à mon article de synthèse (Lécuyer, 1978).

Le rôle conféré par Merton aux systèmes de valeurs comme orientant et canalisant le comportement est central dans l'étude sur la science, la technologie et la société en Angleterre au XVIIe siècle. Ainsi se fait jour, dès 1938, l'idée ultérieurement développée par lui que la science en tant qu'institution sociale s'appuie sur un ensemble de normes qui lui sont propres et qui la fondent comme un sous-système autonome au sein de la société.

La même année, cette intuition est reprise sous une forme négative (Merton, 1938b) dans un texte où l'auteur, se référant explicitement à l'expérience hitlérienne, se demande comment la science peut perdre son autonomie au sein de la société. On peut aussi avec Storer (1973) voir dans cet essai le premier signe d'intérêt pour les normes de la « communauté scientifique » (l'expression apparaît dans Polanyi, 1942; voir aussi 1958) en tant que distincte de la science en général, et notamment de ses contenus. Toujours d'après Storer (1973) il était nécessaire d'identifier les frontières de la communauté scientifique et d'explorer les fondements de sa place dans la société avant que la sociologie de la science puisse aborder d'autres problèmes. Quatre ans plus tard un essai destiné à demeurer longtemps un classique (Merton, 1942) explicite les quatre « impératifs institutionnels » ou normes idéales qui constituent, selon Merton, la « structure normative de la science », exacte préfiguration du « système social de la science » de Storer (1966) comme réalité sociale interne à la science mais analytiquement distincte du contenu cognitif de l'entreprise scientifique. Ce sont les quatre normes suivantes : « universalisme », qui exige que les assertions réputées vraies (« truth claims ») soient évaluées selon des critères préétablis et impersonnels; « communisme » au sens large : la science est une propriété commune, et ses résultats doivent être publiés; « désintéressement » : les intérêts personnels sont exclus des démarches scientifiques du fait du caractère « public » de la science; « scepticisme organisé ou institutionnalisé » : cet impératif institutionnel et méthodologique à la fois implique que la critique soit encouragée.

Jusque vers 1970, la pensée de Merton constitue l'essentiel de la sociologie de la science. Ses disciples sont rares jusque vers 1960, et jamais très nombreux par la suite. On peut définir les travaux de Merton et de ses disciples comme un effort soutenu et constant pour dégager, à partir des impératifs fonctionnels très généraux définis en 1941, les processus effectifs de régulation qui viennent en compléter l'action. Il faut rappeler que ces analyses mettent en œuvre une conception bien définie de la sociologie, caractérisée par les notions de fonction, de statut, de rôle, et que l'on a définie comme structuro-fonctionnaliste.

Un changement important se produit en 1957. La recherche de la priorité dans les publications est identifiée par Merton comme un principe dynamique de concurrence qui joue un rôle fondamental dans la communauté scientifique. Le rapport complexe entre la norme de «désintéressement» (*disinterestedness*) et la recherche effective par les scientifiques de la priorité dans le publication officialisant une découverte est analysé en détail (Merton, 1957). Plus généralement, les scientifiques adoptent dans les faits une attitude ambivalente envers les normes idéales de l'*ethos* scientifique; cette ambivalence est étudiée en général (Merton, 1963a) et de nouveau à propos de la course à la priorité (Merton, 1969). On a aussi étudié les rapports complexes entre l'excellence (au double sens de valeur scientifique personnelle et de qualité intrinsèque d'un travail accompli) et l'obtention par un scientifique auprès de ses pairs de la «reconnaissance» ou consécration (*recognition*) sous différentes formes (Merton, 1960; Cole and Cole, 1967).

Un autre «site de recherche stratégique», pour reprendre l'expression même de Merton (1963b), est l'étude des découvertes multiples. Il s'avère tout d'abord que les scientifiques se montrent réticents envers leur étude, ce qui tendrait à montrer que s'y trouvent en jeu des mécanismes importants (*Ibid.*). D'autre part leur décroissance est un indice sûr de l'institutionnalisation de la science (Merton, 1961).

Un des processus analysés par Merton est devenu célèbre sous l'expression suivante : «l'Evangile selon selon saint Mathieu» (the *Matthew effect*). Il s'agit d'un processus social de communication, de gratification et finalement de production pour ainsi dire cumulatif, par lequel le nombre des publications et des citations est lié au système de récompenses, en ce cas les postes et les crédits. Plus un auteur publie, plus il est cité, plus il obtient des récompenses sous forme de postes et de crédits, et vice-versa. Le processus est conforme au précepte évangélique selon lequel l'argent ira aux plus riches, et les pauvres seront encore plus pauvres (Merton, 1968).

Parmi les autres thèmes de recherche traités par Merton, on peut citer les modèles de comportement social typiques des scientifiques, avec le dosage de collaboration et de compétition (Merton, 1969). Les procédures typiques d'évaluation des travaux scientifiques sont examinées par une recherche sur l'institutionnalisation des comités de rédaction de revues scientifiques (Zuckerman, Merton, 1971).

L'ensemble des travaux des disciples de Merton peut se rattacher à la notion, centrale dans la sociologie mertonienne de la science, de notoriété. Cette notion présente un statut ambigu. En principe simple indicateur sociologique de la qualité ou de l'excellence scientifique, elle tend parfois à se transformer en un véritable critère. Ainsi s'explique l'intérêt porté de longue date aux scientifiques les plus prestigieux, les prix Nobel étudiés aux États-Unis comme une élite (Zuckerman, 1977). Récemment, l'histoire et le fonctionnement de l'Institution Nobel pour la physique et la chimie ont été étudiés, pour les années 1901-1915, comme système international d'attribution des récompenses, mais dans une perspective non spécifiquement mertonienne, par Crawford (1984 [1988]).

3. RECHERCHES SE RATTACHANT INDIRECTEMENT À MERTON

On peut rattacher à Merton deux séries de travaux indépendants de lui mais qui convergent avec les siens. Il s'agit de la « scientométrie » de Derek J. de Solla Price, et des études socio-historiques sur l'institutionnalisation des activités scientifiques de Joseph Ben-David.

La « scientométrie », ou métrique de la science, ou parfois « science de la science », veut étudier la science comme s'il s'agissait d'un gaz : volume global, distribution des molécules (les scientifiques), etc. (Price, 1963 [1972]). Il dégage quatre lois empiriques. La première est la courbe exponentielle de la croissance de l'activité scientifique, mesurée d'après le nombre des publications et des scientifiques en activité. La seconde est l'inflexion de cette courbe exponentielle qui se heurte inévitablement à une limite et devient une courbe logistique. Il s'ensuit qu'à un stade du développement scientifique que l'on peut statistiquement préciser, une crise doit se déclencher avec des conséquences variables selon les scénarios : arrêt total du développement, réorganisation profonde, ou instabilité insurmontable traduite par des oscillations. La troisième loi exprime la répartition des scientifiques d'après leur production. En réinterprétant les travaux de Galton et en faisant appel à ceux de Lotka, il constate sur des séries de publications par auteur une forme caractéristique de la loi de Pareto de distribution des revenus. Les scientifiques très productifs sont très peu nombreux, et leur nombre ne s'accroît dans une période donnée que de l'inverse du carré du nombre des scientifiques très peu productifs. Price tire deux conséquences de cette distribution de Pareto. La science lui paraît fondamentalement élitiste (« *undemocratic*» : Price, 1963 : 59). Il s'ensuit une conséquence méthodologique importante. On peut considérer la distribution parétienne, non comme un simple constat empirique, mais comme un véritable modèle. Elle peut indiquer les unités significatives qu'il suffit d'examiner pour extrapoler la croissance de la science. Price tire de la troisième loi une cinquième loi relative à la « stratégie politique pour l'ère de la science puissante » (*big science*).

La quatrième loi est celle des collèges invisibles. Price reprend l'expression attribuée par la tradition aux pionniers qui devaient fonder la Royal Society. Il s'agit des réseaux fondés sur les contacts interpersonnels. Ces réseaux se développent en réaction à l'expansion des publications scientifiques. En effet cette expansion est telle qu'elle excède les capacités moyennes d'information de chaque scientifique. Le collège invisible substitue de plus en plus à l'information écrite l'information par les contacts inter-personnels, facilitée par les voyages.

Une étudiante de Price, Diana Crane, donne à ces constatations d'ordre statistique des interprétations de nature plus proprement sociologique. La plupart de ses travaux depuis 1965 rapportent la courbe logistique de la science — par exemple l'expansion et l'adoption d'un domaine sociologique comme la diffusion des innovations en milieu rural (Crane, 1969), et celles d'un domaine mathématique, en ce cas la théorie des groupes finis (Crane, 1972), à un modèle sous-jacent de diffusion « par contagion » reposant sur un processus de contacts inter-personnels. Elle a aussi recours à la notion de paradigme qu'elle emprunte à Kuhn (1962 [1983]).

Chaque domaine de recherche ou discipline est socialement constitué par des réseaux de communication ou groupes informels qu'on peut aussi appeler « cercles sociaux ». Au sein de ces cercles certains membres sont plus en vue que d'autres : ils reçoivent par exemple l'essentiel des citations ou des choix sociométriques non réciproques. Ce sont, en termes classiques de psychologie sociale, les « meneurs d'opinion ». Ce sont eux qui assurent en outre le passage d'un groupe de recherche à un autre, constituant ainsi le « collège invisible ». Le problème posé est clairement de « préciser dans quelle mesure les facteurs sociaux, indépendamment de la valeur même des idées, peuvent en influencer la diffusion » (Crane, 1969 : 170).

Contrairement à la croyance d'après laquelle les sciences sociales se développent de façon plus lente et moins efficace que les sciences de la nature, l'examen des publications de sociologie rurale entre 1941 et 1966 révèle des caractéristiques identiques à celles attribuées aux sciences de la nature par Price (1963) et ultérieurement vérifiées par Crane (1972) sur les mathématiques. La courbe des publications et celle du recrutement comportent les trois stades de la courbe logistique. Les publications se répartissent selon la distribution parétienne. La sociologie rurale se distingue du profil de Price par la proportion plus élevée des publications individuelles.

L'innovation est définie comme la première introduction dans une recherche d'une variable supplémentaire ou l'adoption de cette introduction. Elle est plus élevée au début qu'à la fin de la période. La courbe cumulative des adoptions a une forme logistique caractéristique des processus de diffusion reposant sur l'influence interpersonnelle. La production par auteur des innovations se distribue selon les courbes de productivité de Lotka. Le taux d'adoption des innovations se répartit différemment : les innovations les plus largement acceptées proviennent d'auteurs moyennement productifs, et non des quelques auteurs les plus productifs. Les rôles d'«innovateur» et de «meneur d'opinion» ne se confondent pas : ils demeurent distincts mais se renforcent mutuellement.

À la fin de la période, l'adoption des dernières innovations diminue. En même temps les deux groupes les plus importants se différencient et se spécialisent, et leur réceptivité réciproque diminue. Crane (1969 : 183) avance l'hypothèse selon laquelle ce tassement dans l'adoption des innovations et cette fragmentation du domaine de recherche seraient la conséquence logique de l'adoption de «paradigmes» divergents. La présence d'un «paradigme» au sens de Kuhn (1962 [1983]) se concrétise au niveau psycho-sociologique de la communication par une moindre réceptivité de la part des chercheurs. Le domaine de recherche est alors prêt, non seulement à se diviser, mais peut-être aussi à se transformer.

Ben-David entreprend à partir de 1960 une série d'études socio-historiques sur l'avènement du rôle social du scientifique et sur son institutionnalisation, renouant ainsi de manière imprévue avec l'inspiration première de Merton dans son étude sur la science, la technologie et la société dans l'Angleterre du XVIIe siècle, abandonnée par ce dernier depuis. Ben-David (1971) considère que la science progresse par elle seule de deux manières : 1) seules comptent les idées dérivant directement de la logique et de l'expérience; 2) toute influence sociale extérieure directe est désastreuse. Pour lui la science fonctionne comme un marché pur. Le soutien de la société ne peut être qu'indirect, notamment par des institutions adaptées au bon exercice du rôle du scientifique. Le rôle du scientifique n'apparaît donc sous sa forme institutionnelle que dans l'Angleterre du XVIIe siècle (ce qui suscite les protestations véhémentes de Kuhn, 1972), puis en France au XVIIIe siècle et au début du XIXe siècle. Une longue polémique s'est développée à partir de son analyse du «déclin de la France comme centre scientifique mondial» après 1830, attribué par lui exclusivement à la centralisation et à l'absence de concurrence entre centres scientifiques français. C'est l'Allemagne entre 1800 et 1860 qui assure le degré quasi optimal de décentralisation et de concurrence. Surtout, grâce à l'idée nouvelle de l'Université associant enseignement et instituts de recherche, elle assure une institutionnalisation décisive au rôle du scientifique. Une longue discussion sur tous ces points, qu'il est impossible de résumer ici, se trouve dans Lécuyer (1978).

Un exemple ayant donné lieu à controverse permettra de mieux saisir la position de Ben-David par rapport à la sociologie de la connaissance scientifique présentée plus loin. Le développement de la statistique mathématique après 1860 a reçu l'attention à la fois de Ben-David (1971) et de MacKenzie (1978 [1985]). Ce dernier se réclame de la sociologie de la connaissance scientifique. Ben-David s'intéresse au rythme de développement de la statistique comme discipline proprement scientifique dans trois contextes institutionnels contrastés : l'Europe continentale, la Grande-Bretagne et les États-Unis. Sur le vieux continent les chaires de statistique sont confinées dans des travaux pratiques à faible prestige. Aux États-Unis au contraire, les universités font une large place, dans tous les domaines, aux problèmes traités par la statistique mathématique. La nouvelle discipline s'étend, même s'il faut d'abord se former en Grande-Bretagne. Cette dernière représente un cas particulier. Elle est beaucoup plus avancée que les États-Unis en théorie statistique, mais les potentialités de ses innovateurs sont freinées (quoique non étouffées comme sur le continent) par le conversatisme des universités. Cette carence est compensée par des réseaux et des cercles informels. Le mouvement eugéniste (qui joue un rôle précisément central chez MacKenzie) stimule en outre l'intérêt pour la biostatistique. MacKenzie observe que le seul effet des institutions comme les universités ou les mouvements sociaux comme l'eugénisme, dans l'optique de Ben-David, est de favoriser ou de freiner l'activité dans le domaine considéré, en ce cas la statistique. Elles ne peuvent en aucun cas expliquer le contenu des avancées théoriques.

MacKenzie veut précisément étudier ce contenu : la statistique mathématique inexistante en 1865 et florissante vers 1930. Elle consiste dans la théorie de la corrélation ou mesure de l'association de deux (ou plus de deux) séries de nombres dans un groupe donné : le poids et la taille, ou la vaccination et les décès. Pourquoi cette théorie particulière s'est-elle développée dans ce pays à ce moment précis ? Les trois personnages centraux dans cette avancée théorique sont Galton, Pearson et Fisher. En recherchant, à la manière de Mannheim mais avec beaucoup plus d'ambition que lui, puisqu'il veut soumettre à l'analyse sociologique une théorie scientifique, les positions et les rôles sociaux de ces personnages et les croyances qui leur sont appropriées, MacKenzie veut établir une médiation entre un développement théorique et la société de l'époque.

Le travail scientifique de Galton, Pearson et Fisher est étroitement lié pour MacKenzie à leur engagement explicite dans le mouvement eugéniste. Si Pearson développe la biométrie entre 1900 et 1914, c'est par opposition sur les questions d'hérédité et d'évolution aux généticiens néo-mendéliens. Sur la question précise de la mesure de l'association statistique, l'opposition entre Pearson et la majorité de ses fidèles d'une part, et son ancien élève Yule se comprend par référence à l'eugénisme. Pearson soutient une théorie unitaire recourant à un modèle sous-jacent ambitieux (variables continues à distribution normale) propre à répondre aux ambitions de l'eugénisme. Yule propose une théorie moins exigeante, mais apte à mesurer des associations plus faibles répondant à des buts cognitifs plus généraux tels que l'étude des effets de vaccination.

4. LA NOTION DE «PARADIGME» ET LES RECHERCHES SUR LES INNOVATIONS SCIENTIFIQUES

La notion de «paradigme» rendue célèbre par Kuhn (1962 [1983]) constitue une étape importante dans le rapprochement progressif, à partir des années soixante, entre la sociologie de la science *stricto sensu* et les ambitions de la sociologie de la connaissance. Le «paradigme» est l'ensemble complexe de concepts et de méthodes qui fait autorité dans une communauté scientifique donnée pour identifier les problèmes légitimes et les démarches autorisées pour les résoudre. C'est ce qui caractérise la science dite «normale», celle qui se développe sans à-coups et sans crises. La place centrale des notions de «paradigme» et de «science normale» est en un sens paradoxal dans un bref essai, comme celui de Kuhn, consacré en principe aux «révolutions scientifiques».

Par une réflexion qui prétend se situer d'emblée au niveau du vécu de la recherche scientifique sous son aspect pragmatique et familier, Kuhn relègue les révolutions scientifiques au rang d'événements exceptionnels. Durant ces périodes de crise, les scientifiques confrontent entre elles les théories et les observations concurrentes, et les soumettent à des procédures rigoureuses, logiques et universelles de validation (ou de falsification, si l'on suit Popper (1935 [1973])). La «science exceptionnelle» («*extraordinary science*») qui caractérise ces moments de crise est conforme à la présentation simplifiée de la science que donnent les manuels. Elle est conforme aussi aux conceptions qu'en ont les épistémologues et dont ils débattent entre eux (notamment les membres du Cercle de Vienne : voir Ayer, 1959; Reichenbach, 1959; Jacob, 1980a, 1980b; Sebestik et Soulez, 1986; ou, à l'opposé, Popper, 1935, 1963 [1985], 1970).

Au contraire, le «paradigme» qui régit la science normale est une domination de fait. Dans sa confrontation avec Popper et Lakatos, Kuhn (1970) précise que, d'après lui, «c'est précisément l'abandon du discours critique qui permet de dire qu'on passe à la science». Autrement dit, les scientifiques acceptent implicitement la validité des notions théoriques, des procédures d'investigation, des travaux antérieurs pertinents et jugés exemplaires, qu'on leur a enseignés comme légitimes et qui sont communément admis comme tels par leurs pairs de la communauté scientifique pertinente. Cet ensemble complexe mais rationnel de notions, de représentations, etc., fonctionne comme une «machine à résoudre les énigmes». La légitimité de cette domination, donc son activité, dérive de son efficacité.

En échange de cette efficacité (définition satisfaisante des énigmes ou problèmes «légitimes» et des méthodes correctes pour les résoudre), les chercheurs apportent au paradigme leur «engagement» (*commitment*). Ils peuvent ainsi progresser en canalisant strictement leurs efforts vers des directions déterminées.

La notion de paradigme permet de réintégrer la sociologie de la science au sein de la sociologie de la connaissance de deux manières différentes. La première est la philosophie relativiste de la connaissance qui s'y trouve impliquée. En effet, il n'y a pas dans le paradigme de niveau d'observation neutre et positive, distinct des théories, même pour la vérification. En outre, tous les niveaux de la science, même l'observation ou la description et la vérification (ou la falsification) reposent sur des présupposés théoriques. Enfin, les paradigmes sont conçus comme incommensurables. Il en résulte qu'à l'intérieur d'un même paradigme, les choix scientifiques sont rationnels. S'il faut par contre choisir entre deux paradigmes que leur incommensurabilité sépare, le choix comporte un élément d'arbitraire. Kuhn le définit en dernier ressort comme un acte non rationnel et social, un « acte de foi » analogue à une conversion religieuse. Ce relativisme implicite ne fait sentir toutes ses conséquences qu'à une date relativement récente. Kuhn lui-même sera en désaccord avec le relativisme exprimé de façon extrême.

De manière plus immédiate, le paradigme, étant de nature indissolublement cognitive et sociale, permet de réorienter les recherches d'une sociologie des scientifiques vers une sociologie des sciences proprement dite. Il est vrai que les rapports entre paradigmes et communautés scientifiques apparaissent chez Kuhn comme quelque peu circulaires. Mais cette circularité a suscité *de facto* plusieurs efforts des plus intéressants pour la théorie et la méthode afin d'identifier simultanément les paradigmes (ou « matrices disciplinaires ») et les groupes ou réseaux de scientifiques qui en sont les porteurs.

L'une des premières études empiriques s'inspirant de Kuhn est celle de Hagstrom (1965). Il étudie le fonctionnement de la communauté scientifique non en termes d'*ethos* et de normes, comme Merton, mais en ayant recours à la théorie de l'échange de Homans. Dans son analyse du fonctionnement de la communauté scientifique, qui échange de l'information contre de la notoriété, Homans utilise seulement chez Kuhn la notion de « science normale ».

Un auteur comme Mulkay a également recours à la théorie des échanges de Homans, mais afin d'étudier les processus indissolublement cognitifs et sociaux de l'apparition de nouvelles spécialités dans les sciences. Un premier schéma théorique de ce type de processus a été formulé par Lemaine, Matalon et Provansal (1969). L'apparition d'une spécialité nouvelle renvoie nécessairement à la crise des paradigmes et aux « révolutions scientifiques », quoique entendues dans ce cas en un sens plutôt atténué. Parmi de nombreux travaux, Mulkay et son collègue Edge, un ancien radio-astronome, ont étudié sociologiquement la genèse, le développement, les retards et finalement le succès de la radio-astronomie en Grande-Bretagne (Edge and Mulkay, 1976).

Une tentative suivant de plus près le schéma de Kuhn a été faite (Mullins, 1972) sur le développement de ce qui s'est appelé très vite le « groupe du phage » et l'avènement de la biologie moléculaire. On doit remarquer toutefois qu'à l'opposé du tandem Edge-Mulkay, Mullins ne dispose pas d'un *insider* dans la communauté scientifique concernée. Son effort pour relier les étapes de la pensée théorique avec les types d'organisation sociale des chercheurs est un pas intéressant vers une sociologie de la science qui serait ouverte aux préoccupations de la sociologie de la connaissance. Elle suscite toutefois deux types de critiques. D'une part, le modèle de Kuhn tel qu'il est mis en œuvre (dans sa version de 1970) est trop général pour s'adapter aisément aux évolutions précises de la période considérée. On voit très vite d'autre part qu'il n'est pas suffisamment familiarisé avec le sujet (Lécuyer, 1990).

Également en liaison atténuée avec le concept de paradigme, et la problématique de son renouvellement, la notion de stratégie de recherche a été élaborée dans les travaux de Lemaine, Lécuyer, Gomis, Barthélémy (1972). La direction générale du CNRS avait émis une demande très générale, et donc très libérale, en vue d'identifier les facteurs d'ordre social caractérisant les laboratoires considérées d'après leurs travaux comme éminents ou non éminents, ou bien encore, considérés comme marchant bien ou ne marchant pas bien.

Les premières difficultés avaient trait à l'évaluation en deux sens : d'une part, la constitution de groupes de laboratoires assez proches par leur domaine de recherche, leur sujet et leur démarche pour pouvoir être comparés; d'autre part, l'obtention d'évaluations permettant d'ordonner ces laboratoires. La difficulté principale est venue de l'hypothèse adoptée implicitement au départ. On supposait que l'organisation d'un laboratoire constituait un faisceau de variables indépendantes supposées capables de rendre compte de la variable dépendante, elle-même complexe, appelée «succès scientifique». Les entretiens très prolongés ont montré au contraire que l'organisation d'un laboratoire, qu'elle soit centralisée ou décentralisée, démocratique ou autoritaire, résultait elle-même d'une politique délibérée d'un nombre assez restreint de responsables. Ces derniers sont résolus à mobiliser des ressources (grâce au recrutement, au financement, à des contrats, des échanges, etc.) pour atteindre un certain niveau d'éminence à travers des objectifs eux-mêmes constamment redéfinis en fonction de la concurrence et des chances de gagner contre la nature. Cette redéfinition des objectifs s'inscrit dans les processus complexes de choix des sujets de recherche. Ce renversement de l'analyse psychosociologique la plus habituelle des organisations de recherche a permis d'aboutir à une publication (*Iibid.*, 1972).

Dans un sens opposé, Shinn (1980) expose comment, au terme d'une enquête sur les laboratoires industriels appartenant à la chimie, à l'informatique et à la physique, c'est-à-dire à trois domaines distincts, il est parvenu à établir un lien étroit entre spécialité scientifique et forme d'organisation du laboratoire.

Lemaine, Clémençon, Gomis, Pollin, Salvo (1977) ont resserré l'analyse cognitive des stratégies de recherche commencée en 1972 au niveau des laboratoires en se concentrant sur le domaine des études sur le sommeil. Pour leur analyse qui porte à la fois sur le jeu des chercheurs contre la nature et contre leurs concurrents, le sommeil présente l'intérêt d'un lieu de rencontre interdisciplinaire et en outre socialement très hétérogène.

Sans exclure les fondateurs ni les précurseurs lointains, l'étude porte sur environ vingt-cinq années de recherche. Dans leur tour d'horizon sur les travaux consacrés auparavant au sommeil, Lemaine et ses collaborateurs soulignent le caractère particulièrement heuristique pour eux des modèles dits de «branchement» (*branching models*) développés par Toulmin (1970, 1972) et surtout Holton (1962). Mulkay s'en réclame également (1976).

Dans une étude sur les expériences Hawthorne, qui ont constitué entre 1924 et 1933 le fondement empirique supposé de la constitution du mouvement des relations humaines par opposition au taylorisme et à l'organisation scientifique du travail (OST), j'ai étudié un fait paradoxal (Lécuyer, 1988). Le réexamen des données qualitatives et statistiques publiées par les auteurs des expériences (Roethlisberger et Dickson, 1939; Carey, 1967), et l'exploitation par des historiens américains (Franke et Kaule, 1978) des données d'archives, établissent que sur des points cruciaux les thèses du mouvement des relations humaines prônées par les auteurs sont combattues par leurs propres données. Ils auraient prouvé à leur insu que c'est le taylorisme qui se trouve fondé, et non leur propre conception.

Toutefois, cette conclusion ne s'applique qu'au niveau des individus, qui constitue ce que j'appelle le noyau de scientificité de l'idéologie taylorienne. C'est ainsi que l'augmentation des salaires au rendement exerce un effet stimulant sur la production. Par contre, l'idéologie des relations humaines trouve son noyau de scientificité dans les relations au niveau du groupe : c'est alors que s'exerce le comportement de freinage, ou restriction volontaire de la production. On a là un exemple d'émergence d'une nouvelle problématique (le paradigme des relations humaines) qui donne l'illusion de se substituer à la précédente (le taylorisme) alors qu'elle constitue un déplacement des buts antérieurs. Mais la succession s'est exprimée indûment en termes de substitution. En effet, chacune des deux problématiques a dépassé les conditions de sa validité, le taylorisme en extrapolant au-delà du niveau individuel, les relations humaines en niant purement et simplement l'existence même de ce niveau. Dans les sciences humaines, ce type de dérapage provient de l'insuffisante précision des limites de validité des propositions énoncées.

5. LA SOCIOLOGIE DE LA CONNAISSANCE SCIENTIFIQUE, OU SOCIOLOGIE RELATIVISTE OU CONSTRUCTIVISTE

Vers 1970 se produit une série de prises de position dont, selon Isambert (1985), l'interaction constitue la conjoncture présente et qu'il caractérise de la façon suivante : «le tournant anti-mertonien et le rétablissement, postérieurement à Kuhn, des rapports entre sociologie de la science et sociologie de la connaissance, la mise en évidence, par les ethnométhodologues, de la diversité des démarches collectives par lesquelles se constituent les objets, tant de la vie courante que de la science, et de la diversification de la rationalité selon les choses et les circonstances auxquelles elle s'applique (Garfinkel, 1967, 1981), l'interrogation sur les orientations de la connaissance et le sens même de l'objectivité (Habermas, 1968 [1973], 1973 [1973])». À cela correspond, d'après Pollak (1983), un passage dans la philosophie des sciences de la prescription (avec le Cercle de Vienne et Popper) à la description (avec Kuhn et Feyerabend, 1975 [1979]), de l'insistance sur la méthode comme élément stable et saisissable de l'entreprise scientifique, par là-même distinct des théories et des résultats, à l'opposition à la méthode inspirée par l'anarchisme «méthodologique» de Feyerabend.

D'après Collins (1983), la sociologie de la science classique repose sur la supposition sous-jacente (formulée ici de façon sommaire et simplificatrice) que les réponses ultimes aux questions posées par la science proviennent de la Nature elle-même, l'humanité n'étant qu'un médiateur. Il s'agit donc dans ce cas d'élucider l'ensemble des conditions qui permettent à la science (qui consiste à poser des questions et à apporter des réponses à propos de la Nature) d'exister et de fonctionner efficacement. Il faut aussi un système de récompenses pour encourager la recherche vigoureuse des réponses.

Un tel programme ne requiert pas d'attention sociologique particulière au contenu des énoncés (ou des réponses) scientifiques. Au contraire, la sociologie de la connaissance scientifique s'intéresse à ce qui «parvient à compter au nombre» des connaissances scientifiques et par quels moyens il y parvient. Dans sa version extrême, cette optique est souvent désignée comme «relativiste» : en effet elle suppose qu'il n'existe ni points fixes dans le monde physique ni un royaume fixe de la logique. Dans un tel programme, on se préoccupe de savoir comment certains aperçus sur le monde physique et mathématique parviennent à être considérés comme corrects dans une société donnée, plutôt que de chercher dans une société quelles dispositions institutionnelles permettent à la vérité d'émerger. Les auteurs qui se réclament de ce programme parlent fréquemment de la «construction sociale» de la connaissance scientifique. En fait, ce terme signifie chez eux «construction totalement ou exclusivement sociale», ce qui aboutit à une négation de la notion de vérité. Cette dernière résulte uniquement des conventions ou du consensus suscités à un moment donné.

Une formulation extrême de ce programme a été proposée par Bloor (1976 [1982]) sous le terme de «programme fort» : l'expression implique une ambition forte, opposée à la capitulation dénoncée de la sociologie devant la science. Dans ses attendus Bloor se réclame, non sans abus, de Durkheim contre Mannheim. Le programme repose sur les quatre principes suivants : 1) la sociologie de la connaissance scientifique doit appliquer une analyse sociologique causale, c'est-à-dire rechercher la cause sociale des idées; 2) elle doit être impartiale à l'égard de la vérité et de l'erreur; 3) elle doit être symétrique (ce qui revient à peu près au même); 4) elle doit être réflexive, c'est-à-dire s'appliquer à elle-même ses propres principes. Isambert (*Ibid.*, 1985) a publié une critique très poussée de ce programme et de certaines de ses applications par des auteurs américains et britanniques traduits en français (Callon, Latour, 1982) et par Latour (1984). Il fait remarquer notamment que l'essentiel du programme fort dérive du conventionnalisme développé dans l'épistémologie du début de ce siècle.

La sociologie cognitive des sciences a d'une part apporté un éclairage nouveau sur des objets déjà étudiés, d'autre part attiré l'attention sur des objets de recherche nouveaux. Dans le premier cas, des études socio-historiques ont été renouvelées : par exemple la controverse entre Pasteur et Pouchet sur la génération spontanée, étudiée par Farley et Geison (1974 [1991]). L'image de Pasteur sort de cet examen quelque peu modifiée. Il aurait mis ses appuis politiques au service de ses capacités d'expérimentateur. Shapin (1975 [1991]), à propos du débat sur la phrénologie à Edimbourg dans les années 1820, montre comment des conceptions idéologiques clairement enracinées socialement conduisent le déroulement même des opérations au niveau technique. D'une manière générale, les controverses sont un objet de prédilection pour la sociologie constructiviste de la connaissance scientifique.

Pour les controverses scientifiques contemporaines, les recherches se concentrent sur ce qu'on peut appeler les «noyaux centraux» (*core-sets*) constitués par les scientifiques faisant autorité dans une spécialité donnée. Collins (*Ibid.*, 1983) souligne que les « algorithmes » formels en usage dans les sciences, tels que le contrôle et le déroulement des expériences et leur duplication, n'expliquent pas complètement certains résultats. Ces méthodes formelles n'ont pas la capacité de résoudre les différences d'opinion sur ce qui constitue ou non un véritable apport au savoir scientifique et ne peuvent donc « clore » les controverses scientifiques. Ces recherches représentent, selon Collins, la contrepartie sociologique et empirique du paradoxe bien connu sous l'appellation de « paradoxe de Duhem-Quine ». Selon ce paradoxe, la science est sous-déterminée : plusieurs théories peuvent rendre compte d'un même résultat. Collins ajoute à Duhem (1906 [1981]) et à Quine (1974) le nom de Hesse (1974).

Les études de laboratoires adoptent un style sensiblement différent. Elles s'inspirent de la méthode ethnographique par observation directe et continue, et se concentrent en général sur un seul site de recherche qui fait l'objet d'une étude approfondie. La première de ce genre, entièrement différente de la recherche comparative de Lemaine, Lécuyer *et al.* (1972), a été conduite par Latour, qui a travaillé deux ans comme technicien au laboratoire de Roger Guillemin au Salk Institute à La Jolla, en Californie. L'étude est décrite et analysée dans Latour et Woolgar (1978 [1988]). Ce dernier avait conduit dans une optique comparable une étude sur l'émergence des *pulsars* comme objet et comme domaine de recherche. Plus récemment, Knorr-Cetina (1981) a soumis elle aussi un site unique de recherche à une observation approfondie de ce type. En revanche, le réseau de scientifiques et de laboratoires formant l'audience n'entre dans ces études que lorsque les scientifiques du laboratoire étudié cherchent à anticiper les réactions extérieures.

Parmi les points forts du travail de Latour et Woolgar, il faut retenir leur description de la façon dont un « fait » scientifique est construit à partir des actes quotidiens et contingents de la vie du laboratoire. Des actes de mesure apparemment discontinus donnent finalement naissance à un fait : en ce cas, l'existence d'une substance nouvelle. Latour et Woolgar voient le laboratoire comme une série de « machines à inscriptions » fabriquant des graphiques, des tableaux, etc. Le travail du scientifique consiste à transformer le produit de ces machines en documents de plus en plus élaborés pour parvenir à l'article scientifique.

La différence est sensible avec les recherches sur les « noyaux centraux ». Peut-être cette différence est-elle due au fait que ces dernières ont presque toutes porté sur les sciences physiques, tandis que les recherches sur les laboratoires ont presque toutes porté sur les sciences biologiques. On peut relever une autre différence touchant aux périodes étudiées dans chaque cas. Les recherches sur les «noyaux centraux» ont principalement porté sur des controverses scientifiques, correspondant à des périodes de science «extraordinaire» pour reprendre la terminologie de Kuhn (1962 [1983]). On peut comprendre ce choix si l'on tient compte du fait que les controverses scientifiques trouvent généralement leur solution à l'extérieur d'un seul laboratoire. À l'inverse, les études de laboratoire ont toutes choisi des épisodes relevant de la science dite «normale». Si l'on divise l'activité scientifique en phases telles que révolutionnaires ou extraordinaires et normales, les recherches se répartissent de manière très inégale. Du point de vue même de la sociologie constructiviste des connaissances scientifiques, des essais de comparaison et d'intégration seraient nécessaires.

Les disciplines étudiées ont été de préférence d'abord les mathématiques et la physique, pour répondre par avance à la critique selon laquelle la sociologie de la connaissance scientifique ne s'appliquerait qu'aux sciences «molles», telles que les sciences marginales ou les sujets politiques. Toutefois, un exercice jugé particulièrement éclairant est constitué par l'étude des sciences marginales, ou des marges de la science, et le va-et-vient entre ces dernières et les sciences reconnues.

Lécuyer, Latour et Callon ont réalisé, en 1986, un numéro spécial de *L'Année sociologique* qui comprend des études relevant tantôt de la sociologie des sciences de style classique, tantôt de la sociologie de la connaissance scientifique. Certaines de ces études portent sur les rapports entre les sciences sociales (dont deux sur la science économique), les probabilités et la société, les inventions et les controverses technologiques (invention de l'aéroplane en France jusqu'en 1908, avatars d'un programme de création en Crète d'un village autonome en énergie), et les controverses scientifiques (usage effectif de la réplication des expériences en physique et en biologie, point de désaccord entre la règle du «scepticisme organisé» de Merton et les observations effectives des constructivistes, et l'expérience de fixation des coquilles Saint-Jacques dans la baie de Saint-Brieuc).

CONCLUSION

La sociologie de la connaissance scientifique, telle que nous l'avons présentée, a eu incontestablement le mérite d'enrichir notre connaissance de certains processus concrets de constitution de la science. Ces processus s'avèrent plus complexes, plus enchevêtrés, plus *contextualisés* que ne le donnaient à penser les travaux des épistémologues. Cependant, on peut se demander avec Boudon (1992) si notre conception fondamentale de la science s'en est trouvée aussi bouleversée que les représentants de ce courant aiment à le prétendre. Comme il le dit, et je suis en accord avec cette position, dans l'étude des controverses comme dans l'examen de l'activité courante des laboratoires, c'est évidemment la situation instantanée qui apparaît au premier plan. Dans une telle situation, les positions des protagonistes ne sont pas déterminées uniquement par des raisons objectives. Une discussion est donc nécessairement subjective pendant le temps durant lequel elle se déroule. Mais, le plus souvent, la discussion cesse lorsque l'un des protagonistes peut avancer des raisons qui sont irréfutables. Boudon montre également que le même privilège accordé de façon implicite à la réalité instantanée explique l'importance accordée par l'« anthropologie de la science » à l'observation suivante : des savants confirmés peuvent changer radicalement d'opinion sur un sujet précis. Du jour au lendemain, ce qui est considéré comme un « fait reconnu » peut devenir un simple « artefact ». Ainsi les « faits », d'après ces anthropologues, ne sont que ce que les savants tiennent pour tels ; ils pourraient redevenir des « artefacts » s'ils étaient de nouveau soumis à la discussion. Toutefois, sur le long terme, des faits sont définitivement considérés comme acquis. De telles irréversibilités dans la sélection des idées se produisent au terme d'un processus qui se développe dans le temps. Boudon montre en outre que le consensus ou quasi-consensus établi depuis trente ans autour des notions kuhniennes ou post-kuhniennes est un bon exemple des phénomènes d'inertie et de conformisme que Kuhn lui-même a fort bien décrits sous son expression de « science normale ». Plus généralement, sa démonstration s'inscrit dans l'analyse des croyances en des idées douteuses, fragiles ou fausses provenant de l'interférence de certaines conjectures propres à la pensée et à l'argumentation les plus normales.

Une des tâches de la sociologie de la connaissance serait d'étendre ses analyses au domaine de l'histoire et de l'institutionnalisation des sciences de l'homme. Différents points de vue sur ce sujet sont exposés dans Matalon et Lécuyer (1988), Matalon (1992). Une tentative pour étendre le paradigme de Kuhn à l'étude du marché de l'emploi a été faite par Tripier (1991).

En conclusion, malgré ces divergences et ces controverses, la sociologie de la connaissance constitue une spécialité dans la sociologie qui s'avère dynamique, et qui semble surtout avoir surmonté l'opposition, qui ne fut fructueuse que pendant un temps, entre la sociologie de la science et la sociologie de la connaissance.

BIBLIOGRAPHIE

Ayer, A.J. (1959), *Logical Positivism*, Glencoe, The Free Press.

Ben-David, J. (1971), *The Scientist's Role in Society. A Comparative Study, with a New Introduction*, Chicago/London, The University of Chicago Press, 1984.

Bloor, D. (1976), *Knowledge and Social Imagery*, London, Routledge & Kegan Paul; tr. fr. *Socio(logie de la) logique*, Paris, Pandore, 1982.

Boudon, R. (1982), «Connaissance», in R. Boudon, F. Bourricaud, *Dictionnaire critique de la sociologie*, Paris, Presses Universitaires de France, 1990.

Boudon, R. (1992), «Connaissance», chapitre XIII, in R. Boudon (réd.), *Traité de Sociologie*, Paris, Presses Universitaires de France (à paraître).

Callon, M., Latour, B. (1985, réd.), *Les scientifiques et leurs alliés*, Paris, Pandore.

Callon, M., Latour, B. (1982, réd.), *La science telle qu'elle se fait. Anthropologie de la sociologie des sciences de langue anglaise*, Paris, Pandore. Nouvelle édition Paris, Éditions La Découverte, 1991.

Carey, A. (1967), «The Hawthorne Studies : A Radical Criticism», *American Sociological Review*, 32, 3, 403-417.

Cole, S., Cole, J. (1973), *Social Stratification in Science*, Chicago, University of Chicago Press.

Collins, H. (1983), «The Sociology of Scientific Knowledge : Studies of Contemporary Science», *Annual Review of Sociology*, 9, 265-285.

Crane, D. (1969), «La diffusion des innovations scientifiques», *Revue Française de Sociologie*, X, 2, 166-185.

Crane, D. (1972), *Invisible Colleges*, Chicago/London, The University of Chicago Press.

Crawford, E. (1984), *The Beginnings of the Nobel Institution : The Science Prizes 1901-1915*, Cambridge, Cambridge University Press/Paris, Éditions de la Maison des Sciences de l'Homme; tr. fr. *La Fondation des Prix Nobel scientifiques 1901-1915*, Paris, Belin, 1988.

Duhem, P. (1906), *La théorie physique, son objet, sa structure*, Paris, Chevalier et Rivière; rééd. Paris, Vrin 1981.

Durkheim, E. (1912), *Les formes élémentaires de la vie religieuse*, Paris, F. Alcan; Paris, Presses Universitaires de France, 1985.

Durkheim, E., Mauss, M. (1901-1902), «De quelques formes primitives de classification», *L'Année Sociologique*, 6, 1-72.

Edge, D.O., Mulkay, M.J. (1976), *Astronomy Transformed*, New York, John Wiley.

Farley, J., Geison, G. (1974), «Science, Politics, and the Spontaneous Generation in Nineteenth Century France : The Pasteur-Pouchet Debate», *Bulletin of the History of Medicine*, 48, 161-198; tr. fr. in M. Callon, B. Latour, *La science telle qu'elle se fait*, Paris, Éditions La Découverte, 1991, 87-145.

Feyerabend, P. (1975), *Against Method*, London, New Left Books; tr. fr. *Contre la méthode. Esquisse d'une théorie anarchiste de la connaissance*, Paris, Le Seuil, 1979.

Franke, R., Kaule, J. (1978), «The Hawthorne Experiments : First Statistical Interpretation», *American Sociological Review*, 43, 5, 623-643.

Garfinkel, H. (1967), *Studies in Ethnomethodology*, Englewood Cliffs, Prentice-Hall.

Garfinkel, H., Lynch, M., Livingston, E. (1981), «The Work of a Discovering Science Construed with Materials from the Optically Discovered Pulsar», *Philosophy of the Social Sciences*, 11, 131-158.

Habermas, J. (1968), *Erkenntnis und Interesse; mit einem neunem Nachwort*, Frankfurt, Suhrkamp, 2e édition augmentée 1973; tr. fr. *Connaissance et intérêt*, Paris, Gallimard, 1976.

Habermas, J. (1973), *Technik und Wissenschaft als Ideologie*, Frankfurt, Suhrkamp; tr. fr. *La technique et la science comme idéologie*, Paris, Gallimard, 1973.

Hagstrom, W. (1965), *The Scientific Community*, New York, Basic Books.

Hesse, M. (1974), *The Structure of Scientific Inference*, London, Macmillan.

Holton, G. (1962), «Scientific Research and Scholarship. Notes Toward the Design of Proper Scales», *Daedalus*, 91, 362-399.

Isambert, F. (1985), «Un 'programme fort' en sociologie de la science?», *Revue Française de Sociologie*, XXVI, 3, 485-508.

Jacob, P. (1980a), *De Vienne à Cambridge*, Paris, Gallimard.

Jacob, P. (1980b), *L'empirisme logique*, Paris, Éditions de Minuit.

Knorr-Cetina, K. (1981), *The Manufacture of Knowledge. An Essay on the Constructivist and Contextual Nature of Science*, Oxford, Pergamon Press.

Knorr-Cetina, K. (1991), «Merton's Sociology of Science : the First and Last Sociology of Science?», *Contemporary Sociology*, vol. 20, n° 4, 522-526.

Kuhn, T. (1962), *The Structure of Scientific Revolutions*, Chicago, University of Chicago Press; tr. fr. *La structure des révolutions scientifiques*, Paris, Flammarion, 1983.

Kuhn, T. (1972), «Scientific Growth : Reflection on Ben-David's *Scientific Role*», *Minerva*, X, 166-178.

Latour, B. (1984), *Les microbes*, Paris, Métailié.

Latour, B., Woolgar, S. (1978), *Laboratory Life. The Social Construction of Scientific Facts*, Beverly Hills/London, Sage; tr. fr. *La vie de laboratoire*, Paris, Éditions La Découverte, 1988.

Lécuyer, B.P. (1978), «Bilan et perspectives de la sociologie de la science dans les pays occidentaux», *Archives Européennes de Sociologie*, XIX, 257-336.

Lécuyer, B.P. (1988), «Rationalité et idéologie dans les sciences de l'homme. Le cas des expériences Hawthorne (1924-1933) et de leur réexamen historique», *Revue de Synthèse*, 4, 3-4, 401-427.

Lécuyer, B.P. (1990), «La sociologie des sciences», *Encyclopédie philosophique universelle. T. I, L'Univers philosophique*, Paris, Presses Universitaires de France, 942-948.

Lécuyer, B.P., Latour, B., Callon, M. (1986, rééd.), numéro spécial sur la sociologie des sciences et des techniques, *L'Année Sociologique*, 36.

Lemaine, G., Matalon, B., Provansal, B. (1969), «La lutte pour la vie dans la cité scientifique», *Revue Française de Sociologie*, X, 2, 139-165.

Lemaine, G., Lécuyer, B.P., Gomis, A., Barthélémy, C. (1972), *Les voies du succès*, Paris, CNRS/EPHE, 2 vol.

Lemaine, G., Clemençon, M., Gomis, A., Pollin, B., Salvo, B. (1977), *Stratégies et choix dans la recherche. A propos des travaux sur le sommeil*, Paris/La Haye, Mouton.

MacKenzie, D. (1978), «Statistical Theory and Social Interests : A Case-Study», *Social Studies of Science*, 8, 1, 35-83; tr. fr. «Comment faire une sociologie de la statistique», in M. Callon et B. Latour, *Les scientifiques et leurs alliés*, Paris, Pandore n° 4, 1985, 121-167.

Mannheim, K. (1927), «Das konservative Denken Soziologische Beiträge zum Werden des politish-historischen Denkens in Deutschland», *Archiv für Sozialwissenschaft und Sozialpolitik*; tr. angl. «Conservative Thought», in P. Kecskemeti (ed.), *Essays in Sociology and Social Psychology*, London, Routledge & Kegan Paul.

Mannheim, K. (1929), *Ideologie und Utopie*, Bonn, F. Cohen; tr. fr. partielle *Idéologie et utopie*, Paris, Marcel Rivière, 1956.

Manuel, F. (1962), *The Prophets of Paris*, New York, Harper & Row.

Manuel, F. (1965), *Shapes of Philosophical History*, Stanford, Stanford University Press.

Matalon, B. (1992, rééd.), «Les débuts des sciences de l'homme», *Communications*, n° 54, 1992.

Matalon, B., Lécuyer, B.P. (1988, rééd.), «Une histoire des sciences de l'homme», *Revue de Synthèse*, n° spécial double, vol. 4, 3-4.

Merton, R. (1938a), *Science, Technology and Society in XVIIth Centruy England*, New York, Howard Fertig, 1970.

Merton, R. (1938b), «Science and the Social Order», repris in *The Sociology of Science. Theoretical and Empirical Investigations*, Chicago/London, The University of Chicago Press, 1973, chap. 12. Edited and with an introduction by Norman Storer.

Merton, R. (1941), «Karl Mannheim and the Sociology of Knowledge», *The Journal of Liberal Religion*, II, 125-147; repris in *Social Theory and Social Structure*, Glencoe, The Free Press, chap. 13; tr. fr. *Eléments de théorie et de méthode sociologiques*, Paris, Plon, 1965.

Merton, R. (1942), «The Normative Structure of Science», in *The Sociology of Science. Theoretical and Empirical Investigations*, Chicago/London, The University of Chicago Press, 1973. Edited and with an introduction by Norman Storer.

Merton, R. (1945), «Sociology of Knowledge», in Gurvitch and Moore, *Twentieth Century Sociology*, New York, Philosophical Library; tr. fr. «La sociologie de la connaissance», in Gurvitch et Moore, *La sociologie au XXe siècle*, Paris, Presses Universitaires de France, 1947.

Merton, R. (1957), «Priorities in Scientific Discovery : a Chapter in the Sociology of Science», in *The Sociology of Science. Theoretical and Empirical Investigations*, Chicago/London, The University of Chicago Press, 1973.

Merton, R. (1960), «Recognition and 'Excellence' : Instructive Ambiguities», in *The Sociology of Science. Theoretical and Empirical Investigations*, Chicago/London, The University of Chicago Press, 1973, chap. 19.

Merton, R. (1961), «Singletons and Multiples in Science», in *The Sociology of Science. Theoretical and Empirical Investigations*, Chicago/London, The University of Chicago Press, 1973, chap. 16.

Merton, R. (1963a), «The Ambivalence of Scientists», in *The Sociology of Science. Theoretical and Empirical Investigations*, Chicago/London, The University of Chicago Press, 1973, chap. 18.

Merton, R. (1963b), «Multiple Discoveries as Strategic Research Site», in *The Sociology of Science. Theoretical and Empirical Investigations*, Chicago/London, The University of Chicago Press, 1973, chap. 17.

Merton, R. (1968), «The Matthew Effect in Science», in *The Sociology of Science. Theoretical and Empirical Investigations*, Chicago/London, The University of Chicago Press, 1973, chap. 20.

Merton, R. (1969), «Behavior Patterns of Scientists», in *The Sociology of Science. Theoretical and Empirical Investigations*, Chicago/London, The University of Chicago Press, 1973, chap. 15.

Merton, R. (1970), «Preface : 1970», in *Science, Technology and Society in Seventeenth-Century England*, New York, Howard Fertig and Harper & Row, 2e éd.

Mulkay, M.D. (1976), «The Model of Branching», *The Sociological Review*, 23, 509-526.

Mullins, N. (1972), «The Development of a Scientific Specialty : the Phage Group and the Origins of Molecular Biology», *Minerva*, 10, 51-82.

Petit, A. (1992), «Quelques débats autour de la conception positiviste de la sociologie au XIXe siècle», *Communications*, 54.

Petit, A. (1998), «Le corps scientifique selon Auguste Comte», in A. Kremer-Marietti, *Sociologie de la science*.

Plé, B. (1998), «La sociologie de la science de Merton : une prise de conscience américaine à l'égard du progrès de la science», in A. Kremer-Marietti, *Sociologie de la science.*

Polanyi, M. (1942), «Self-Government of Science», in *The Logic of Liberty*, Chicago, Chicago University Press.

Polanyi, M. (1958), *Personal Knowledge*, London, Routledge & Kegan Paul/Chicago, Chicago University Press.

Pollak, M. (1983), «From Methodological Prescription to Socio-Historical Description, The Changing Metascientific Discourse», *Fundamenta Scientiae*, 4, 1, 1-27.

Popper, K. (1935), *Logik der Forschung*, Vienne, Springer; tr. fr. *La logique de la découverte scientifique*, Paris, Payot, 1973.

Popper, K. (1963), *Conjectures and Refutations : The Growth of Scientific Knowledge*, London, Routledge & Kegan Paul/New York, Basic Books; tr. fr. *Conjectures et réfutations*, Paris, Payot, 1985.

Popper, K. (1970), «Normal Science and its Dangers», in I. Lakatos, A. Musgrave (rééd.), *Criticism and the Growth of Knowledge*, Cambridge, Cambridge University Press.

Price, D. (1963), *Little Science, Big Science*, New York, Columbia University Press; tr. fr. *Science et suprascience*, Paris, Fayard, 1972.

Quine, W. (1964), «Two Dogmas of Empiricism», in *From a Logical Point of Views*, Cambridge, Harvard University Press.

Reichenbach, H. (1959), *The Rise of Scientific Philosophy*, Berkeley/Los Angeles, University of California Press.

Roethlisberger, F., Dickson, W. (1939), *Management and the Worker*, Cambridge, Harvard University Press; New York, Wiley & Sons, 1964.

Scheler, M. (1926), *Die Wissenformen und die Gesellschaft*, Leipzig, Der Neue Geist Verlag.

Sebestik, I., Soulez, A. (1986), *Le Cercle de Vienne. Doctrines et controverses*, Paris, Méridiens Klincksieck.

Shapin, S. (1975), «Phrenological Knowledge and the Social Structure of Early Nineteenth Century Edinburgh», *Annals of Science*, 32, 219-243; tr. fr. «La politique des cerveaux, ou la querelle phrénologique à Edimbourg au XIXe siècle», in M. Callon, B. Latour, *La science telle qu'elle se fait*, Paris, Éditions La Découverte, 1991, 146-199.

Shils, E. (1968), «Mannheim, Karl», in David L. Sills (ed.), *International Encyclopaedia of the Social Sciences*, New York, The Macmillan Company and the Free Press, vol. 9.

Shinn, T. (1980), «Les laboratoires de recherche industrielle. Division du savoir et spécificité organisationnelle», *Revue Française de Sociologie*, XXI, 1, 3-35.

Simonds, A.P. *Karl Mannheim's Sociology of Knowledge*, Oxford, Clarendon Press, 1978.

Sorokin, P. (1937-1941), *Social and Cultural Dynamics*, New York Cincinnati, American Book Co, 4 vol., Boston, Porter Sargent, 1970.

Storer, N. (1966), *The Social System of Science*, New York, Rinehart and Winston.

Storer, N. (1973), «Introduction», in R. Merton, *The Sociology of Science. Theoretical and Empirical Investigations*, Chicago/London, The University of Chicago Press, 1973, XI-XXXI.

Tönnies, F. (1887), *Gemeinschaft und Gesellschaft*, Leipzig, R. Reisland; tr. fr., *Communauté et sociétés : catégories fondamentales de la sociologie pure*, Paris, Retz, CEPL, 1977.

Toulmin, S. (1970), «Conceptual Revolution in Science», in R.S. Cohen, Wartofsky (rééd.), *Boston Studies in the Philosophy of Science*, Dordrecht, Reidel, 331-347.

Toulmin, S. (1972), *Human Understanding. I : The Collective Use and Evolution of Concepts*, Princeton, Princeton University Press.

Tripier, P. (1991), *Du travail à l'emploi*, Bruxelles, Éditions de l'Université de Bruxelles.

Weber, M. (1920-1921), *Die protestantische Ethik und der Geist des Kapitalismus*, in *Gesammelte Aufsätze zur Religionssoziologie*, t. I, Tübingen, Mohr; tr. fr. *L'éthique protestante et l'esprit du capitalisme*, Paris, Plon, 1964.

Zuckerman, H. (1977), *Scientific Elites. Nobel Laureates in the United States*, New York, The Free Press.

Zuckerman, H., Merton, R. (1971), « Institionalized Patterns of Evaluation in Science », in *The Sociology of Science. Theoretical and Empirical Investigations*, Chicago/London, The University of Chicago Press, 1973, chap. 21.

2.
Un précurseur oublié de la sociologie de la science : Alphonse de Candolle

Jean-Gérard ROSSI
Université de Picardie-Jules Verne

En 1873 paraît sous la plume d'Alphonse de Candolle l'*Histoire de la science et des savants depuis deux siècles*. Ce texte peut être considéré comme la première étude de caractère scientifique sur les conditions de développement de la science et son auteur peut apparaître comme un précurseur de la sociologie de la science. Nous essaierons de repérer ce qui dans l'entreprise de Candolle marque une « approche » authentiquement scientifique du développement de la science et nous montrerons en quoi cet avènement — comme tout avènement scientifique — se fait en rupture avec des discours de type idéologique, lesquels coexistent d'ailleurs avec les éléments scientifiques dans le texte en question.

1

Candolle, né à Paris en 1806, mort en 1893 également à Paris, a séjourné durant sa jeunesse à Montpellier où son père, Augustin Pyrame de Candolle, occupait la chaire de botanique de l'université. Après ses études il quitte Montpellier pour Genève où il enseignera à l'université. En 1855 il publie un ouvrage remarqué qui s'intitule *Géographie botanique raisonnée*, en 1882, l'*Origine des plantes cultivées*, qui fait autorité en son domaine. Aussi bien l'*Histoire de la science et des savants depuis deux siècles*, parue en 1873, fait-elle figure de curiosité dans son œuvre scientifique. Ce n'est en fait qu'une apparence. L'ouvrage n'est pas si isolé qu'on pourrait le croire dans l'œuvre de Candolle car il procède d'un même esprit que les autres produits de l'activité intellectuelle de son auteur et cet esprit est darwinien.

Dans la préface de la seconde édition, datée de 1884, Candolle précise d'ailleurs qu'il a d'autant plus adopté les idées de Darwin dans son ouvrage que ses propres recherches en géographie botanique l'avaient conduit à admettre l'origine par dérivation d'une partie au moins du règne végétal. Il faut d'ailleurs souligner qu'avant Darwin, il avait mis en avant l'importance de la sélection et de la succession des formes, montrant sur l'exemple de la chèvre que les espèces d'un même genre ont des limites assez mal définies et des formes assez variables et soulignant que seul le principe de la sélection permet d'expliquer ce fait.

Dans son livre de 1855, Candolle soutient que la majorité des espèces remonte à une date beaucoup plus reculée qu'on ne le pense généralement et que les changements sont intervenus sous l'influence de facteurs géologiques et climatiques. Les espèces les plus répandues ont tendance à se répandre davantage encore et contribuent par là même à l'extinction des espèces moins bien distribuées. Une question le trouble : comment des déviations peuvent-elles être conservées dans des conditions de croisement libre ?

Darwin ne manque d'ailleurs pas de marquer sa considération pour l'œuvre de Candolle. Il le cite plusieurs dizaines de fois dans son livre sur les variations des plantes et des animaux sous l'action de la domestication (1868), mais aussi dans l'*Origine des espèces* (1859). Dès la parution de l'*Origine des espèces*, Candolle se fait un ardent propagandiste des thèses de Darwin, mais il conservera toutefois une attitude critique à l'égard de bien des points du darwinisme et il apparaît clairement dans la correspondance qu'il échange avec Darwin que les points de désaccord ont tendance à se multiplier au fil des ans.

Candolle s'attache surtout à montrer qu'il y a une extrême lenteur de la sélection et cela le conduit à relativiser sa foi dans le darwinisme. Il voit très bien que l'effet de la sélection se révèle finalement médiocre, sinon négligeable, pour la plupart des espèces. Quant à l'hérédité, Candolle s'attache surtout à déterminer la part qui peut lui revenir au milieu de tout un ensemble d'autres facteurs et sur ce point également il relativise considérablement les thèses darwiniennes. C'est précisément à propos de l'hérédité qu'il va être conduit sur un terrain où, dit-il, « l'histoire naturelle s'unit avec les sciences sociales » et qu'il va se trouver engagé dans une polémique avec un darwinien célèbre, Francis Galton.

En fait l'*Histoire de la science et des savants*... répond à un livre de Galton publié en 1869 et intitulé *Hereditary Genius*. F. Galton (1822-1911) est le cousin de Darwin dont il va être un adepte et un propagandiste. C'est un esprit original, curieux et inventif. On lui doit par exemple les premières cartes météorologiques (la première paraît dans le *Times* en 1875) et même une carte de la beauté dans les Iles britanniques. Il est célèbre pour des articles tel que celui de 1906 intitulé «Comment couper un cake selon des principes scientifiques pour le conserver pendant trois jours». Derrière l'anecdote, ce qui transparaît c'est son goût pour la mesure, le quantitatif et les statistiques. Mais nous savons qu'il s'agit là d'une condition nécessaire mais non suffisante à la constitution d'un savoir scientifique et que, liée à une idéologie, la quantification des données expérimentales peut, en donnant une apparence de scientificité à des énoncés qui relèvent des préjugés d'une époque, se révéler dangereuse. C'est ce qui arrive dans le cas de Galton dont le discours véhicule des éléments socialisants, racistes, voire nettement totalitaires dans le cadre d'un scientisme qui pour être souvent naïf n'en est pas moins nocif.

Ce qui est marquant chez Galton c'est précisément cette combinaison de l'idéologie et des méthodes scientifiques de pointe. Il utilise notamment dans le domaine de la statistique les méthodes les plus sophistiquées, empruntées la plupart du temps au Belge Quetelet dont la fameuse loi de déviation à partir d'une valeur moyenne permet de répartir en groupes, de manière pertinente, une population donnée. Le problème de Galton dans *Hereditary Genius*, c'est celui de la répartition du génie. Pour tenter de le résoudre, Galton va traiter de manière statistique un corpus assez large, d'environ 300 familles, 1000 personnes dont 4/5 ont été célèbres à un titre ou à un autre. Il va arriver à la conclusion que le talent et le génie sont héréditaires et que c'est là le fait d'une transmission génétique. Il n'hésite pas à affirmer que ses études sont vouées à l'amélioration de l'espèce humaine et visent à empêcher une dégradation de la nature humaine. Son attitude est souvent proche de l'eugénisme.

2

Candolle reproche à Galton d'avoir trop accordé à l'hérédité (le titre de son ouvrage n'en porte-t-il pas le témoignage?). Il va, utilisant d'ailleurs la distinction introduite par Galton dans *Hereditary Genius* entre «nature» et «nurture», puis reprise dans *English Men of Science* (1874) par le même auteur, distinguer entre ce qui vient de la naissance et ce qui vient des circonstances extérieures (éducation, exemples, institutions, etc.) chez un individu donné. Il va être conduit à observer que l'hérédité ne joue pas un rôle fondamental dans le talent et la réussite des grands hommes de science et que les facteurs extérieurs sont les plus importants. En insistant sur ces derniers, il peut ouvrir la voie à une véritable sociologie de la science. Candolle part du problème posé et traité par Galton, mais il prétend faire mieux que lui. Il y réussit : son corpus est plus large et plus solide que celui de Galton, ses analyses laissent davantage la place à des facteurs objectivables et quantifiables et si ses considérations restent souvent marquées par le sceau de convictions attachées à son milieu, la part d'idéologie chez lui est beaucoup moins importante que chez Galton.

Il n'est évidemment pas question d'envisager l'histoire de la science. Il n'est pas davantage question comme le fait Galton d'étudier la personnalité d'un certain nombre de savants. Parce qu'il veut éviter toute subjectivité dans l'établissement du corpus et tout subjectivisme dans les données retenues comme pertinentes, Candolle choisit — et c'est là son coup de génie — de constituer son corpus de recherches à partir des nominations de membres étrangers par les principales académies — à savoir celle de Paris, celle de Londres et celle de Berlin — sur une période d'environ deux siècles. Ceci lui permet d'éliminer tout facteur subjectif dans la détermination du corpus et de disposer aussi d'un matériel quantifiable. Il lui est alors plus facile de procéder à la recherche d'indicateurs et de mettre en lumière ce qui peut encourager ou au contraire décourager ce qu'il appelle «le développement des talents».

Le traitement statistique de ces données permet à Candolle de mettre en évidence l'importance des facteurs d'ordre social et historique dans la formation d'une communauté de savants. Ses analyses sont particulièrement intéressantes et elles montrent un esprit scientifique pas toujours débarrassé de ses préjugés de classe. Candolle met l'accent sur la spécialisation qui caractérise de plus en plus l'activité scientifique et il met de manière particulièrement habile ce fait en relation avec le taux de richesse d'une société donnée. Les savants ne pouvant plus s'adonner qu'à un secteur limité de la recherche et devant s'y adonner à l'exclusion de toute autre tâche, ils sont moins nombreux «là où les capitaux sont rares à gérer». Ainsi est-il établi que le développement économique influe sur le progrès des sciences. Candolle explique par cette nécessité pour le savant de ne pas avoir de tâche annexe le fait qu'il y a eu une diminution du pourcentage des ecclésiastiques dans la communauté scientifique dans la France post-révolutionnaire : les ecclésiastiques devant se consacrer à leur culte ont moins de temps pour la recherche.

Candolle ne manque pas de remarquer l'absence des femmes dans les académies et de manière plus générale dans la recherche scientifique. Mais là il se montre moins perspicace dans la recherche des causes et manifeste des préjugés qui ne peuvent qu'amuser le lecteur d'aujourd'hui. S'il n'y a pas de femme dans la communauté scientifique, c'est «parce que le développement de la femme s'arrête plus vite que celui de l'homme, que l'esprit féminin est primesautier, que les méthodes lentes d'observation ne peuvent lui plaire» et, ajoute Candolle, les femmes ont horreur du doute, elles ne sont pas très indépendantes d'opinion et leur faculté de raisonnement n'égale pas celle de l'homme. Tout ceci justifie son pessimisme : l'augmentation du nombre des étudiantes dans les universités n'y fera rien puisque les femmes ne sont pas faites pour les sciences. Il manifestera un pessimisme de même nature à l'égard des pauvres. C'est que, si l'on est dans le besoin, le bon sens commande de ne pas se lancer dans la recherche dont les résultats sont si incertains. Conclusion : «même en augmentant les subsides et les bourses aux élèves pauvres et intelligents des universités», on n'y changera rien.

Nous voyons donc ici comment Candolle, à partir de cette constatation que la plupart des savants qu'il a répertoriés viennent de la classe noble et de la classe moyenne et que moins de 10 % viennent de ce qu'il appelle «la classe la plus nombreuse», cherche des explications d'où la subjectivité et l'idéologie qu'il véhicule ne sont pas — tant s'en faut — absentes. Ceci ne peut que confirmer une fois de plus ce fait si souvent occulté dans l'épistémologie des «sciences humaines» : l'explication n'a pas en elle-même de valeur scientifique. La recherche des causes doit s'accompagner, pour être pertinente d'un point de vue scientifique, d'une prédiction d'effets à partir des faits et des événements proposés comme causes. L'esprit humain est toujours remonté vers les causes — il a produit une connaissance de type scientifique seulement quand il a réussi des prédictions à partir des faits ou des événements qu'il avait retenus comme causes possibles, c'est-à-dire à partir du moment où il a réussi à mettre en évidence entre les phénomènes des liaisons suffisamment régulières pour que soit expliquée la réussite des prédictions.

Il s'en faut de beaucoup pour que, sorti du noyau des sciences dites «dures», ce schéma gouverne la pratique de ceux qui revendiquent la scientificité de leurs recherches. Au moins doit-on leur demander dans ces conditions que les causes auxquelles ils font appel ne soient pas teintées d'idéologie et que les corrélations entre les événements ou les faits soient de nature à pouvoir être justifiées sur des bases objectives. Ce qui nous semble de nature à conférer un caractère scientifique (autant qu'il peut être question de science, répétons-le, dans ce champ du savoir) aux analyses de Candolle, c'est précisément ce point. Mis à part ces préjugés sur les femmes et les pauvres, les explications qu'il fournit méritent considération.

Ainsi, par exemple, de l'influence de la taille et de l'importance du pays. Les statistiques montrent que le taux des savants n'est pas plus élevé dans les grands pays — il est au contraire d'autant plus élevé que le pays est petit. Il y a en matière de production de cerveaux une nette supériorité des petits pays — les facteurs mis en évidence par Candolle sont assez intéressants : les petits pays sont davantage ouverts aux influences et aux échanges, la susceptibilité nationale y est moins forte que dans les grands pays, ils fonctionnent quasi obligatoirement avec une autre langue d'importance internationale (l'anglais le plus souvent), etc. Cela dit, il ne faut pas oublier que le Genevois d'adoption qu'est Candolle pense principalement à la Suisse quand il parle des petits pays.

Ainsi également de l'influence de la religion. Des trois éléments de la religiosité cités par Candolle : les rites, les croyances et les valeurs morales, seul le troisième est retenu par lui comme favorable aux sciences (lesquelles exigent, nous dit-il, le dévouement à la vérité), les deux premiers sont indifférents voire néfastes au développement des sciences. Les statistiques indiquent une supériorité des pays ou des groupes sociaux protestants sur les catholiques quant au taux de scientifiques — notre auteur invoque la prédominance de l'esprit d'examen sur le principe d'autorité dans le protestantisme pour expliquer ce fait. Il convient de souligner qu'il ne s'en tient pas à une analyse de type régressif mais que son analyse tend à l'établissement de corrélations pertinentes. Il est connu que le protestantisme de Calvin a été particulièrement autoritaire à Genève entre 1525 et 1725 et qu'il a commencé à faiblir entre 1720 et 1730. On doit donc s'attendre à un nombre faible de scientifiques durant cette période dans la Rome calviniste. C'est bien ce que confirment les statistiques. Durant cette période, aucun Genevois ne s'est illustré dans les sciences. La première élection d'un Genevois à une académie scientifique, celle de Londres, en l'occurrence, date de 1713.

Candolle étudie également l'influence que peuvent avoir les traditions familiales. Il note que la proportion de scientifiques est plus élevée dans les familles d'émigrés que chez les sédentaires. Il prend l'exemple des familles de protestants expulsées de leur pays (cas qu'il connaît bien, puisque c'est celui de sa famille), mais son analyse vaut aussi bien pour toute diaspora et mériterait aujourd'hui tout particulièrement d'être étudiée et méditée...

Si ces indicateurs que sont les conditions de travail, le sexe, la classe sociale d'origine, la religion sont pertinents, par contre les indicateurs de nationalité ou de régime politique le sont moins. Les gouvernements, dit Candolle, confondent l'enseignement et le progrès des sciences. La question de savoir s'ils accordent plus ou moins d'intérêt à l'éducation et plus ou moins de crédits aux institutions scientifiques est donc d'une importance toute relative. Peut-être y a-t-il dans les remarques de Candolle un parfum d'élitisme. Il ne fait aucun doute que pour lui le développement de la science n'est pas proportionnel au nombre de chercheurs plus ou moins obscurs et talentueux, mais qu'il est le fait de grandes individualités. Sans doute Candolle ne mentionne-t-il que pour mémoire le cas des régimes autoritaires comme pouvant être un obstacle au développement des sciences. On peut regretter qu'il n'insiste pas sur ce point, mais il faut voir qu'il ne connaissait pas alors l'équivalent de régimes totalitaires du type de ceux que le XXe siècle a malheureusement produits et nous devons nous garder de l'illusion rétrospective qui pourrait nous faire confondre autoritarisme et totalitarisme. «En fait, écrit Candolle, les mœurs ont plus d'influence et surtout l'éducation et la tradition dans le sein des familles, sans parler de l'hérédité des facultés qui est la base.»

3

Voilà donc établi le partage des responsabilités si l'on peut dire. Pour Candolle — et c'est sur ce point que se rencontrent son élitisme et son darwinisme —, il ne fait pas de doute que les facteurs d'ordre culturel, historique et social interviennent seulement comme circonstances extérieures susceptibles de modifier, d'augmenter ou de diminuer des dispositions individuelles de type héréditaire. C'est notamment ce qui explique sa relative indifférence au développement de l'instruction et à la vulgarisation des connaissances. Il y a des caractères de l'esprit scientifique tels que la curiosité, l'impartialité, la capacité à suspendre son jugement, la défiance à l'égard des habitudes et de l'autorité, etc., et il y a des tendances qui prédisposent à la recherche scientifique. Candolle va jusqu'à distinguer «six tendances qui dirigent les individus d'une façon plus ou moins dominante ou même exclusive» : la recherche des biens matériels, la recherche du plaisir, la recherche de l'influence, la préoccupation d'ordre religieux, la recherche de la vérité en elle-même, la recherche du beau. Il affirme que les êtres passionnés n'obéissent qu'à une seule de ces tendances, mais que la plupart des gens inclinent vers deux ou trois d'entre elles. Où l'on voit qu'elle est celle qui pousse les savants, c'est bien évidemment la recherche désintéressée de la vérité. L'existence de cette tendance, la rencontre heureuse de dispositions innées ne suffisent pas à faire un savant — les facteurs extérieurs doivent intervenir.

Candolle répertorie vingt causes favorables au développement des savants : 1) milieu riche ou aisé; 2) propension à se contenter de ses revenus ou de bien les administrer, refus de l'appât du gain; 3) culture familiale; 4) immigration; 5) tradition sociale favorable à la science et à la culture; 6) développement de l'instruction dans la société; 7) abondance de moyens matériels disponibles dans la société; 8) curiosité; 9) liberté d'opinion, de publication; 10) opinion publique favorable; 11) liberté de déplacement; 12) religion faisant usage du principe d'autorité; 13) clergé ami de l'instruction; 14) clergé non astreint au célibat; 15) emploi de l'anglais, de l'allemand ou du français; 16) petit pays; 17) climat tempéré; 18) pays civilisé ou proximité d'un pays civilisé; 19) multitude d'associations; 20) ouverture vers l'étranger, voyages et séjours à l'extérieur des frontières.

Si l'on affirme que le développement des sciences s'opère essentiellement au niveau du développement des savants et si l'on insiste sur les facteurs héréditaires de l'aptitude à la connaissance désintéressée, on aboutit logiquement à une conception «psychologique». Or, chez Candolle, comme nous l'avons souligné, nous voyons apparaître une conception «sociologique» du développement scientifique. C'est que, pour l'auteur de l'*Histoire de la science et des savants*..., ce sont essentiellement les facteurs sociaux, répertoriés comme causes favorables, qui permettent aux aptitudes de se réaliser. Il y a chez lui une balance équitable entre le potentiel héréditaire et les déterminants sociaux et c'est pourquoi il peut, à juste titre, finalement parler de causes lorsqu'il évoque les facteurs sociaux.

Ces causes constituent de véritables configurations qui permettent de rendre compte d'un certain nombre de faits établis sur la base d'observations. Ainsi, si nous voyons apparaître sur la carte de véritables «régions géographiques des sciences» dont la «partie moyenne de l'Europe» constitue la plus importante, cela tient, souligne Candolle, dans l'accumulation des causes favorables dans ces régions. La mise en évidence de corrélations fonctionnelles permet ainsi de constituer un discours échappant à l'idéologie et fermant la porte aux pseudo-explications par une prétendue supériorité de la race ou par une prétentieuse affirmation de la vocation de certaines nations au progrès.

*

* *

Candolle apparaît bien comme l'adversaire de Galton et comme celui qui a su éviter de tomber dans le piège des conceptions faisant jouer l'hérédité. Il est intéressant de noter que, dans son œuvre, les préjugés de l'aristocrate, Genevois et mâle, s'ils ne sont pas complètement évacués, finissent par «céder le pas» devant une exigence d'ordre scientifique. C'est celle-ci, plus encore que l'appel à la quantification statistique et à l'étendue de l'information, qui fait de lui un précurseur de la sociologie de la science; car si une telle discipline a des chances de se constituer en science authentique, ce ne peut être qu'en tournant radicalement le dos à toute idéologie et en constituant un objet affranchi des représentations que l'on peut s'en faire. La chose ne peut paraître impossible qu'à ceux qui confondent les structures opératoires à l'œuvre dans la constitution de l'objet scientifique et renvoyant à un entendement universel avec les contenus véhiculés par l'esprit d'individus tributaires de l'ici et du maintenant. Car s'il faut maintenir contre un empirisme naïf que l'objet scientifique est bien construit, il faut affirmer contre une anthropologie ruineuse que c'est un entendement libéré de la subjectivité qui le construit.

3.

La fonction de la sociologie historique des savoirs dans le positivisme comtien

Magali Cachera
Étudiante de l'Université de Picardie-Jules Verne

Notre analyse des fondements épistémologiques de la sociologie chez Auguste Comte nous a conduite à considérer une sociologie des savoirs aux fondements mêmes du positivisme. Nous ne pouvons pas à proprement parler de sociologie de la science, car dans l'esprit de Comte, toute science est originairement un savoir et c'est par un mouvement orienté que les savoirs acquièrent les caractéristiques qui les définissent comme des sciences positives. Comte n'emploiera jamais l'expression de « sociologie des savoirs » ni même celle de « sociologie de la science », mais il nous est apparu nécessaire de considérer la présence implicite et parfois explicite d'une sociologie des savoirs pour comprendre le positivisme. C'est cette présence qu'il s'agit pour nous de mettre en lumière. À cette fin, nous montrerons que le projet de la science politique, annoncée dans le *Plan des travaux scientifiques nécessaires pour réorganiser la société* de 1822, repose sur les prémisses d'une analyse sociologique des savoirs, qu'ils soient théologiques, métaphysiques ou scientifiques. Ensuite, nous étudierons comment cette sociologie des savoirs fonde la science de la société en s'instituant comme le mode de compréhension positiviste de la société et de la science dans sa nature éminemment sociale.

Dès le début de sa réflexion, Comte aura conscience d'un état de crise laissé par les lendemains de la Révolution et de la nécessité, qui, selon lui, en implique, de fonder une science nouvelle dont la finalité sera de mettre un terme définitif au désordre social et à l'anarchie intellectuelle, caractéristiques, d'après Comte, de cette époque. C'est donc afin de lutter contre la crise sociale et politique et, comme il le dira lui-même, d'« achever la Révolution », que Comte propose, en 1822 et en 1824, le *Plan des travaux scientifiques nécessaires pour réorganiser la société*, auquel il donne tout d'abord le nom prématuré de *Système de politique positive*[1].

1

Dans le *Plan*, Comte confirme ce qu'il montrait déjà dans la *Sommaire appréciation de l'ensemble du passé moderne* en 1820[2] : à savoir que la crise révolutionnaire est due à la coexistence de deux systèmes sociaux, un système qui s'éteint et un autre qui tend à se constituer. Cette crise se prolongera tant que l'ancien système ne sera pas complètement désorganisé, c'est-à-dire tant que le nouveau système ne sera pas pleinement constitué. Or ce nouveau système ne parvient pas à se constituer, car la tendance qui devrait être organisatrice du nouveau système se révèle être une entreprise essentiellement critique vis-à-vis de l'ancien système, elle n'est donc pas, selon Comte, organique, constructive. Ainsi, par leur coexistence et leur opposition, les deux systèmes tendent à s'annihiler sans jamais parvenir pour l'un à se restaurer, pour l'autre à se constituer. La crise révolutionnaire se prolongera donc tant que la tendance critique s'attachera uniquement à détruire la tendance rétrograde et non pas à se constituer en tendance organique, comme elle le devrait. Pour achever la Révolution, il faut selon Comte établir une théorie scientifique du nouveau système social, c'est-à-dire « élever la politique au rang des sciences d'observation »[3]. Car le défaut essentiel de la tendance critique a été de concevoir la réorganisation sociale comme une œuvre purement pratique, alors qu'elle doit être être nécessairement une entreprise théorique et reposer sur un ensemble de travaux scientifiques comme l'indique l'intitulé du *Plan*.

Devenue scientifique, la politique sera apte à organiser le nouveau système social et par là même à mettre un terme à la politique que Comte qualifie de pratique et qui est caractérisée par les « oscillations successives entre la tendance rétrograde et la tendance critique ». Le problème qui se pose alors à l'esprit du fondateur du positivisme est à la fois social et épistémologique puisqu'il s'agit de réorganiser la société en fondant la politique comme science. Or, la résolution de ce problème exige, d'une part, que la société puisse être objet de science et, d'autre part, que soient préalablement définies les conditions que doit remplir toute science pour être considérée comme telle. En cherchant les conditions d'accès à la scientificité de la politique, dont les faits semblent nier la possibilité, Comte sera amené à étudier selon un même point de vue la science et la société. Or, ce point de vue est, selon nous, celui d'une *sociologie des savoirs*. C'est dans le cadre présumé de cette sociologie des savoirs que s'effectue la découverte de la loi des trois états, loi qui s'applique à la science et à la société.

C'est sur la constatation de la loi des trois états que Comte s'appuie pour affirmer la possibilité de la science politique. Cette loi est formulée pour la première fois dans le *Plan*, elle sera reprise dans les *Considérations philosophiques sur les sciences et les savants* datant de 1825 et dans le *Cours de philosophie positive*. Comte l'énonce ainsi dans le *Plan* : « Par la nature même de l'esprit humain, chaque branche de nos connaissances est nécessairement assujettie dans sa marche à passer successivement par trois états théoriques différents : l'état théologique ou fictif, l'état métaphysique ou abstrait, enfin l'état scientifique ou positif. »[4] Et Comte ajoute : « En considérant la politique comme une science, et appliquant les observations précédentes, on trouve qu'elle a déjà passé par les deux premiers états, et qu'elle est prête aujourd'hui à atteindre au troisième. »[5]

Selon Comte, la tendance rétrograde, qui s'appuie sur le dogme du droit divin, représente l'état théologique de la politique, la tendance critique, qui affirme la souveraineté du peuple, correspond à l'état métaphysique. Comment la politique peut-elle alors accéder à l'état positif, scientifique ? D'une part, la politique ne pourra devenir une science positive que si toutes les sciences fondamentales sont elles-mêmes successivement devenues positives. L'ordre de succession est l'ordre logique et historique par lequel les diverses branches de nos connaissances sont devenues positives, scientifiques. L'ordre de succession est un ordre logique, selon Comte, c'est celui du degré de complication des phénomènes qu'étudient les sciences. Cet ordre est le suivant : astronomie, physique, chimie, physiologie. Il doit être complété par la science politique. Comte en affirme également l'exactitude historique, car c'est l'ordre chronologique par lequel les différents « systèmes d'idées générales » ou encore « systèmes généraux de conceptions sur l'ensemble des phénomènes »[6] — ce que nous avons appelé « savoirs » — ont atteint leur caractère proprement scientifique ou positif.

La série des sciences est reprise dans les *Considérations philosophiques sur les sciences et les savants*, comme complément direct de la loi des trois états et atteste la nécessité de fonder la « physique sociale » afin d'achever cette série. Entre le *Plan* de 1822 et les *Considérations* de

1825, Comte substitue au terme «politique» l'expression «physique sociale». La physique sociale est définie comme suit, dans les *Considérations* :

> «La science qui a pour objet propre l'étude des phénomènes sociaux, considérés dans le même esprit que les phénomènes astronomiques, physiques, chimiques et physiologiques, c'est-à-dire comme assujettis à des lois naturelles invariables, dont la découverte est le but spécial de ses recherches.»[7]

Ainsi, l'expression de «physique sociale» désigne la science des phénomènes sociaux, le terme «physique» renvoyant à toute forme de savoir considérant les phénomènes comme soumis à des lois naturelles. Ceci nous ramène à la seconde condition sous laquelle il est possible de fonder la politique comme science, c'est-à-dire l'élever au rang des sciences d'observation. La fondation de la politique comme science exige que celle-ci soit une science d'observation, tout comme le sont les autres sciences positives. Or, cette condition ne peut être remplie, selon Comte, que si l'organisation sociale est conçue «comme liée à l'état de civilisation et déterminée par lui»[8].

Quel lien y a-t-il entre la première et la seconde condition? Ces deux conditions ont pour point commun la notion de civilisation. Comte définit celle-ci de la sorte : «La civilisation consiste dans le développement de l'esprit humain, d'une part, et dans le développement de l'action des hommes sur la nature, qui en est la conséquence.»[9] Comte ajoute que les éléments dont se compose l'idée de civilisation sont les sciences, les beaux-arts et l'industrie.

Nous pouvons dès lors comprendre comment les deux conditions se rejoignent dans la mesure où la fondation de la politique comme science dépend de l'avènement de la positivité de toutes les sciences fondamentales, autrement dit, d'un certain état de la civilisation. Cette conception de l'organisation sociale comme dépendante du développement de l'esprit humain et de son action sur la nature, à savoir du développement des sciences et de l'industrie, est une idée essentielle pour comprendre le positivisme d'Auguste Comte. Elle est présente très tôt dans la réflexion de Comte.

En effet, dans le *Plan*, Comte affirme l'homogénéité entre l'activité et les éléments de la société : «L'activité collective du corps social ne saurait être d'une autre nature que ces éléments,qui sont évidemment déterminés par l'état plus ou moins avancé des sciences, des beaux-arts et de l'industrie.»[10] Il s'établit une loi de subordination entre société et civilisation :

«Il n'y a plus qu'un pas à faire de là, pour arriver à reconnaître la subordination du système politique à l'égard de la civilisation : car s'il est clair que l'ordre politique est l'expression de l'ordre civil, il est au moins aussi évident que l'ordre civil lui-même n'est que l'expression de l'état de la civilisation.

Sans doute l'organisation sociale réagit à son tour, d'une manière inévitable et plus ou moins énergique sur la civilisation. Mais cette influence, qui n'est que secondaire, malgré sa très grande importance, ne doit pas faire intervenir l'ordre naturel de dépendance.»[11]

De même, dans les *Considérations*, Comte soutient que le développement de l'esprit humain et celui de la société ne peuvent être conçus séparément que par une abstraction[12]. Par conséquent, pour éviter le risque de retomber dans les erreurs commises, et pour fonder la politique comme science, il faut que l'état de la société soit nécessairement étudié dans son rapport le plus étroit avec l'état de la civilisation et donc dans son lien direct avec ses systèmes généraux de conceptions sur les phénomènes que sont les savoirs et les sciences proprement dites.

C'est dans le tissu de rapports complexes entre science et société que s'inscrit la problématique d'une sociologie des savoirs dans le positivisme comtien. Cette sociologie éclaire, comme nous allons le voir, le double projet d'Auguste Comte, projet qui déborde à la fois le champ de l'épistémologie et celui de la politique puisqu'il s'agit de fonder une nouvelle science, une science de la société sur la base de la positivité des autres sciences.

2

La loi des trois états est décrite par Comte comme la loi du développement humain, elle est en ce sens épistémologique puisqu'elle organise l'évolution des savoirs vers le mode positif, scientifique. Elle est, d'autre part, historique puisqu'elle régit l'évolution de la civilisation. De ce point de vue, Comte affirme que «l'expérience du passé prouve, de la manière la plus décisive, que la civilisation est assujettie dans son développement progressif à une marche naturelle et irrévocable, dérivée des lois de l'organisation humaine, et qui devient, à son tour, la loi suprême de tous les phénomènes politiques»[13]. Outre son caractère épistémologique, la loi des trois états, qui est historique, s'applique aux phénomènes politiques.

Comment justifier le double caractère épistémologique et politique de la loi des trois états? Il faut d'abord constater qu'il y a là un cercle vicieux car, d'une part, étant donné qu'elle est, selon Comte, une loi des phénomènes politiques, elle suppose l'avènement de la politique à la positivité; mais, d'autre part, cette même loi nous apprend d'un point de vue épistémologique que la politique est, certes, passée par les deux états antérieurs à l'état positif, mais qu'elle n'est cependant pas encore une science positive. Il semble que ce cercle vicieux puisse se résoudre. Pour le résoudre, ce qu'il faudrait c'est précisément une sociologie des savoirs. En effet, sur la base d'une sociologie des savoirs, ce qui apparaît est essentiel dans la perspective de justifier ce qui précède. Ce qui nous apparaissait d'abord comme un cercle vicieux n'apparaît plus comme tel, mais s'impose à nous comme la circularité primordiale d'une sociologie des savoirs qui renvoie l'une à l'autre, et la science et la société, puisque les deux évoluent de concert.

La sociologie des savoirs énonce ainsi la loi des trois états d'où est tirée une classification hiérarchique des sciences : cette sociologie des savoirs joue donc un rôle fondamental, étant le lieu théorique où s'inscrivent loi des trois états et classification des sciences.

Cette classification, telle qu'elle s'accomplit dans le *Cours de philosophie positive*, organise l'évolution de l'humanité vers le régime positif et met en lumière l'ordre par lequel les savoirs, en devenant des sciences positives dans leur différence et dans leur dépendance, s'inscrivent dans l'échelle encyclopédique. Il s'agit d'une classification des savoirs devenus sciences positives et s'achevant avec, non plus la politique dorénavant, mais la sociologie. Or, il ne peut y avoir de science sociale ou de sociologie qu'à partir de cette totalisation des savoirs commes sciences positives, mais il n'y a de totalisation des savoirs comme sciences positives qu'à partir de la sociologie. Sommes-nous devant un autre cercle vicieux?

Dernière science dans la classification énoncée à la seconde leçon du *Cours de philosophie positive*, la sociologie est cependant déjà première, lorsque débute la première leçon du *Cours* par l'énoncé de la loi des trois états. C'est incontestablement le point de vue sociologique qui domine et établit la hiérarchie des sciences car, s'il ne la dominait pas, il ne pourrait pas en être le terme le plus élevé. Sinon, cela supposerait qu'il existe une science extérieure à la hiérarchie et supérieure à elle. Il n'est donc pas possible de concevoir la classification des sciences autrement que comme reposant sur son temps final, le point de vue sociologique. Il apparaît donc clairement, au terme de cette démonstration, que c'est une sociologie des savoirs qui est implicitement présupposée aux fondements du projet positiviste de 1822. Or, il faut attendre l'entier développement du *Cours de philosophie positive* pour voir les fondements mêmes du positivisme devenir explicites, sans jamais qu'il ne soit fait mention de l'expression « sociologie des savoirs ».

Comte reprend, dans la première leçon du *Cours*, l'exposé de la loi des trois états en ajoutant, par rapport au *Plan*, que ces états théoriques impliquent des méthodes spécifiques. De ces méthodes sont d'ailleurs dérivées trois sortes de philosophie, « des systèmes généraux de conceptions sur l'ensemble des phénomènes ». Ce sont ces « systèmes généraux de conceptions » que nous avons appelés des « savoirs ». Ces types de savoir s'excluent actuellement selon Comte, mais c'est le savoir positif, c'est-à-dire la scientificité proprement dite, qui l'emporte sur les autres savoirs. Car l'exploration historique de l'enchaînement graduel des phases successives de l'esprit humain rend manifeste le caractère prépondérant de l'état positif, qui relève de la philosophie positive de l'époque. Or, cette succession n'est pas une succession brutale, par rupture épistémologique, elle se fait par glissements progressifs, car les types de savoirs ont dû fréquemment coexister : par exemple, l'état métaphysique d'une catégorie intellectuelle peut coexister avec l'état théologique d'une autre catégorie de pensée.

Or, la loi des trois états, dont nous venons de préciser qu'elle est davantage une loi de progression que de succession, fait partie intégrante de la dynamique sociale ou encore de la sociologie dynamique. Celle-ci ne doit pas être confondue, selon Comte, avec l'histoire concrète des sociétés humaines. Comte annonce, à la 52e leçon, le projet de la dynamique sociale; il s'agit d'expliciter « comment l'ensemble du passé social, chez les peuples les plus avancés, consiste essentiellement dans le développement graduel du triple dualisme successif qui, [...] constitue l'évolution fondamentale de l'humanité »[14]. Ainsi, l'appréciation historique de la loi des trois états, mise en œuvre par la dynamique sociale, implique une histoire commune du développement social et du développement intellectuel, histoire commune qui est explicitement une sociologie des savoirs.

Le premier état du développemet social et intellectuel de l'humanité est, selon Comte, l'état théologique. Celui-ci se caractérise par une « prédilection pour les questions les plus insolubles ». La recherche intellectuelle s'y réduit à la recherche des causes, premières et finales, des origines de toutes choses. C'est une recherche de connaissances absolues. Mais la propriété fondamentale de l'état théologique ou fictif consiste dans la transposition du type humain sur les objets extérieurs, par l'assimilation immédiate de tous les phénomènes à ceux que nous produisons : l'anthropomorphisme. C'est cette assimilation qui forge la croyance en des divinités. À ce propos, notons que, dans *Le Livre du philosophe*, Nietzsche insiste sur le caractère anthropomorphique de toute forme de savoir en général, et il montre que l'unique causalité dont nous soyons conscients est celle supposée entre le vouloir et le faire, et c'est cette causalité que nous reportons sur toutes choses.

Il y a trois formes de savoirs propres à l'état théologique; la forme la plus immédiate, la plus spontanée est le fétichisme. Celui-ci consiste dans l'attribution aux corps extérieurs d'une vie et de sentiments analogues aux nôtres. Le fétichisme (ou animisme) divinise chaque corps ou chaque phénomène produisant une impression, un sentiment. Comte souligne la nature essentiellement individuelle et concrète des croyances fétichiques, qui sont par conséquent des croyances personnelles. Le fétichisme est, selon Comte, le premier âge social de l'humanité car il va permettre le développement du langage. Selon Comte, les premières formes du langage humain furent métaphoriques car elles furent d'abord l'expression des passions, des sentiments humains devant les objets extérieurs plus ou moins divinisés. Globalement, cette conception peut être rapprochée de celle évoquée par Nietzsche dans *Le Livre du philosophe* et par Rousseau dans l'*Essai sur l'origine des langues.* En contribuant à la formation du langage, le fétichisme a donc un rôle social manifeste, et c'est ce que Comte s'attache à montrer en étudiant parallèlement les structures sociales et mentales des sociétés dites primitives. D'après une observation de Comte, plus l'état théologique tend à s'amoindrir, plus il favorise un état de sociabilité supérieur au sien, ainsi que le montre, selon la loi des trois états, l'étude des deux autres formes de l'esprit théologique. Cette disparité est notée par Comte comme étant une «corelation évidente et nécessaire du décroissement intellectuel de sa faculté civilisatrice»[15].

Le second type de savoir de l'état théologique est le polythéisme. Le passage entre le fétichisme et le polythéisme s'effectue par l'astrolâtrie. Tous les événements quelconques sont rattachés à l'intervention continue d'agents surnaturels dont les volontés sont conçues comme entièrement arbitraires. Toutefois, les phénomènes n'étant plus directement divinisés, ils deviennent accessibles au premier essor de l'esprit scientifique, comme en témoigne le développement de l'astronomie, des mathématiques et de la géométrie dans la Grèce des VIe et Ve siècles av. J.-C. Le polythéisme a joué un rôle social évident; les divinités ont un tel degré de généralité qu'elles permettent de rallier des populations différentes et éloignées. C'est à partir de la nature commune des dieux du polythéisme qu'il faut expliquer, selon Comte, les grands mouvements de conquête qui eurent lieu dans l'Antiquité. L'état social, relatif au polythéisme, correspond donc à l'état social de l'Antiquité grecque. Cet état social est dominé par l'importance du pouvoir politique sur les autres pouvoirs. Bien que le polythéisme implique un sacerdoce, c'est-à-dire l'attribution, à certains individus, d'un pouvoir de communication avec les divinités, le pouvoir sacerdotal ne joue aucun rôle politique, contrairement au monothéisme.

La troisième forme de l'état théologique est le monothéisme; elle en annonce le déclin. La nature du monothéisme est, pour Comte, foncièrement catholique; il recouvre dans sa plénitude toute la période du Moyen-Âge jusqu'au XIVe siècle. Le monothéisme a provoqué, selon Comte, «cette modification radicale de l'ancien organisme social, en permettant et même déterminant une suffisante uniformité de croyances, susceptibles de comporter l'extension d'un même système théologique à des populations assez considérables pour ne pouvoir être longtemps réuni sous un seul gouvernement temporel»[16]. L'état du monothéisme consiste donc dans la combinaison du pouvoir spirituel, ou papal et théologique, et du pouvoir temporel, ou féodal et militaire, combinaison qui assure la prépondérance du premier sur le second. Il faut situer, selon Comte, la naissance du pouvoir spirituel au commencement de la naissance du Christianisme en Europe, c'est-à-dire vers les IIIe et IVe siècles, et celle du pouvoir temporel, dès les premiers démembrements de l'Empire romain par les peuples septentrionaux.

Le monothéisme a donc joué un rôle social considérable. Comte évoque en ce sens «le génie, éminemment social, du catholicisme», qui a consisté à être un pouvoir moral autonome par rapport au pouvoir politique dont il règle les conflits. C'est le pouvoir spirituel du catholicisme qui a réglementé pendant tout le Moyen-Âge les relations internationales. Pour résumer la nature de l'état intellectuel et social du Moyen-Âge, Comte dira que «c'est une aptitude de l'organisation spirituelle à une extension territoriale presque indéfinie».

Toutes ces analyses de l'état théologique constituent, comme nous le voyons, des éléments certains d'une sociologie des savoirs, qui montre comment les différents types de savoirs s'inscrivent dans les types définis de société. Dans le *Discours sur l'esprit scientifique*, Comte donne une confirmation à cette évidence :

> «La philosophie théologique ne pouvait réellement convenir qu'à ces temps nécessaires de sociabilité préliminaire, où l'activité humaine doit être essentiellement militaire, afin de préparer graduellement une association normale et complète, qui était d'abord impossible, suivant la théorie historique que j'ai établie ailleurs. Le polythéisme s'adaptait surtout au système de conquête de l'antiquité, et le monothéisme à l'organisation défensive du Moyen-Âge.»[17]

L'état métaphysique ou abstrait est un état transitoire entre l'état théologique et l'état positif. Parce qu'il est transitoire, l'état métaphysique est équivoque. Il conserve de l'état théologique la tendance aux connaissances absolues et tend à expliquer la nature intime des êtres, les agents surnaturels qui les produisent. Mais les agents surnaturels de l'état théologique sont remplacés par des entités, des « abstractions personnifiées », des substances. C'est donc l'ontologie qui est prépondérante dans l'état métaphysique. Lorsqu'elle est encore proche de l'état théologique, l'ontologie considère les entités, les substances, comme des émanations de la puissance divine. Lorsqu'elle est proche de l'état positif, l'ontologie considère les noms, non pas comme désignant la nature intime des êtres, mais comme une simple dénomination abstraite des phénomènes. Mais l'esprit métaphysique se caractérise surtout par la subordination des entités à l'égard d'une seule, appelée « nature ». Les origines de l'esprit métaphysique remontent, selon Comte, au XIe siècle avec l'introduction par les Arabes des sciences d'observation, à savoir l'astronomie, la géométrie, la physique, les mathématiques.

C'est l'introduction des sciences qui a produit, selon Comte, le sentiment de l'invariabilité des lois naturelles. L'esprit métaphysique tentera tout d'abord de concilier le sentiment de l'invariabilité des lois naturelles avec la doctrine catholique, mais il sera la cause de la décomposition progressive du système théologique devenu rétrograde, depuis que l'efficacité sociale du régime monothéique se trouvait essentiellement épuisée à la fin du Moyen-Âge. L'affranchissement des communes au XIe siècle et les débuts de l'artisanat ont porté atteinte à la structure sociale du catholicisme. En se désolidarisant de l'autorité spirituelle catholique par l'essor des sciences positives, l'esprit métaphysique va devenir critique et provoquer la décadence spirituelle du Moyen-Âge, à partir du XIVe siècle. Mais c'est surtout au XVIe siècle qu'a eu lieu, selon Comte, l'effondrement du pouvoir spirituel et pontifical par le développement du protestantisme.

Le protestantisme adopte le dogme du libre examen individuel. C'est pourquoi Comte le considère comme la première phase de la philosophie révolutionnaire. Or, la désorganisation spirituelle du catholicisme par l'essor des sciences positives et par la montée du protestantisme va entraîner la désorganisation progressive du pouvoir temporel par la réduction à l'une de ses branches, à savoir soit le pouvoir royal, soit le pouvoir féodal.

En Angleterre, c'est la féodalité qui s'est alliée aux communes contre l'autorité royale; en France, c'est la royauté qui s'est unie aux communes contre la puissance féodale. Or, cette union ne va pas durer très longtemps, car la philosophie critique va se développer et atteindre la politique. En politique, l'introduction de l'esprit critique a eu pour effet la considération de deux dogmes : la liberté individuelle d'examen et la souveraineté du peuple. C'est sur ces deux dogmes que repose la philosophie révolutionnaire ou métaphysique, philosophie qui va permettre le passage à l'état positif par l'abolition définitive de la politique théologique et permettre ainsi à la politique de devenir une science.

Pour que la politique devienne une science, il faut qu'elle accède à l'état positif. D'après Comte, l'état positif d'un savoir consiste dans la recherche des lois invariables, et non pas dans celle des causes. C'est pourquoi l'esprit positif doit toujours subordonner l'imagination à l'observation. Cette dernière doit constituer la seule base possible de nos connaissances. L'esprit positif substitue donc à l'inaccessible détermination des causes la recherche de lois invariables qui existent entre les phénomènes observés. L'accent est mis également sur la nature relative de notre organisation physique et de notre situation dans l'univers. Par exemple, à propos de notre organisation physique, l'astronomie ne dépend que d'un seul sens. Mais le véritable esprit positif consiste surtout à connaître pour prévoir, et ensuite à prévoir pour agir. Comte dira en ce sens :

> «Science, d'où prévoyance; prévoyance, d'où action. Telle est la formule très simple, qui exprime, d'une manière exacte, la relation générale de la science et de l'art, en prenant ces deux expressions dans leur acception totale.»[18]

Ainsi pour que la politique devienne scientifique devrait-elle se refuser à la recherche des causes et subordonner l'imagination à l'observation. Or, le *Plan* de 1822 annonçait qu'il fallait trois séries de travaux pour fonder la politique comme science. La première avait pour objet «la formation du système d'observations historiques sur la marche générale de l'esprit humain destiné à être la base positive, de manière à lui faire perdre entièrement le caractère théologique et le caractère métaphysique, pour lui imprimer le caractère scientifique»[19]. C'est donc bien la sociologie des savoirs développés dans la dynamique sociale qui fournit un système d'observations historiques sur la marche de l'esprit humain, pouvant servir de base à la politique positive.

La sociologie des savoirs établit et vérifie historiquement la loi qui régit le progrès, à la fois mental et social, de l'humanité. Elle montre comment les savoirs deviennent des sciences positives, et elle dégage les lois fondamentales de la sociabilité. C'est par l'analyse sociologique dégageant les lois fondamentales de la société qu'il sera possible de prévoir les structures positives de l'organisation sociale. La sociologie des savoirs se trouve alors englobée dans le vaste projet sociologique qui n'a de sens que par rapport au projet de politique positive, annoncé dès le *Plan* de 1822, et qui se trouve développé dans le *Système de politique positive* (1851-1854) dont le sous-titre, «Traité de sociologie instituant la religion de l'Humanité», manifeste l'aboutissement moral et politique du positivisme comtien. Le *Système* a pour but d'instaurer la positivité de la vie politique et son efficacité pratique ; et cela, par la prédiction de l'avenir social et par l'instauration de la religion de l'Humanité.

NOTES

[1] Ce sera le titre du second grand traité de Comte, en quatre volumes, qui paraîtra de 1851 à 1854. *Plan des travaux scientifiques nécessaires pour réorganiser la société*. Présentation («Auguste Comte et la science politique») et notes par Angèle Kremer-Marietti, Paris, Aubier Montaigne, 1970. Sigle PTS.
[2] *Sommaire appréciation de l'ensemble du passé moderne*. Présentation («Auguste Comte et l'histoire générale») et notes par Angèle Kremer-Marietti, Paris, Aubier Montaigne, 1971. *Cf.* Angèle Kremer-Marietti, *op. cit.*, p. 21 : «Du point de vue théologique, de saint Augustin (354-430) à saint Thomas (1225-1274), comme du point de vue féodal, de Clovis (460-511) à Louis IX (1226-1270), le système féodal et théologique s'était formé pour enfin commencer, en laissant se développer science et industrie, à se désorganiser d'un système à deux *pouvoirs* vers un système à deux capacités, c'est-à-dire d'un système selon l'*action des hommes* vers un système selon l'*action des principes*, d'un système de la volonté vers un système de la raison».
[3] PTS, p. 94.
[4] *Ibid.*
[5] PTS, p. 95.
[6] *Cours de philosophie positive*. Tome I. Présentation et notes par Michel Serres, François Dagognet, Allal Sinaceur. Paris, Hermann, 1975, p. 21-39.
[7] *Considérations philosophiques sur les sciences et les savants*, in *La science sociale*. Introduction («Auguste Comte et la science sociale») et présentation de Angèle Kremer-Marietti, Paris, Gallimard, 1972, p. 86.
[8] PTS, p. 104.
[9] PTS, p. 105.
[10] PTS, p. 106.
[11] *Ibid.*
[12] *Considérations*, *op. cit.*, p. 74.
[13] PTS, p. 108.
[14] *Cours de philosophie positive*. Tome II. Présentation et notes par Jean-Paul Enthoven, Paris, Hermann, 1975, p. 237. Sigle CPP.
[15] CPP. Tome II. *Op. cit.*, p. 254.
[16] CPP. Tome II. *Op. cit.*, p. 324.
[17] *Discours sur l'esprit positif* (1844), Paris, Vrin, 1987, p. 48.
[18] CPP. Tome I. *Op. cit.*, p. 45.
[19] PTS, p. 99.

4.
Le corps scientifique selon Auguste Comte*

Annie Petit
Université de Montpellier

Auguste Comte, le fondateur de la «sociologie», et l'inventeur du terme, a fourni en de nombreuses occasions ce que nous pourrions appeler aujourd'hui une analyse sociologique du corps scientifique. Dans l'étude ici proposée, nous prendrons comme problème directeur la confusion entre «positivisme» et «scientisme» qu'on a fait souvent — et qu'on fait parfois encore — pour montrer que la sociologie de la science de Comte interdit précisément cette réduction. Nous essaierons de montrer également la complexité des thèmes que sa sociologie de la connaissance entrelace : s'il étudie les conditions intellectuelles et théoriques de la production des sciences — repèrage des «révolutions scientifiques» du passé et indications sur celles qu'il reste à faire — il considère aussi leurs conditions matérielles — nécessités institutionnelles, répartition des fonctions, hiérarchies et rétributions des savants, rapports avec les autres groupes sociaux. Comte met aussi fortement l'accent sur les responsabilités des scientifiques, et la fonction idéologique de la science. Cette sociologie de la science selon Comte peut aussi être éclairée par confrontations avec d'autres propositions, ce qui, nous semble-t-il, permettra de souligner l'originalité de la sociologie de la science comtienne, dans ses richesses comme dans ses limites.

LA SCIENCE ET LES SAVANTS, GUIDES DE LA SOCIÉTÉ : LES LEÇONS DE L'HISTOIRE

Des espérances partagées

Il y eut au XVIIIe siècle les appels des philosophes des Lumières et des Idéologues ; il y eut aussi la Révolution et des ébranlements politico-sociaux aux rebondissements multiples... La réorganisation de la société s'est avérée une nécessité, mais, au début du XIXe siècle, beaucoup pensent qu'elle est encore à faire, qu'on n'en a point trouvé ni les bons principes, ni les bons moyens. La Révolution n'en finit point d'en finir. Libertés enchaînées ; égalités dépareillées ; fraternités fratricides. Les régimes se succèdent : on détruit, on restaure, on combat sur tous les fronts. Pourtant, en scandant les « progrès de l'esprit humain » d'après l'état des sciences, Condorcet avait, par-delà un présent douloureux, promis un avenir radieux. Et on avait beaucoup espéré de nouvelles sciences morales et politiques : idéologie, économie, physique ou physiologie sociale[1]. En ces temps bouleversés, le constat est banal : la société est malade. On ne sait plus si c'est crise de croissance ou démence confirmée. Mais nombreux sont ceux qui essayent avec persévérance de proposer des panacées. La plupart persistent à penser que la science seule est capable de donner principes, fins et moyens d'une régénération efficace. Et bien qu'on ne sache plus trop à quelle science se vouer, l'espoir demeure.

Auguste Comte est l'un de ces re-faiseurs de monde. À Polytechnique, où il s'est fait remarquer tant par ses qualités intellectuelles que par son insubordination, il a reçu une solide éducation scientifique. Puis il a acquis une bonne culture historico-politique, il a lu Montesquieu, Condorcet, A. Smith, J.B. Say. En 1817 lorsque Comte rencontre Saint-Simon, dont il devient pour quelques mois le secrétaire, et pour quelques années le collaborateur et ami, ils communient dans les mêmes espérances enthousiastes. Saint-Simon est alors en train de programmer une vaste « réorganisation européenne » et un « industrialisme » généralisé, concernant « l'industrie commerciale et manufacturière » mais aussi « l'industrie littéraire et scientifique » ; tout doit se faire en coordonnant des pouvoirs « temporel » et « spirituel » complémentaires. Comte se charge d'établir le « Plan des travaux scientifiques nécessaires pour réorganiser la société » (1822). Cet opuscule devient en 1824 l'occasion de la rupture : rupture où, par-delà les raisons circonstancielles — et celles qu'on pourrait dire aussi caractérielles — se révèlent des différends importants sur ce que les deux ex-amis attendent de la science, de la place et de son rôle dans la société. D'une part, Comte s'irrite d'être harcelé dans son travail : Saint-Simon est pressé et veut d'urgence faire des réformes scientifico-sociales; Comte, lui, veut prendre le temps d'une élaboration scientifique et systématique. D'autre part, Comte s'irrite aussi de la part trop belle faite par Saint-Simon aux banquiers et artistes alors que lui compte plutôt sur les savants. Comte juge alors qu'il y a trop d'impatience brouillonne chez Saint-Simon dont il dénonce le tort de vouloir changer les institutions avant que les doctrines soient refaites; en même temps, il y trouve des relents de «théophilanthropie réchauffée» qu'il condamne vigoureusement[2]. Comte choisit les lenteurs arides d'une méditation ordonnée sur les conditions scientifiques du progrès.

Les révolutions scientifiques : modèles de la révolution sociale

Comte tient un double discours aux préoccupations révolutionnaires inextricablement mêlées. Il repère, il souligne l'importance des révolutions scientifiques dans la marche de l'humanité; et il en fait les seuls modèles permettant d'augurer une solution efficace pour la Révolution politique.

Rappelons d'ailleurs qu'Auguste Comte propose, et dès ses opuscules de jeunesse, une lecture discontinue de l'histoire de la connaissance scientifique. On a très souvent et curieusement négligé, voire effacé, cet aspect de son œuvre, en accentuant un autre aspect, l'affirmation du caractère déterminé de la marche de l'histoire et des progrès de l'esprit humain : or ce trait, il est vrai fort important, n'implique jamais pour Comte une vision continuiste; même au contraire, puisque ce qui plus tard devient la fameuse «loi des trois états» a précisément pour but d'affirmer leurs différences radicales, au moins entre les deux premiers et le troisième, celui-ci renonçant définitivement aussi bien aux questions qui intéressaient essentiellement ceux-là qu'à leurs modes d'explication. Il ne saurait être question d'entreprendre ici le commentaire détaillé de la succession des états selon Comte : il faudrait aussi en confronter les différentes versions, préciser comment ce qui dans le «Plan» de 1822 est présenté comme une «série de considérations» est élevé dès le *Cours* de 1830 au statut de «grande loi fondamentale» renforcée, élargie dans le *Discours* de 1844 et dans le *Système de Politique positive*. Pour en rester aux premiers propos de Comte, il suffit de le laisser en faire lui-même le résumé :

> «En résumé, il n'y a donc jamais eu de révolution morale à la fois plus inévitable, plus mûre et plus urgente que celle qui doit maintenant élever la politique au rang des sciences d'observation entre les mains des savants européens combinés. Cette révolution

peut seule faire intervenir, dans la grande crise actuelle, une force vraiment prépondérante, seule capable de la régler, et de préserver la société des explosions terribles et anarchiques dont elle est menacée.» (1822, A., 10, p. 81).

L'opuscule de 1822 est ainsi continuellement scandé de constats sur les discontinuités du développement des sciences[3]. D'ailleurs, avant même ces connexions explicites entre les deux types de révolution où Comte voit le triomphe de la positivité, il se livrait déjà à des mises en parallèle ponctuelles entre quelques principes de la science et de la politique : ainsi à propos de la «liberté illimitée de conscience» et des prétentions de totale «souveraineté»[4].

De plus, aux «chimères extravagantes» et au «verbiage» de ceux qui veulent tout construire en peu de temps pour l'éternité, Comte oppose la patience scientifique et la nécessité de «long enchaînement de travaux». Et c'est en invoquant des exemples de révolutions scientifiques — théorie de la gravitation, découverte de la machine à vapeur et autres innovations technologiques — qu'il assure qu'on ne peut prétendre faire plus vite et mieux pour «la révolution la plus générale, la plus importante et la plus difficile de toutes : celle qui a pour objet la refonte complète du système social»[5].

La force sociale du corps scientifique

Or, dans cet appel «révolutionnaire» ainsi lancé, est à souligner l'argument qui pousse Comte à se tourner vers les savants. Le «but spécial» de l'écrit de 1822 est, dit-il, de chercher «les forces qui doivent entraîner la société dans la route du nouveau système» : pour Comte, la plus forte de ces «forces» est celle du «corps scientifique».

1. Cette position du problème en termes de rapports de forces montre un Auguste Comte soucieux d'efficacité sociale et attentif aux analyses réalistes de ses conditions, que l'on a parfois tendance à sous-estimer en mésinterprétant les thèses comtiennes sur les rapports théorie et pratique. Or s'il est vrai que Comte développe, et tout particulièrement dans cet opuscule[6], le thème de la priorité de l'«entreprise théorique» et dénonce comme «vicieuse» et «désastreuse» «l'erreur fondamentale d'avoir considéré coome purement pratique l'œuvre essentiellement théorique de la réorganisation», il ne s'agit aucunement d'un désintéressement pour la pratique sociale : tout au contraire, puisque si Comte déplore la négligence des travaux théoriques, c'est précisément pour mieux assurer l'efficacité de ce qu'il appelle des «opérations» — ce mot «opération»[7], est significatif, de même qu'est à souligner le fait que Comte parle de «travaux» et d'«entreprises» théoriques et non de «théories». Ce que

Comte dénonce c'est l'attitude «purement» «exclusivement» pratique, et le fait qu'elle ne soit pas «fondée» sur des «connaissances préliminaires» qui devraient les «précéder» et les «diriger». C'est donc une erreur d'interpréter les thèmes comtiens sur la «division», la «séparation» de la théorie et de la pratique — ce qui devient effectivement un philosophème fondamental du *Cours* dès la 1re leçon — comme un propos de pur théoricien et de lui faire un procès d'idéalisme. Il n'est jamais question de se contenter, j'allais dire de se réfugier, dans l'exclusivement théorique. D'ailleurs, plus tard, Comte ne cesse de protester contre ceux qui prétendent voir dans ses engagements socio-politiques concrets une trahison des principes positivistes et une conversion incompréhensible, et il s'en défend précisément en re-publiant ses œuvres de jeunesse attestant la permanence de ses préoccupations[8]. Il est en tout cas clair, dans l'opuscule de 1822, que les «savants» sont pour Comte une «force» sociale[9] : il les dit même détenteurs de la «force scientifique» plus forte que celle des «rois» et que celle des «peuples», et devant les «contenir» et diriger. Ils sont les «seuls compétents», ils «possèdent à l'exclusion de toute autre classe (...) la capacité et l'autorité».

2. D'où la deuxième remarque. La «force sociale» des savants est une force de «corps», de «classe», bref, une force collective. C'est au collectif des «hommes qui font profession de former des combinaisons théoriques suivies méthodiquement» que Comte en appelle; pas question de se confier à quelques individus si savants soient-ils; c'est l'union qui fait leur force. Ainsi Comte insiste-t-il sur la «force européenne» de «l'ensemble du corps scientifique», plus forte que celle même des industriels :

> «Les savants seuls forment une véritable coalition, compacte, active, dont tous les membres s'entendent et se correspondent avec facilité et d'une manière continue, d'un bout de l'Europe à l'autre. Cela tient à ce qu'eux seuls aujourd'hui ont des idées communes, un langage uniforme, un but d'activité général et permanent. Aucune autre classe ne possède ce puissant avantage, parce qu'aucune autre ne remplit ces conditions dans leur intégrité. Les industriels même, si éminemment portés à l'union par la nature de leurs travaux et de leurs habitudes, se laissent encore trop maîtriser par les inspirations hostiles d'un patriotisme sauvage, pour qu'il puisse, dès aujourd'hui, s'établir entre eux une véritable combinaison européenne. C'est à l'action des savants qu'il est réservé de la produire.» (1822, A., 10, p. 74-75)

Comte les investit donc de la plus «importante mission» sociale et cette promotion de la corporation savante est liée à la disqualification des compétences d'autres «classes» : politiques comme les «peuples», les «rois» ou/et professionnelles comme «la classe des légistes» ou les «assemblées d'orateurs», les artistes et les industriels. Comte ne prétend point que ces dernières ne doivent avoir plus aucun rôle, mais il leur réserve des rôles subalternes, en gros celui de la diffusion et non celui de la conception des doctrines directrices — où l'on retrouve quelque chose de similaire aux rapports théorique/pratique précédemment commentés. Reste que Comte installe là des hiérarchies qui contredisent nettement les prédominances selon Saint-Simon[10].

3. Enfin, on remarquera combien l'enrôlement des savants est quantitativement et qualitativement totalitaire : la société des savants est tout entière conviée à l'élaboration de la doctrine sociale et à l'endoctrinement des autres classes ou parties sociales; pas question de laisser les savants se replier dans des travaux théoriques désengagés; pas question de laisser quiconque désinformé et déresponsabilisé. Ces thèmes restent constants dans l'œuvre de Comte, même lorsqu'il fait plus tard l'autocritique des trop naïfs enthousiasmes de sa jeunesse.

Ainsi, en 1822, les seuls savants formant le «pouvoir spirituel», ils ont rôle dirigeant pour la Révolution sociale. On remarquera pourtant, dès ce «Plan», quelques ambivalences et réticences puisque Comte juge bon de redéfinir ainsi les savants auxquels il donne mission :

> «Nous comprenons ici au nombre des savants (...) les hommes qui, sans consacrer leur vie à la culture spéciale d'aucune science d'observation, possèdent la capacité scientifique (...). C'est sans doute à cette classe de savants, trop peu nombreuse encore, qu'est réservée l'activité essentielle dans la formation de la nouvelle doctrine sociale. Les autres savants sont trop absorbés par leurs occupations particulières, et même trop affectés encore de certaines habitudes intellectuelles vicieuses qui résultent aujourd'hui de cette spécialité, pour qu'ils puissent être vraiment actifs dans l'établissement de la science politique.» (1822, A., 10, p. 72, note)

Ces réserves émises sur les capacités bornées des «spécialistes» de type courant sont fondamentales : tant que les savants n'auront pas acquis des conceptions d'ensemble non seulement sur leur science mais encore sur toute l'encyclopédie, ils ne sont pas pour Comte vraiment «positifs»; il exige d'eux aussi une aptitude philosophique.

Ainsi les opuscules écrits par Comte en 1825-1826 — «Considérations sur les sciences et les savants, Considérations philosophiques sur le pouvoir spirituel» — combinant un réalisme opportuniste et un idéalisme futuriste, précisent clairement que les «savants actuels» ne sont pas encore prêts pour leurs responsabilités de «directeurs spirituels» de la société. Pourtant, dès qu'ils seront re-formés, Comte attend énormément de leur nouveau pouvoir spirituel : il permettra d'éviter la «divagation des intelligences»; il assurera «une morale publique» autrement plus forte que la «vague intuition philanthropique» en quoi «le sentiment social a fini par dégénérer»; il combattra d'autres conséquences de la désorganisation spirituelle comme «la prépondérance sociale accordée au point de vue matériel», «le despotisme administratif» dont «la corruption est le moyen général d'action»; il établira une société bien cohérente en prenant un soin tout particulier des tâches éducatives; ainsi se fera la régularisation des rapports sociaux et une meilleure division du travail. Une satisfaction individuelle découlera d'un «état continu de sacrifice» sciemment accepté; les hostilités entre individus et entre classes seront surmontées, car tous ne se préoccuperont que du bien commun et les relations entre peuples seront également pacifiées. Ce bel optimisme programmatif est l'écho d'une certitude énoncée par Comte en 1820 dans sa «Sommaire appréciation de l'ensemble du passé moderne» :

> «La crainte de voir s'établir un jour un despotisme fondé sur les sciences serait une chimère aussi ridicule qu'absurde : elle ne saurait naître que dans des esprits absolument étrangers à toute idée positive.»

UNE SOCIOLOGIE CRITIQUE : LES DÉCEPTIONS DU PRÉSENT

Le *Cours* et ses espoirs trompés

En 1830, lorsque Comte réouvre le *Cours de Philosophie Positive*, il ne doute point de son succès imminent ni de l'appui enthousiaste des savants. D'ailleurs beaucoup, et parmi les plus fameux, sont à la séance inaugurale, et Comte leur dédie la publication[11]. Mais l'enthousiasme confiant des premiers opuscules se trouble vite.

Les leçons du *Cours* exposent le présent des sciences et les caractéristiques de classe du «corps scientifique» sur un ton souvent et de plus en plus critique : très tôt Comte déplore les «inconvénients capitaux» de l'organisation générale du monde savant, «l'excessive particularité des idées», le manque de conception d'ensemble et «l'influence délétère» de la spécialisation exagérée[12]. Plus question de croire globalement en l'aptitude positive des savants : il y en a des bons et des vraiment douteux. Que de mauvais savants contre lesquels Comte vitupère! Il stigmatise les intellectuels qui se complaisent aux analyses critiques, et qui semblent inconscients de l'urgence du travail de réorganisation des savoirs et de leur devoir pour la collectivité. Leur ordinaire «indifférence politique»[13] est révoltante; et c'est pire lorsqu'ils en sortent : ce n'est que pour se soucier de leurs ambitions, des honneurs ou/et des avantages financiers, bref des pouvoirs procurés par leur savoir. Comte blâme aussi tous ceux qu'il trouve plus désireux d'étaler leurs connaissances que de les partager, et il dénonce violemment les mauvais vulgarisateurs qui sont de plusieurs sortes : les uns se plaisent à faire croire la science inaccessible, employant volontiers la « langue hiéroglyphique » des mathématiques « dont l'imposant appareil est si propre à masquer aux yeux du vulgaire une profonde médiocrité intellectuelle »; les autres sont des démagogues procédant par « aperçus vagues et faciles »; bref, ce sont plutôt des « sophistes » et des « trafiquants de science » que des « savants » honnêtes et dévoués comme ils devraient l'être[14]. Enfin, il dénonce la constitution de « sectes » et les multiples controverses portant sur ce qui lui semble le plus souvent des « chimères »[15]. La science s'est babélisée, son langage n'est ni uniforme, ni même clair : il aurait besoin d'être « épuré »[16]. Des critiques sévères touchent jusqu'aux sciences que l'on aurait pu croire les plus avancées — mathématiques, physique — et les savants de la plus haute notoriété[17]. Des sortes de luttes territoriales engendrent « confusions de domaines », « usurpations » et « dépécements irrationnels »[18]. Et la gloire de la science sombre dans les soucis de gloriole personnelle.

En 1826, « la classe des savants » paraissait le bastion privilégié de la force tranquille; en 1836, « les diverses classes de savants » sont décrites en « antagonisme continuel »[19]. Le corps scientifique est présenté comme disloqué. Il est au moins à re-former. A la mi-temps du *Cours*, Comte ne donne vraiment pas dans le panégyrique scientiste.

Or les derniers tomes du *Cours*, consacrés à la « physique sociale », manifestent l'inflation critique. Comte est de plus en plus virulent. Trois évolutions sont significatives.

D'une part, les attaques s'enflent et se radicalisent. La composition même des leçons en témoigne : les imprécations et diatribes, jusqu'ici réservées en notes et apartés, envahissent les pages et l'exposé même des leçons[20].

D'autre part la teneur des jugements diffère : les défauts dénoncés le sont comme véritables fautes morales bien plus que comme des erreurs intellectuelles ou errements pré- ou para-positifs. Les critiques de l'ambition, de l'égoïsme, de l'avidité intéressée des soi-disants savants et de leur irresponsabilité sont reprises en mode majeur. Dans l'esprit de spécialité, Comte voit maintenant surtout le désir de s'arroger un territoire au lieu de chercher à comprendre les liaisons des différents domaines; et dans la façon dont certains se lancent dans les études complexes sans maîtriser les connaissances plus simples, il voit la présomption bien plus que le désordre. Si le silence des intellectuels en politique est prudent, trop prudent, ils n'hésitent point pourtant, s'indigne Comte, lorsque cela les sert à faire « vain et puéril étalage de formes scientifiques», à engager d'«oiseuses disputes de mots», à user d'un «lourd verbiage» ésotérique[21]. Ils font du carrièrisme, forment des «côteries» et manœuvrent l'opinion. Les «turpitudes», les «machinations» de ceux qu'il appelle «pédantocrates»[22] font l'objet des plus vigoureuses protestations.

Enfin, les cibles des critiques ont, elles aussi, changé. Jusqu'ici les blâmes étaient plutôt ponctuels et personnalisés; maintenant Comte s'en prend aux institutions — Polytechnique et Académies surtout. Comte, qui a accumulé les déboires à Polytechnique, y voit précisément l'effet d'un corporatisme étroit et de l'aveuglement des savants en place[23]. Au lieu de travailler à unifier l'encyclopédie, la ou plutôt les corporations scientifiques se livrent à l'inflation des spécialités. Au lieu de construire le nouveau pouvoir spirituel, elles s'adonnent aux intérêts temporels. Au lieu d'être des moteurs et des guides du progrès, elles s'avèrent être des freins, des poches de résistance, incurablement rétrogrades. Si on ne peut «réorganiser la société» sans régénérer la science et les savants, cette régénération semble maintenant à Comte ne pouvoir être que re-génération, c'est-à-dire nouvel engendrement, passant par la suppression des actuelles institutions.

On repèrera donc une nette évolution des propos comtiens, dont on pourrait presque faire une loi des trois états : 1. aux œuvres de jeunesse, les savants sont bons, forcément voués aux travaux théoriques et désireux de positivité; 2. au début du *Cours*, il y a de bons savants et il y en a de mauvais, ceux qui ne comprennent pas et n'appliquent pas la philosophie positive; 3. à la fin du *Cours*, les savants actuels sont tous mauvais.

Les *Discours* et la confiance déplacée

Comte renonce à rééduquer, corriger les savants contemporains; il songe plutôt à former des hommes nouveaux. Avoir des connaissances «positives» ne suffit pas, il faut avoir des exigences «positivistes».

1842. Le *Cours* est terminé, et Comte abandonne décidément les savants trop décevants.

> «Les savants proprement dits (sont) une classe essentiellement équivoque destinée à prochaine élimination en tant qu'intermédiaire entre les ingénieurs et les philosophes.» «Ainsi le pouvoir spirituel futur résidera dans une classe entièrement nouvelle, sans analogie avec aucune de celles qui existent (...). Le contingent scientifique n'y devant même nullement prédominer.» (*Cours*, II)

Conversion obligée. Abolition des privilèges. C'est un appel à l'épuration.

1844. Comte replace aussitôt ailleurs ses espoirs tenaces. Puisque les savants sont sclérosés par leur ancienne éducation, peu aptes à remettre en question leurs conceptions, Comte se consacre alors avec encore plus d'ardeur à l'éducation de ceux dont l'esprit est neuf : les « prolétaires », qui sont nombreux dans le public hétérogène de ses cours professés gratuitement, le dimanche, dans des salles municipales[24]. Le *Discours sur l'Esprit Positif*, longue introduction du *Traité d'Astronomie Populaire*, est un appel au peuple et au prolétariat. Du *Cours* au *Discours*, les savants, classe dangereuse, sont supplantés par la classe laborieuse. Les masses sont ignorantes, mais au moins elles ne sont pas malformées. Heureux ceux qui savent qu'ils ne savent pas ! Heureux les prolétaires dont l'esprit, « table rase », est pleinement disponible. En fait, Comte professe pour eux depuis longtemps déjà.

1848. Comte juge les temps propices à engager le processus de construction de la société scientifique. Et c'est par le peuple qu'il s'y emploie. Dès le 25 février est fondée une « Association Libre pour l'Instruction Positive du Peuple », qui devient la « Société Positiviste ». Des intellectuels et savants confirmés y côtoient des prolétaires, ils méditent sur des sujets d'actualité et rédigent ensemble leurs Rapports[25].

Première institution positive, la « Société positiviste » va aussitôt en instituer d'autres. La science positive et la sociologie s'engagent dans des propositions institutionnelles précises et concrètes, et qui sont modulées en fonction de la phase historique dans laquelle se trouve la société. Ainsi, pour résoudre « La Question du Travail », il est préconisé de réserver sur le Trésor public des fonds nécessaires à l'entreprise de « travaux d'utilité publique », tous les renseignements étant donnés et discutés dans des « assemblées populaires locales »[26]; pour le « Comité Positif Occidental » et pour le « Nouveau Gouvernement Révolutionnaire », le nombre des membres, leurs qualités, leurs rôles et leurs rapports sont explicités[27]; pour l'éducation et l'« Ecole Positive », sont abordés des problèmes comme ceux de l'internat, de la composition des classes, des cursus et des programmes, et il est précisé que l'« Ecole » ne doit pas fonctionner pareillement dans l'époque de « transition » — pour une société encore malade, les premières promotions formées seront surtout des médecins ! — et pour l'« état normal » du positivisme accompli[28]; un nouveau « Calendrier » est aussi proposé en plusieurs versions[29]; et une Bibliothèque positiviste — la Bibliothèque du prolétaire du XIXe siècle — est constituée[30].

Tous ces engagements institutionnels, et leur aspects plutôt populistes, sont basés sur le *Discours sur l'Ensemble du Positivisme* rédigé fiévreusement par Comte l'été 48.

Comte reprend tout cela pour le « Discours Préliminaire » du *Système de Politique Positive ou Traité de Sociologie* (1851-1854). Il y précise l'« esprit fondamental du positivisme » (1re partie), sa « destination sociale » (2e partie) et les fonctions des différents « organes » de l'Humanité (3e, 4e, 5e parties). Mais on remarquera bien que, même si Comte continue d'insister sur la formation scientifique requise — les deux premières parties reprennent ces thèmes —, il ne parle plus d'un rôle dirigeant des savants : il n'y a point de partie qui leur soit proprement consacrée, alors qu'une s'attache à l'« efficacité populaire », une autre à l'« influence féminine », une autre à l'« aptitude esthétique ». Les savants comme tels ne sont plus les piliers du positivisme, ou plutôt ne le sont que ceux qui sont conscients de leurs responsabilités de savants-prêtres. La « sociologie » et la sociologie de la science s'épanouissent en une nouvelle religion (conclusion générale du Discours préliminaire). Le *Catéchisme Positiviste* en présente en 1852 un exposé condensé.

CORPS SCIENTIFIQUE ET CORPS SOCIAL : LES PROJETS D'AVENIR

La pathologie du corps scientifique

C'est en développant dans sa « sociologie » la conception de l'humanité comme « grand organisme » devant passer par des âges de maturation successive et suivant, en gros, une marche ordonnée vers le progrès, et c'est en prolongeant pour l'interprétation de l'être collectif ce que la biologie positive a établi pour les individus, que Comte en arrive à la redistribution des rôles sociaux. Les progrès des sciences ont ainsi permis de penser une « sociologie » qui par contrecoup refond la sociologie de la science elle-même.

Or, selon Comte, la biologie, d'une part, apprend à voir un organisme comme ensemble d'organes interdépendants et montre, d'autre part, d'après la théorie cérébrale de Gall revue et complétée, la solidarité nécessaire des fonctions spéculatives, affectives et actives. Alors « l'existence humaine, individuelle et surtout collective » est à considérer selon « trois ordres de phénomènes » « pensées, sentiments, et actes »[31]. Autrement dit, dans une traduction-développement sociologique, toute réorganisation doit « embrasser le triple domaine ». C'est ainsi que savants (pour l'exercice des fonctions spéculatives), prolétaires (pour leurs qualités pratiques), femmes (pour l'indispensable régulation affective) doivent associer leurs efforts et leurs capacités dans une société rééquilibrée. Le « pouvoir spirituel » est maintenant partagé entre ces trois catégories : le rôle directeur des savants est lié aux pouvoirs régulateurs des prolétaires et des femmes, c'est-à-dire en quelque sorte soumis à leur contrôle. Comte dénie au seul corps scientifique les compétences dont il lui a autrefois attribué l'exclusivité. Un corps social remis tout entier au corps scientifique serait un Grand-Etre déséquilibré, intellectuellement hypertrophié, bref, malade.

Dans la société scientifiquement élaborée par Comte, la science n'est donc certes pas créditée d'une valeur absolue. Il faut des contrepoids à ses usages outranciers. Un certain « idiotisme », une sorte d'inaptitude à décider, peuvent être des effets pervers que « l'instinct populaire » doit corriger; une certaine sécheresse de cœur, une sorte d'immaturité sentimentale doit être compensée par le « sexe affectif »[32]. L'intellectuel, pour Comte, est en fait toujours prêt à divaguer, toujours guetté par le délire de rationalité exacerbée, menacé d'« orages cérébraux »[33].

Dans le *Discours de 1848* Comte destine d'ailleurs le positivisme à « terminer nécessairement la longue insurrection de l'esprit sur le cœur ». Et dans le *Catéchisme*, il ne se lasse pas de dénoncer les dangers de la science trop imbue d'elle-même :

> « Je reconnais que l'esprit positif présenta jusqu'ici les deux inconvénients moraux propres à la science, enfler et dességher, en détournant de l'amour. »

Il vaut d'ailleurs de rappeler ici en quels termes Comte a jugé la dissidence de certains disciples — Littré, Robin... : il y voyait la preuve d'un intellectualisme mal géré, qui les aurait jetés dans l'aveugle orgueil scientiste. Lorsque la rupture éclate, Comte dénonce vertement en Littré l'« érudit » qui se complait un peu trop dans ses livres; il lui reproche aussi de n'être qu'« un écrivain habile », c'est-à-dire de ne pas savoir, comme un vrai savant positiviste, mettre au premier rang son rôle de guide social[34].

Contre ces tendances hypertrophiantes de l'intellect incontrôlé, Auguste Comte, traduisant et généralisant l'expérience personnelle en règle collective, en vient à corriger la devise positiviste. La formule « Ordre et Progrès » couple dans une apparente symétrie, depuis les œuvres de jeunesse, des exigences dont la conjugaison nécessaire a été trouvée par l'analyse politique : en gros, l'« ordre » est le propos prioritaire des « rois » et, disons, de tout l'état « théologique »; le « progrès », plutôt celui des « peuples » et des étapes « métaphysiques »; l'état «positif» veut dans l'union «ordre et progrès» dépasser et réaliser chacun par leur accord harmonieux. Pour la sociologie du *Système*, Comte propose des compléments/corrections significatives[35]. La devise devient deux fois triple : d'une part, à «Ordre et Progrès» s'ajoutent «Vivre pour autrui» et «Vivre au grand jour»; d'autre part, elle est reformulée en une triple injonction, «L'Amour pour principe, l'Ordre pour base et le Progrès pour but», où l'on remarque qu'il s'agit maintenant d'une devise nettement orientée, selon des priorités renouvelées et clairement avouées.

La science risque d'être une nouvelle idole, à laquelle on risque de sacrifier l'humanité. Or la religion de Comte, rappelons-le, n'est pas la religion de la science, mais celle de l'humanité : une religion qui se veut humaine, rien qu'humaine, et qui veut aider l'homme à maîtriser la science, sa science, à la dominer.

Un corps scientifique sous contrôle

Si l'on prend donc garde aux analyses comtiennes de la sociologie de la science et des savants, alors le passage du positivisme scientifique au positivisme religieux prend un sens tout autre que celui sur lequel on dispute habituellement. Comte a lui-même parlé de ses «deux carrières» et la question de leur lien a été souvent posée. En gros, d'une part, les partisans d'une discontinuité suggèrent que Comte, abandonnant pour ainsi dire les sciences, a versé dans une religiosité où ils déplorent quelque retour au théologique, voire même l'irruption d'une sorte de délire mystique; d'autre part, les partisans de la continuité voient dans le développement religieux une évolution vers la complétude, et dans l'établissement de la science en «dogme» une sorte de promotion. Or nous proposons une lecture qui renvoie dos à dos les deux interprétations. Il ne s'agit ni de délire religieux, ni de promouvoir la science, mais d'une promotion de la religion pour éviter les délires scientifiques. Il ne s'agit donc pas de choisir entre continuité et discontinuité, mais d'un discours changeant dans la continuité qui s'est méfié de plus en plus des perversions possibles des sciences. Alors le «positivisme religieux», loin d'être le fondement de ce qu'on a appelé «scientisme», apparaît plutôt comme un effort pour y échapper. Pas question de viser à doter la science d'un prestige supplémentaire ou de lui dessiner quelque halo de transcendance. C'est bien plutôt pour l'insérer, pour l'enserrer dans tout un système de contrôle et de surveillance, pour disposer autour d'elle grâce aux rituels du «culte» et du «régime»[36] une sorte de réseau disciplinaire, des défenses protectrices. Travail de conjuration, plutôt que d'adoration.

Les soins pointilleux apportés par Comte à définir le rôle du corps scientifique dans la société positiviste doivent être ainsi réexaminés.

Dans le cénacle de la « Société positiviste », qui se veut modèle réduit de la future organisation politico-sociale générale, les prescriptions de Comte sont nettes. Lorsqu'il réprimande ses disciples, c'est très souvent parce qu'ils ont, dit-il, cédé aux séductions d'un intellectualisme débridé, parce que, à force de vouloir savoir et diriger, ils ont négligé les devoirs de l'affection, du dévouement et de l'obéissance. C'est le « Grand-Prêtre » qui officie, bien plus que le savant fondateur de la « sociologie » et de « la philosophie positive ». Comte se réclame alors du modèle de Saint Paul, et proclame l'importance de ses « épitres »[37]. Les adeptes du positivisme doivent en être de véritables apôtres. Après l'excommunication de Littré et de ses partisans, Comte devient même de plus en plus sourcilleux sur la discipline de ses disciples et exerce un contrôle moral renforcé.

Aussi, pour la société positiviste, celle qui sera la « République » d'abord « occidentale » puis universellement diffusée, les multiples détails que Comte s'applique à donner à propos des étapes de la régénération, les lenteurs ordonnées de la progression vers « L'avenir humain » et la systématisation de la religion de l'Humanité — et l'on remarquera que dans la *Bibliothèque positiviste* pluridisciplinaire, la science n'est point reine (30 volumes sur 150), et qu'au *Calendrier positiviste*, elle est somme toute peu célébrée (2 mois sur 13) — tout ceci apparait en fait comme autant de précautions et comme des sortes de mesures préventives prises contre les risques d'un impérialisme scientifique. Il y a pour Comte un « péril de la science », qu'il cherche à endiguer par l'intégration religieuse.

Les savants-prêtres

Le « corps scientifique » seul conforme à la « sociologie » et à la sociologie de la science est donc formé des savants conscients de n'être que des « organes » de l'Humanité, et qui se savent appelés à des « fonctions sacerdotales », bref, des savants-prêtres. On pourrait même dire que leurs fonctions proprement scientifiques sont estompées au profit d'un rôle social de plus en plus exigeant : que les savants-prêtres deviennent de plus en plus des prêtres-savants.

Il est clair en tout cas qu'à partir des années 50, dans le *Catéchisme* et dans le *Système*, la conception comtienne du «corps scientifique» s'est beaucoup transformée. Ses attributions sont ainsi revues et corrigées.

1. Ainsi, dans leurs rapports aux savoirs, il n'est pas question que les savants se livrent aux recherches pour les seules joies égoïstes du travail théorique. Ces délectations-là sont une faute envers la nécessité de «vivre pour autrui».

Mais entendons bien. Il ne s'agit pas de condamner la science pure. Au contraire, et Comte reste sur ce point parfaitement fidèle aux thèses du *Cours*, seules «les sciences fondamentales» — pures, théoriques, abstraites — doivent occuper les véritables savants; pour les sciences appliquées, pratiques et concrètes, il y a ou il devrait y avoir selon Comte les «ingénieurs»[38], chargés de la transmission des connaissances vers et pour les «industriels»; grâce à ces médiateurs, les savoirs donnent les pouvoirs de transformation sociale, sans que l'on ait dérogé aux principes de la séparation des pouvoirs spirituels et temporels. Ce sont bien des charges essentiellement théoriques qui pèsent sur les savants. Mais pas n'importe lesquelles et pas n'importe comment. Il y a des recherches stériles : recherches sur «l'univers», alors qu'on a bien assez à faire avec notre seul «monde»; recherches logiques formelles, alors qu'il y a tant à faire pour comprendre la méthode scientifique dans ses effectuations; hypothèses physico-chimiques sur la constitution intime des choses, alors qu'il est déjà si difficile de mettre à jour les lois; enquête sur les origines du monde, de l'humanité auxquelles il vaut mieux renoncer pour se tourner délibéremment vers la programmation scientifique de leur avenir. Pour Comte tout ceci mène la science dans des impasses, et pervertit chez savants le sens des responsabilités sociales et la vocation sociologique.

2. C'est en conduisant ainsi avec autant de prudence que d'obstination leurs volontés de savoir, que les scientifiques deviennent alors des producteurs de «dogmes» nouveaux.

Mais, là aussi, entendons bien. La fonction dogmatique de la science positiviste ne consiste pas à figer les savoirs. Pour Comte, «dogmatisation» ne signifie jamais pétrification, ou même éternisation. Et il n'y a pas de fin de l'histoire, pas plus qu'il n'y a de fin des progrès scientifiques, les deux propositions étant d'ailleurs liées. La philosophie des sciences de Comte est une philosophie de la rectification continuée, où il s'applique à repérer de multiples effets en retour dans la progression des savoirs : ainsi, une fois la sociologie constituée, cette dernière science doit rejaillir sur toutes les autres; on peut alors, et on le doit, parcourir l'échelle hiérarchique en sens inverse, ce qui renouvelle les points de vue et complète les connaissances[39]. Plus tard, Comte retraduit cet impératif méthodique et doctrinal en invitant à passer alors de ce qu'il appelle la «méthode objective», celle qu'ont suivi les analyses du *Cours* en procédant «du monde à l'homme», à la «méthode subjective» qui serait celle de la «synthèse» procédant «de l'homme au monde»[40]. Mais, ce n'est pas le lieu de développer ces innovations qui furent par ailleurs âprement contestées par d'autres positivistes, et non des moindres : Comte présentait comme compléments ce que les autres voyaient comme trahisons dommageables à la crédibililité du positivisme. On veut seulement souligner ici que ces propositions montrent qu'il n'est jamais question pour Comte de clore les recherches. Même si la sociologie est fondée, et même lorsque la société positiviste sera installée, en France, en Occident et dans le monde, les sciences n'arrêteront point de se développer selon l'ordre et le progrès positifs; car la vérité totale est inaccessible, toujours à l'horizon et on ne peut compter que sur une approche au mieux asymptotique[41]. Et n'est-ce pas une véritable refonte de l'Encyclopédie qu'il programme à partir de 1855, et de la *Synthèse subjective*? Quant aux discussions et aux réserves des disciples, si par exemple le combat de Littré contre les derniers développements des thèses comtiennes se fait bien au nom d'une méthode de «philosophie positive», à laquelle il reconnait une valeur pérenne, ce n'est certes pas pour prétendre que l'état des sciences ne doive changer et les connaissances se transformer. Pour le positivisme, il y a le point de vue de la «méthode» et celui des «doctrines», la fidélité à celle-là exige la prise en compte des changements voire des révolutions de celles-ci[42].

On voit donc le sens précis du «dogme» positiviste. Il est bien constitué par la science et le corps scientifique des «savants-prêtres»; mais il est toujours à vérifier, à compléter, à refondre au besoin. En fait, Comte est, là aussi, resté fidèle à ses propos de jeunesse, à ses «Considérations sur le pouvoir spirituel» définissant le «dogmatisme» comme «l'état normal de l'intelligence humaine»[43], et poursuivant :

> «En principe, toute l'action de l'individu sur la doctrine régulatrice se borne, dans l'état normal, à en déduire la règle pratique applicable à chaque cas particulier (...). Mais quant à la construction même de la doctrine (...), chacun n'a d'autre droit légitime que d'en solliciter la rectification partielle, quant l'expérience a constaté que, sous un rapport quelconque, elle ne remplit pas suffisamment son but. C'est au pouvoir spirituel, ainsi averti, qu'il appartient d'effectuer dans la doctrine les changements convenables, après en avoir vérifié la nécessité.» (1826, A, 10, Ap., p. 206)

Les doctrines sont donc et doivent être toujours «rectifiables». Quant à leur promotion dogmatique et à la garantie exigée du pouvoir spirituel, on en voit la signification : il y a de tels enjeux qu'il s'agit d'assurer une décision dûment mûrie et vérifiée, et une décision collective. Pour le dire autrement, les «révolutions scientifiques», selon Comte, entraînent si inévitablement les «révolutions de la société» qu'il tient, pour les maîtriser, à les intégrer au plus tôt dans ce qu'il nomme «l'état normal». On aura remarqué que cette sociologie de la science est de fait exposée dans les termes mêmes auxquels Thomas Kuhn a donné le succès que l'on sait.

3. Ainsi destinés dans le grand «corps social» à construire le «corps scientifique» au sens de «corpus» de la philosophie et des sciences, destinés aussi à le vérifier, bref à le gérer, les savants-prêtres du positivisme sont aussi destinés à le diffuser. Experts et détenteurs du savoir, il ne sauraient se le réserver; au contraire, il doivent être des éducateurs et des diffuseurs, des médiateurs, des transmetteurs, des hommes de communication : l'étymologie que Comte donne au mot religion, renvoyée à «relier», confirme cette vocation.

Mais, là encore, entendons bien[44]. Lorsque Comte assigne aux savants-prêtres des fonctions «éducatives», c'est dire qu'ils ne sauraient réduire leur intervention à l'«instruction» scientifique. L'éducation positive fait ainsi une grande place à la morale; les lettres, les arts et les langues y ont aussi constante et large part. Par ailleurs, la même éducation est proposée pour tous : Comte ne veut pas d'éducation différente selon les «classes sociales», ni même vraiment selon les sexes, et il a le souci d'unifier l'éducation à Paris et dans les provinces — puis, plus tard, dans tous les pays de la «République Occidentale» — grâce à la mobilité des professeurs et des examinateurs. Sur ces points, la confrontation des projets de Comte et de Condorcet est par exemple très révélatrice[45] : là où celui-ci propose une «instruction» prenant bien garde à ne pas outrepasser les engagements pédagogiques scientifiques, celui-là insiste sur les responsabilités, disons, idéologiques. Le «sacerdoce» positiviste tient à cela; d'où l'appui qu'il donne au «dogme» en étant aussi ordonnateur du «culte» et du «régime», privés et publics. Le savant-prêtre positiviste est essentiellement un formateur social.

De plus, si, pour la jeunesse, cette formation sociale s'acquiert surtout dans les Ecoles où les savants combinent leur efficacité comme professeurs, inspecteurs et examinateurs, leur rôle est aussi d'assurer ce qu'on pourrait appeler une formation continue généralisée. La qualité essentielle du savant-prêtre est de savoir se mettre, et mettre la science, à la portée de tous — même d'une simple femme symboliquement choisie comme interlocutrice privilégiée pour l'exposé du *Catéchisme*. Pour Comte, diffuser les savoirs, c'est-à-dire aussi les populariser, les vulgariser, sont des devoirs positivistes, soumis de plus à une stricte déontologie. Les disciples dissidents l'ont d'ailleurs toujours respectée, même s'ils s'y sont parfois pris selon des moyens différents.

Il reste à remarquer que tous ces savants-prêtres du positivisme comtien sont tellement occupés tant par leur rôle d'éducateurs et de diffuseurs des savoirs que par leurs travaux de gestion et de contrôle idéologique, que l'on ne voit plus bien comment et quand ils peuvent trouver le temps et les moyens de faire de la recherche. D'ailleurs, il n'y a plus de lieu pour s'y consacrer : plus de subsides pour les compagnies scientifiques, plus d'Académies, etc. Il n'y a plus que des «Ecoles». La République positiviste se profile comme... une république de professeurs.

Il est vrai que Comte a prévu, pour le système définitif, des «pensionnaires» du sacerdoce, qui seraient les savants «qui ne sont aptes qu'à la science»; mais la formulation restrictive en dit long sur l'appréciation des rôles! Comte dit d'ailleurs tout net que ces savants-là sont des «anomalies», des «natures incomplètes»[46]. Rappelons alors que, parmi les divergences manifestes entre les orientations de Comte et celles de Littré, beaucoup tiennent à la conception des priorités à accorder à l'enseignement ou la recherche. Littré, dans sa propre pratique scientifique, est fort peu tenté par la pédagogie : il n'a jamais fait qu'un seul et unique cours, par devoir patriotique, en 1871! Il est beaucoup plus soucieux de la recherche que ne l'est Comte, il s'en informe continuellement, il s'y livre avec passion dans le domaine philologique. Et c'est d'ailleurs à cause de cela que Renan, en général très critique vis-à-vis de Comte, est plus élogieux sur Littré : il le juge bon savant malgré son positivisme[47].

4. Enfin, il reste à souligner que le statut du «corps scientifique» positiviste, tel que Comte finit par en établir la sociologie, est celui d'un corps de fonctionnaires.

Précisons bien : le fonctionnariat n'est certes pas ici synonyme de sécurité routinière! Tout dévoués à la société pour laquelle ils forment et sélectionnent les cadres à la demande, les savants doivent sillonner le pays, et, plus tard, toutes les nations occidentales, pour faire les meilleures recrues. Ils ont obligation de mobilité. Leur carrière, leur avancements et leurs traitements sont rigoureusement réglées. La hiérarchie est lourde et les contrôles multiples. De plus, en se consacrant à la science, en acceptant leur fonction comme un sacerdoce, les savants-prêtres-fonctionnaires ont renoncé à la richesse : ils n'ont rien d'autre que leur traitements, ils ne peuvent cumuler, et s'ils produisent quelque ouvrage, une fois que l'édition en est acceptée, la société en assume les frais, mais ils n'en perçoivent aucun droit d'auteur.

Les résistances d'un Renan, par exemple, au positivisme tiennent aussi au net refus du modèle comtien du savant-fonctionnaire : cela ne pousse guère, selon lui, à la recherche pure, tout à fait libre et désintéressée, dont il est un militant actif, et le rôle social imposé au savant le soumet trop aux pressions utilitaires de la société. Renan, lui, est partisan d'un modèle plus libéral, voire de concurrences stimulantes. Quant aux conditions des publications, aux droits d'auteur et au cumul des charges et des traitements, Renan n'en parle guère, mais on sait qu'il a su les gérer[48].

*

* *

Pour conclure cette présentation de la sociologie de la science positiviste, nous insisterons sur trois points.

D'abord, nous espérons avoir donné quelque idée de la complexité des positions comtiennes. Chez Comte, la science est le meilleur et le pire. Mal comprise, mal gérée, elle peut être non seulement erronée, mais aussi un dissolvant social. D'où le contrôle religieux. Alors la sociologie de la science, revue et corrigée par la religion positiviste, peut remplir la fonction que lui assigne Comte, et qui est, pourrions-nous dire, d'être « sociologisante », d'assurer le fondement de la société et d'en être aussi son ciment.

Nous soulignerons aussi combien, chez Comte, la sociologie de la science est une « politique de la science ». Ferme invitation à l'engagement du savant et de tout le « corps scientifique »; refus de considérer la science comme une activité « neutre »; affirmation d'étroites inter-relations entre politique et science; prise en compte des conditions institutionnelles.

Enfin, nous proposerons quelques réflexions sur le thème du savant-prêtre. Les thèses comtiennes sur ce point sont plutôt considérées comme des chimères ou/et comme quelque peu dangereuses. On trouve que l'appel à une classe de savants chargés de faire régner un « consensus » idéologique a des échos utopiques, et des tendances totalitaires. Littré a beaucoup travaillé pour gommer ces aspects du positivisme et pour sauvegarder le sien de ce genre de tentations. Mais il est curieux de voir que cette idée-image du savant-prêtre a été assez volontiers utilisée par ceux-là mêmes qui vouaient le positivisme aux gémonies. Renan, par exemple, l'exploite très consciemment dans *L'Avenir de la Science* et les quelques réserves formulées en 1890, lors de la publication du texte de 1848, sur certaines naïvetés de jeunesse ne portent pas sur ces points[49]. C'est aussi Renan qui développe souvent, dans les analyses de ses contemporains et dans ses discours académiques, le thème du sacerdoce scientifique et c'est lui qui qualifie Littré de « saint laïque »[50]. D'autres, comme Claude Bernard, emploie aussi l'idée-image du savant-prêtre, quoique plus discrètement, par exemple dans l'*Introduction à la Médecine Expérimentale*, quand il sublime la vivisection en un sacrifice sur l'autel de la science[51]. Et, pour reprendre le titre d'un livre de Ferdinand Buisson, la *« Foi Laïque »* de bien des intellectuels de la IIIe République ne témoigne-t-elle pas des paradoxes et des ambiguïtés que l'image du « savant » positiviste a développés ?

L'image du « savant-scientifique » a mis bien longtemps à s'épurer de toutes ces ambiguës proximités avec les images du savant-guide, savant-prêtre social ou/et savant-prophète. Est-il même si sûr qu'on les aient aujourd'hui abandonnées ?

NOTES

* Les textes de Comte sont cités dans les éditions suivantes :
Cours de Philosophie Positive (1830-1842), Paris, Hermann, 2 t., 1975 (cité ici *Cours* avec le n° du tome I ou II);
Système de Politique Positive (1851-1854), Paris, Anthropos, 4 t., 1970 (cité ici *Système* avec le n° du tome);
Catéchisme Positiviste (1852), Paris, Garnier-Flammarion, 1966;
Correspondance générale et Confesssions, t. I (1814-1840), t. II (1841-1845), t. III (1845-1846), t. IV (1846-1848), t. V (1849-1850), t. VI (1851-1852), t. VII (1853-1854), t. VIII (1854-1857), Paris, École des Hautes Études en Sciences Sociales, Vrin, coll. « Archives Positivistes », publiés de 1973 à 1990.
Les œuvres de jeunesse (« Sommaire appréciation de l'ensemble du passé moderne », d'abord paru dans *L'Organisateur*, en avril 1820; « Plan des travaux scientifiques nécessaires pour réorganiser la société », paru en avril 1822 dans une brochure *Du Contrat social* par H. de Saint-Simon; Comte a toujours revendiqué ce texte comme son « opuscule fondamental »; « Considérations sur les sciences et les savants » de 1825 et les « Considérations sur le pouvoir spirituel » de 1826 sont citées d'après leur réédition dans l'*Appendice du Système* au tome 10 de l'édition Anthropos (citées ici avec leur date suivie de A. 10).

[1] Voir les analyses de H. Gouhier : *La Jeunesse d'Auguste Comte et la formation du positivisme*, tome I, Paris, 1933.

[2] Voir H. Gouhier : *Ibid.*, tome II et tome III, Paris, 1936 et 1941. Voir aussi Franck E. Manuel, *The New World of Henri de Saint-Simon*, Harvard University Press, Cambrigde, Massachusetts, 1956. – Sur « la théophilanthropie réchauffée », voir *Correspondance à d'Eichtal*, 10 décembre 1828.

[3] *Cf.* 1822, A., 10, p. 79, 83.

[4] «Il n'y a point de liberté de conscience en astronomie, en physique, en chimie, en physiologie, dans ce sens que chacun trouverait absurde de ne pas croire aux principes établis dans ces sciences par les hommes compétents.» (1822, A., 10, p. 52-53)

[5] *Cf.* 1822, A., 10, p. 61-62.

[6] *Cf.* 1822, A., 10, p. 63-69.

[7] Terme employé sept fois par Comte dans les pages 66-67.

[8] C'est le problème, si souvent discuté, de la cohérence des «deux carrières» de Comte! Vers les années 50 intervient une rupture entre Comte et certains positivistes parmi les plus influents — Littré, Robin, ... : ceux-ci, qui ne souscrivent pas aux développements du positivisme comtien du Système de Politique positive et de la *Synthèse subjective*, dénoncent chez Comte un revirement et un abandon de la véritable «philosophie positive». Voir E. Littré, *Auguste Comte et la philosophie positive*, Paris, 1863. — Précisons cependant que les positivistes dissidents n'ont jamais protesté contre la nécessité de connecter aux considérations théoriques des engagements pratiques; mais ce ne furent pas les mêmes.

[9] *Cf.* 1822, A., 10, p. 69-77.

[10] Saint-Simon, déçu par les savants qui ne faisaient aucun cas de ses diverses propositions, s'est de plus en plus tourné vers les industriels et les artistes.

[11] Le *Cours* est dédié *«A mes illustres amis* Fourier et de Blainville; ceux-ci assistèrent à la séance inaugurale de 1829, ainsi que Poinsot, Navier, Broussais, Esquirol...

[12] Ces critiques sont virulentes dès la 1re Leçon du *Cours*, (I, p. 31-32). En fait, le texte de 1822 mettait déjà en garde contre les tendances à la spécialisation exagérée, mais Comte le disait en note et avec modération (voir *Plan*, A. 10, p. 72, note).

[13] Voir surtout *Cours*, 46e leçon, II, p. 76.

[14] Voir par ex. *Cours*, 24e leçon, I, p. 380; 40e leçon, I, p. 726-727, 731, 741.

[15] *Cours*, 28e leçon, I, p. 451, note; 458-459; 463-464, note.

[16] *Cours*, 28e leçon, I, p. 460; voir aussi 34e leçon, I, p. 546, note.

[17] Des critiques très sévères sont faites contre les «géomètres», surtout 28e et 40e leçons. Voir aussi les critiques de Berzélius, de Faraday, de Becquerel, d'Ampère surtout : 28e leçon, p. 464, note; 34e leçon, I, p. 548, note; 36e leçon, p. 595; 38e leçon, p. 632-635, note; 42e leçon, I, p. 774, note.

[18] Voir 39e leçon, *passim*, et surtout p. 645 et aussi 40e leçon, I, p. 724.

[19] Des parallèles entre la situation scientifique et la stuation politique — l'anarchie révolutionnaire — sont d'ailleurs explicitement faits par Comte : voir 43e leçon, I, p. 808; 44e leçon, I, p. 824.

[20] Voir surtout 46e, 57e leçons et la très longue «Préface personnelle» que Comte adjoint au dernier tome du *Cours*.

[21] Voir la critique de l'intéressement des savants «dépourvus de tout sentiment de vraie dignité sociale», 46e leçon, II, p. 76, note. Voir aussi 47e leçon, II, p. 92-97 et 49e leçon, II, p. 168-169. Et comparer par exemple l'évolution des critiques sur le calcul des probabilités : nette différence en 1834, ce sont de rapides critiques (27e leçon, I, p. 445); en 1836, les critiques se renforcent (40e leçon, I, p. 724) et en 1839, ce sont des invectives violentes (49e leçon, II, p. 168-169).

[22] Voir *Cours*, 46e leçon, p. 76-77, note; et surtout la Préface personnelle du dernier volume, II, p. 466-479; voir aussi 58e leçon, II, p. 740-741. — Le terme de «pédantocrate» est en fait emprunté par Comte à J.S. Mill car il lui «paraît très propre à résumer la domination oppressive à tous égards et surtout mentalement des médiocrités ambitieuses dont la valeur philosophique se réduit essentiellement à une vaine érudition» (57e leçon, p. 656, note).

[23] En sus de la longue Préface personnelle du dernier volume du *Cours* de 1842, une nouvelle « oppression » pousse Comte, en 1848, à lancer un *Appel au public occidental* où il dénonce avec amertume et virulence renforcées l'« ignoble concours de tant de puissantes antipathies » — voir *Correspondance*, IV, p. 281-284, Appel du 9 juillet.
[24] Comte professe des cours gratuits depuis 1839. Il faut remarquer dans le *Discours sur l'esprit positif* de 1844 la promotion insistante du « bon sens spontané » et de l'instinct populaire : voir surtout la 2e partie.
[25] Voir ces textes fondateurs dans les Annexes de *Correspondance*, IV, p. 263-273.
[26] *Correspondance*, IV, Annexes, p. 274-280.
[27] *Correspondance*, IV, Annexes, p. 280-281 et 284-305. Le *Projet de Composition initiale du Comité positif occidental*, est proposé dès le 26 mai 1848 : Comte se préoccupe de la représentation diversifiée des populations européennes, mais aussi des régionalismes et de la représentation des femmes; « membres-adjoints » et « associés-extérieurs » préparent l'extension universelle.
[28] Pour les plans d'éducation, le projet de 1849 (voir *Correspondance*, V, Annexes, p. 273-292) prévoit une formation accélérée par rapport aux propositions du *Système*.
[29] Le *Calendrier Positiviste* a eu plusieurs éditions : la première, d'avril 1849, est reproduite en Annexe du t. V de la *Correspondance*, p. 292-314; les autres éditions diffèrent assez peu — quelques déplacements hiérarchiques et quelques nouveaux « saints » — sont présentées dans le *Catéchisme Positiviste*, 1852, et au t. IV du *Système*. Ainsi, « pour la première demi-génération », est instituée « le jour additionnel des années bissextiles » une « fête des Réprouvés », consacré par la suite à... la « fête des saintes femmes » !
[30] La première édition de la Bibliothèque positiviste est d'octobre 1851; Comte l'adjoint au *Catéchisme* en 1852, puis au t. IV du *Système* en 1854.
[31] Voir le « Discours préliminaire » du *Système*, le chap. III de son « Introduction fondamantale », et la Préface du *Catéchisme*.
[32] Le *Système* est d'ailleurs dédié à une femme, à Clotilde de Vaux qui, de l'aveu de Comte, lui a révélé les dangers de la sécheresse ratiocinante. C'est une femme aussi qui est l'interlocutrice privilégiée du *Catéchisme*. Sur l'importance des femmes et des prolétaires voir aussi nos articles : « Le féminisme militant d'un Auguste phallocrate » (en coll. avec Bernadette Bensaude-Vincent) *Revue Philosophique*, n° 3, 1976, p. 293-311, et « Le romantisme social d'Auguste Comte » in *Actes du Colloque Romantismes et Socialismes, 1800-1848*, Etudes de littérature étrangère et comparée, n° 82, décembre 1988, p. 171-207.
[33] L'expression « orage cérébral » est celle que Comte emploie pour parler de sa propre crise de 1826-1827. Sur les risques de folie guettant les intellectuels, voir aussi Paul Arbousse-Bastide, « Auguste Comte et la folie », dans *Les sciences de la folie*, Paris, 1972, p. 47-72. Voir aussi les mises en garde du *Catéchisme*, p. 40, 68, 78, 86, 100... Voir aussi les lettres à Lewes, 7 avril, 12 avril, 15 octobre 1848, *Correspondance*, IV, p. 109, 150, 197.
[34] Sur la rupture avec Littré, voir *Correspondance*, VI, lettres de 1852 et « Septième Confession annuelle », p. 284. — Comte critique la philosophie de l'histoire des philosophes allemands pour des raisons similaires à celles qui lui font désavouer Littré : voir son jugement sur « les intimes entraves qu'éprouvent en Germanie, l'esprit et le sentiment historiques, malgré l'essor spécial d'une vaine érudition et des vagues conceptions sur la philosophie de l'histoire » (*Système*, IV, p. 501).
[35] Voir les pages de titre du *Système* et du *Catéchisme*, et les Préfaces explicatives.
[36] Le « dogme », le « culte » et le « régime » sont les trois parties du *Catéchisme*; en fait, plus tard, Comte propose de scinder le dogme en deux parties, une présentation du Grand-Etre Humanité serait d'abord donnée, puis l'aspect théorique du dogme serait repoussé.

Dans sa réédition du *Catéchisme*, P. Laffitte a remanié ainsi le plan primitif. L'édition Anthropos suit le plan remanié.

[37] Dans la Préface du *Catéchisme*, Comte se félicite d'être devenu, sous l'influence de Clotilde, un «organe vraiment double» et «d'avoir pu faire activement succéder la carrière de saint Paul à celle d'Aristote, en fondant la religion universelle sur la saine philosophie, après avoir tiré celle-ci de la science réelle». C'est d'ailleurs saint Paul qui, dans le nouveau Calendrier, préside le mois du catholicisme, le 6e.

[38] Voir *Cours*, 57e leçon, II, p. 633-634.

[39] Comte annonçait la possibilité de redescendre l'échelle encyclopédique après l'accès de la dernière science à la positivité dès le *Cours*, 1re leçon; et l'on ne doit pas oublier que pour Comte toute classification reste arbitraire, d'où les différentes classifications proposées au *Système*.

[40] Selon Comte, la *Synthèse subjective* entreprend précisément ce parcours nouveau.

[41] Ce thème est développé dans les 24e et la 58e leçons du *Cours*, repris dans le *Discours* de 1844, et dans le *Système*, III, chap. 8.

[42] Littré usera de cet argument pour répondre aux critiques qui prétendent discréditer le positivisme en argumentant de sa méconnaissance des derniers progrès des sciences après Comte. Voir l'article paru dans la revue *La Philosophie positive* de sept.-oct. 1872 et repris dans *Fragments de philosophie positive et de sociologie contemporaine*, Paris, 1876, sous le titre «Les découvertes les plus récentes et la philosophie positive».

[43] 1826, A, 10, App., p. 202.

[44] Nous avons ailleurs développé ces thèmes : voir notre article «La diffusion des savoirs comme devoir positiviste», dans *Romantisme - Revue du XIXe siècle*, «Sciences pour tous», n° 63, 1989, p. 6-25.

[45] Nous avons ailleurs comparé les projets positivistes aux projets d'instruction de Condorcet, voir notre article «Condorcet 'médité' par Auguste Comte» dans *Condorcet, mathématicien, économiste, philosophe, homme politique*, Paris, 1989, p. 480-495.

[46] *Système*, IV, 73, p. 390-392.

[47] Voir la *Réponse* de Renan au *Discours de réception de Louis Pasteur à l'Académie Française*, le 27 avril 1882, dans *Œuvres Complètes*, Ed. Calmann-Lévy, établie par Henriette Psichari, t. I, p. 759-778. — Sur les rapports Littré-Renan, voir l'article de Jean Gaulmier dans les *Actes du Colloque du Centenaire de la mort de Littré* et *Revue de Synthèse*, n° 106-107, 1982, p. 447-462.

[48] Voir Jean-Yves Mollier, «Ernest Renan et ses éditeurs», dans *Etudes renaniennes*, 1986, p. 7-23.

[49] Voir *L'Avenir de la science. Pensées de 1848*, dans *Œuvres Complètes*, t. III, p. 715 et suiv.

[50] Voir le discours cité note 40, et les articles sur «Trois professeurs au Collège de France» : «Ramus» (1856), «Eugène Burnouf» (1852), «Etienne de Quatremère» (1857), repris dans *Questions contemporaines*, *Œuvres Complètes*, t. I, p. 111-138.

[51] Cl. Bernard, *Introduction à la Médecine expérimentale*, IIe partie, chap. I.

5. La sociologie de la science de Merton : une prise de conscience américaine à l'égard du progrès de la science

Bernhard Plé
Université de Bayreuth

1. UNE SOCIOLOGIE DE LA SCIENCE À DOUBLE SENS ET SA FORME AMÉRICAINE

Depuis sa première ébauche accomplie dans les années trente, la sociologie de Merton tient compte aussi de la science comme sphère sociale différenciée que des environnements assurant à degrés différents son avancement interne et son acceptation sociale au-delà de son propre cadre institutionnel. Cette approche proprement sociologique de la science a été à plusieurs reprises fort critiquée en ce qu'elle ne saisit de la science que les interactions sociales des chercheurs concourant aux connaissances objectives, et renferme ainsi une compréhension de la science portant sur ses assises non-logiques, aux dépens des processus cognitifs sous-jacents à l'accroissement des connaissances scientifiques[1]. Si donc ces réexamens critiques, menés surtout dans les années 60, tombent tous d'accord sur l'insuffisance de l'acception du terme de «science», dont se sert la sociologie de Merton depuis son début, ils ne sont pas moins parvenus à apprécier dans son approche sociologique, en outre, une envergure cognitive appropriée à localiser une certaine façon de connexions entre l'ensemble d'une société donnée et la science qui s'y inscrit comme principale branche de la culture[2].

Rien mieux que Th. Kuhn ne reconnaît à la sociologie de la science de Merton le mérite d'avoir rattaché d'une façon encore valable l'histoire de la science à celle de la culture et de l'économie concomittante, tout en signalant la faute d'une compréhension adéquate des procédés cognitifs. Son réexamen de Merton met au jour un point de vue fructueux visant à découvrir des liens entre le sens dont est douée l'activité scientifique et les valeurs dont s'inspire la culture dominante d'une société donnée[3].

Cette appréciation de l'approche de Merton peut, certes, paraître significative de l'orientation de Kuhn. Car elle ne vise pas moins à localiser des instances d'ordre social dans l'avancement de la science, en mettant en évidence la façon dont les normes propres à la communauté scientifique interviennent dans le maintien de la «science normale». Et sans doute s'y exprime-t-il une position favorable à la découverte des liens entre la cumulativité des connaissances scientifiques et les degrés d'institutionnalisation autant des recherches que de la transmission pédagogique de la science normale[4]. Mais même si ce point de convergence a été reconnu par Merton dans sa brève confrontation avec Th. Kuhn[5], il ne reste pas moins évident que la relecture de Merton, telle qu'elle est proposée par Kuhn dans le le but de rendre justice à l'approche sociologique de Merton, ne s'ensuit pas d'une prise de parti. En effet, contrairement à Merton, le dessein de Kuhn est celui de souligner une modalité du progrès scientifique qui s'ensuit juste de la défaillance tout à fait imprévue des normes réglant jusqu'ici l'activité scientifique selon un paradigme auparavant accepté, consolidé et enfin défendu par la communauté des savants[6].

Ce qu'il y a encore de plus remarquable dans cette ébauche de reconstruction de la sociologie de Merton, c'est le fait qu'il ne s'agit ni d'une défense amenée par l'école de Merton, ni d'aucune issue des discussions engendrées par la première parution de l'approche sociologique dans les années 30. C'est, en d'autres termes, le fait que la décennie qui voit le renouveau de l'intérêt à l'approche mertonienne est également la période où deux développements s'enchevêtrent. En fait preuve Merton même avec sa nouvelle présentation de son premier chef d'œuvre *Science, Technologie and Society in Seventeenth-Century England*, en y soulignant, trente-deux ans après sa première parution, les raisons qui lui paraissent décisives pour la mise au jour de sa première ébauche de la sociologie de la science. C'est, d'une part, dans le domaine de l'histoire de la science, que commence à se développer une discussion sur la portée des facteurs intellectuels dans l'évolution de la science et, à la fois, la confrontation avec l'enseignement d'A. Koyré dominant aux Etats-Unis dans les années 50. De là vient enfin l'intérêt que lui portent les historiens comme A. R. Hull et Th. Kuhn, aussi que leur dessein de ranger sa première approche sociologique parmi leurs dispositifs pour lancer le défi à l'histoire de la science telle qu'elle s'est développée aux Etats-Unis sous l'influence des Études galiléennes de Koyré[7]. D'autre part, c'est dans cette situation évoluée indépendamment de la première ébauche de Merton, qu'une nouvelle phase de sa pensée s'inscrit. Elle remonte, comme on l'a à nouveau remarqué, à l'immédiat après-guerre[8], et c'est elle qui, lors de la revalorisation du premier chef d'œuvre, a acquis une telle vitalité pour prendre le pas sur la première ébauche des années 30. Ainsi la sociologie de la science de Merton parvient-elle à s'avérer sous deux formes, dont l'une, l'antérieure, vient d'être estimée par des historiens comme issue exemplaire d'une ébauche sociologique de l'étude de l'évolution de la science, alors que l'autre, la forme postérieure, s'avère en même temps le résultat le plus récent d'une restriction de perspective au fontionnement du seul cadre institutionnel de la science[9].

Identifiées conjointement avec Merton, ces deux approches sociologiques de la science tiennent au seuil qui s'interpose entre les années 30 et les années 50. Elles représentent, en premier lieu, un tournant qui marque un déplacement du foyer de l'analyse allant des points de connexion entre la science, la culture et la société à l'intérieur du cadre institutionnel de l'activité scientifique. En second lieu, elles marquent le passage entre deux époques. Le passage du seuil se manifeste notamment dans la façon dont l'école de Merton se réclame de son chef d'école à partir des années 50. En est significative la présentation de N.W. Storer qui expose Merton comme fondateur d'une nouvelle discipline américaine[10], en le caractérisant par son achèvement d'un double développement. Que la première ébauche des années 30 n'ait été que l'aboutissement de la « social science approach », telle qu'elle a été développée par W.F. Ogburn, et ait ensuite convié à déboucher sur l'approche postérieure centrée désormais sur l'analyse fonctionnaliste, c'est l'objet de la double démonstration que Storer s'efforce d'entreprendre[11].

Cette double démonstration entreprise dans le but de repérer ce qu'il y a d'américain dans la sociologie de Merton est d'autant plus remarquable, qu'elle ne tient pas compte le plus possible des autres emprunts intellectuels. C'est plus évident quant à la première partie d'une telle démonstration. Car elle ne résulte pas d'une comparaison soigneuse entre les emprunts intellectuels d'origine européenne et ceux proprement américains, lesquels se sont croisés dans la première ébauche de sa sociologie de la science. En effet, d'une telle comparaison, il résulte que la plupart des outils théoriques et des connaissances sociologiques employés par Merton pour localiser des liens entre le sens de la science et son contexte socio-culturel, sont de provenance italienne (Pareto), suisse (de Candolle), française (Bouglé, Durkheim, Tarde), anglaise (Clark), allemande (M. Weber, A. Weber, Sombart, Troeltsch, Scheler, Borkenau) et même russe (Hessen, Bernal). Il apparaît donc que la présentation de Merton par son école tient à la relecture de son œuvre à contresens.

Ce n'est, en effet, que dans l'après-guerre que la sociologie de la science de Merton commence à se trouver consciemment rangée parmi les écoles proprement américaines. Si donc, au point de vue comparatif et historique, il convient de situer la première ébauche de Merton au carrefour intellectuel entre l'Europe de l'entre-deux-guerres et les Etats-Unis, il n'en est pas de même pour le tournant postérieur. Celui-ci coïncide avec la construction des assises de la deuxième ébauche. Rien ne le confirme mieux que le fait qu'elles ont été identifiées avec la « tradition nord-américaine » de la sociologie de la science[12]. Comme ses éléments distinctifs, on a repéré justement les traits par lesquels l'école mertonienne, à son tour, venait de se caractériser soi-même[13]. Il s'agit donc d'un rapprochement amené autant au-dehors qu'au-dedans de l'école.

Outre cette identification avec la tradition scientifique américaine, le tournant de la sociologie de la science comporte une prise de parti pour l'ordre social et politique, tel qu'il est représenté par les Etats-Unis de l'après-guerre. De cette adhésion fait preuve la façon dont l'école mertonienne déplace le foyer de son analyse à la société américaine en tant que nouveau contexte du progrès de la science. Cela se montre, en premier lieu, dans les travaux de N.W. Storer. Car ceux-ci non seulement se dégagent des poids de mettre à l'épreuve des liens présupposés entre le progrès de la science et la civilisation américaine, mais encore ils déploient l'idée prometteuse d'une science par laquelle se reproduiraient les valeurs de la démocratie libérale[14]. À cette formulation d'une conviction démocratique se joint, en second lieu, la poursuite que B. Barber entreprend de proposer de la sociologie mertonienne de la science. C'est, déjà dès les années 50, qu'il étend telle formulation jusqu'au message selon lequel la science non seulement serait le pivot entre les valeurs propres des sociétés occidentales et leur progrès global, mais encore constituerait la modalité la plus parfaite de la réalisation des valeurs libérales[15].

Ainsi se révèle le seuil qui s'interpose entre les deux sociologies de la science. Il se situe, à son tour, dans le laps de temps qui s'étend des années 30 à l'installation spectaculaire des Etats-Unis au sommet des nations. Le passage de ce seuil comporte une modification de la première sociologie de la science. Dès lors, elle se présente dans une double forme. En tant qu'analyse fonctionnaliste de la science comme système social, elle déduit celui-ci de l'étude empirique de la société et sa culture globales. Cela n'a cependant pas empêché que la nouvelle approche comporte dorénavant une métathéorie sur les liens entre le progrès de la société libérale et le progrés de la science. C'est sous ces deux formes que la sociologie de la science de Merton se range et se voit classée dans la tradition des écoles américaines.

2. LA PERSISTANCE D'UN PROBLÈME

On se trouve donc en présence des deux phases, dont la dernière est généralement censée par ses adhérents être l'un des aboutissements nécessaire de la sociologie américaine. La phase précédente, par contre, a été représentée par ceux qui l'ont revalorisée comme déploiement américain d'une hérédité intellectuelle dévelopée dans les cadres des traditions nationales en Europe. Mais, lors même que cette ambiguïté sur la continuation des emprunts intellectuels ne sera pas levée, on ne peut pas moins constater que les travaux de Merton qui ont paru peu après son premier chef-d'œuvre, et qui donc s'interposent entre la fin des années 30 et le début des années 50, sont tous marqués du sceau d'une préoccupation qui n'a pas seulement affecté une forme spécifique aux Etats-Unis, mais est en outre commune aux deux phases. En d'autres termes, le seuil au-delà duquel la sociologie de la science commence à se voir rangée parmi les écoles proprement américaines, ne s'avère pas une coupure à tous les égards.

Mettre en évidence, dans sa continuité, cette préoccupation à laquelle se relient les efforts pour travailler aux assises d'une approche sociologique de la science, ce n'est certes pas sous-évaluer les changements parallèles d'ordre méthodologique. Comme nous allons le voir, l'élaboration progressive de l'analyse fonctionnaliste et la restriction de la perspective sont loin d'être dégagées de ce qui demeure l'objet d'une telle préoccupation.

Parvenir à connaître chez Merton la façon dont surgit cette préoccupation, c'est donc non seulement redessiner les jalons de la voie par laquelle s'est déplacé le foyer de ses propres intérêts de recherche, mais c'est aussi décrire une forme relativement constante de la prise de conscience américaine à l'égard du progrès de la science.

2.1. Une revalorisation de la sociologie de la science par Merton

Ce qui a donné lieu à aborder d'une façon sociologique la science et qui s'est en même temps situé au centre de l'intérêt des premières recherches, c'est ce que l'auteur même s'efforce d'expliquer lors de la seconde présentation de son premier chef-d'œuvre *Science, Technology and Society in Seventeenth Century England*, trente deux ans après son accomplissement. Dans sa brève introduction au début de ses intérêts à l'étude de la science, Merton souligne, entre autres choses, ce qu'il y a encore de valable dans sa première approche sociologique. Puisqu'il y propose une lecture tenant compte des discussions issues de la récente découverte de sa première approche, il amène sa revalorisation sous l'influence de cet enchevêtrement de nouveaux courants, que nous avons ci-dessus souligné comme significatif de la reprise de l'intérêt à sa sociologie de la science dans les années 60.

Ce n'est dons pas de façon fortuite que Merton procède à préconiser ce qu'il pense être la question fondamentale. Une première série de ses éclaircissements vise à repérer la continuité et la valeur de la clé analytique employée dans la première sociologie de la science. Cette clé est maintenant présentée dans sa capacité d'aborder par trois voies le mode d'interaction entre la science, la culture et la société. Elle consiste à découvrir, premièrement, les rapports entre le changement dans le recrutement social des savants et leur influence sur le sens du développement de la science; deuxièmement, une gamme des facteurs sociaux concourant aux déplacements de l'intérêt des recherches; et, troisièmement, la façon dont la reconnaissance, accordée dans une civilisation à la science, détermine le sens et la vitesse de son développement. Que la revalorisation appelle l'attention beaucoup plus sur la valeur de la clé analytique que sur les résultats, relève du fait que certaines thèses sous-jacentes à l'analyse principale se sont montrées fragiles, dès qu'elles ont été soumises au réexamen d'historiens comme L.W. Feuer, Ch. Hill, Th.K. Rabb, H.F. Kearney, J. Needham et L.F. Stolt. En se confrontant à ce genre de critiques, Merton en reconnaît d'avoir lui-même donné lieu à certains doutes sur la validité de ses résultats en ce qui concerne la portée d'autres facteurs que ceux dont il a tenu compte dans le contexte privilégié de ses recherches, à savoir l'Angleterre protestante.

Le but de la deuxième série de ses éclaircissements est donc de préconiser la valeur analytique de son approche sociologique, telle qu'elle a été conçue dans son étude antérieure des rapports entre l'essor des sciences positives et leur contexte autant social que culturel dans l'Angleterre du dix-septième siècle. Cette valeur est expliquée par rapport à trois dimensions. En premier lieu, on remarque l'importance toute particulière que Merton donne à une certaine forme des rapports. C'est l'interdépendance entre la science, en tant que sphère différenciée de la société globale, et les motivations, les intérêts et les comportements structurés à divers niveaux d'agrégats dans les autres sphères sociales. L'idée sous-jacente à l'analyse des rapports d'interdépendance est celle d'admettre par avance les causes d'ordre plurifactoriel et la réciprocité des influences exercées aussi bien par le contexte socio-culturel sur la science que par celle-ci sur son environnement. Il y est évident le point de vue du fonctionnalisme tel qu'il a été élaboré d'une façon modérée depuis la fin des années 40[16]. Il lui fournit d'ailleurs des arguments épistémologiques pour prémunir les résultats, obtenus dans son travail antérieur, contre les critiques des historiens qui se bornent à démontrer l'insuffisance de ses preuves d'un rapport unilatéral entre l'éthique puritaine et l'essor des sciences positives.

A l'appui de telle revalorisation de sa clé analytique, Merton se sert enfin d'un dernier critère. Celui-ci fait ressortir en même temps la troisième dimension de sa question fondamentale. Elle est issue d'une réflexion toute particulière sur le genre du processus rendant possible les rapports d'interdépendance à analyser. Savoir tenir compte du processus concourant notamment à l'interdépendance entre le sens du développement de la science et le changement du contexte socio-culturel, exige pour Merton de connaître les points de ralliement entre le cadre institutionnel de la science et son environnement. Ce qui coïncide avec ces points de rattachements, ce sont pour lui les actions sociales. Par leurs multiples appartenances à des institutions différentes, elles assurent que l'ensemble des intérêts, des motivations et des comportements, d'abord formés, développés et confinés dans une sphère sociale déterminée, deviennent ensuite susceptible aussi d'exercer que de subir certaines influences extérieures. C'est dans cet enchaînement de deux théories d'ordre différent que Merton préconise enfin la capacité explicative de sa première sociologie de la science.

Si donc la continuité d'une question fondamentale est mise en évidence dans ces trois dimensions au point de vue du fonctionnalisme, celui-ci ne fournit pas moins une relecture à sens inverse. Car, en tant qu'élaboration postérieure, il se prête au double besoin de Merton d'emplir de façon rétrospective ce qui au début de son approche de la science n'était qu'une dimension mineure, et d'amoindrir ce qui a revêtu auparavant une valeur explicative majeure. En d'autres termes, il ouvre des voies par lesquels Merton parvient à estimer les trois dimensions de sa question fondamentale plus importantes qu'elles ne l'étaient à l'époque.

Pour autant que sa lecture s'efforce de rattacher sur le plan méthodologique la première ébauche à celle qui lui est postérieure, elle n'y réussit qu'aux dépens de l'ampleur de la question-clé, telle qu'elle a été déployée dans sa première approche de la science.

Cet amoindrissement de l'ampleur de la question-clé se montre à plusieurs égards. Premièrement, on remarque une mise de l'accent sur la portée des facteurs d'ordre matériel, lorsque Merton souligne que sa première analyse se serait occupée beaucoup plus des influences exercées par les exigences du secteur industriel et du secteur militaire, que des influences dérivant de l'éthique puritaine. Il s'agit bien sûr de la mise en garde d'une lecture, souvent préférée par les critiques, selon laquelle au centre de l'intérêt de sa démonstration ne seraient que les liens entre la religion des savants et le sens du développement de leur science. Mais dans une telle mise de l'accent se montre un renversement de la priorité auparavant accordée à une gamme déterminée des facteurs concourant au sens du développement de la science. Contrairement à ce que Merton s'efforce désormais de préconiser comme facteurs externes, sa première approche sociologique de la science a été centrée sur la démonstration que — comme il l'a fermement soutenu — la corrélation, jusqu'alors décrite par des sociologues, entre le progrès de la science et le degré de différenciation sociale, ne sera valable que dans un certain contexte culturel[17]. Que celui-ci soit exactement la condition indispensable, est en outre reconnu dans deux de ses recherches antérieures. Elles ont, en effet, souligné que tant que les facteurs d'ordre matériel n'opéreront pas dans le contexte de certaines valeurs culturelles, ils seront limités dans leur portée sur le développement de la science, s'agissant des influences exercées par l'exigence économique de maîtriser la production, ou de celles exercées par l'augmentation des espaces d'interaction sociale, livrée par une structure sociale hautement différenciée[18].

Deuxièmement, on remarque que le renversement dans l'ordre des facteurs à analyser tient au décrochage de certains cadres théoriques, lesquels ont auparavant servi d'éclairage sur le mode d'interaction entre la science et son environnement. Rien n'en est plus saillant que l'oubli où est tombée l'approche sociologique d'Alfred Weber. Car de lui s'est réclamé Merton lors de sa classification des facteurs externes concourant au développement de la science. Outre la classification du contexte social de la science d'après les catégories de « culture » (ou bien de « valeurs ») et de « société » (ou bien de « structure sociale »)[19], l'approche weberienne a fourni à Merton une troisième catégorie-clé, selon laquelle la science est rangée parmi ce que A. Weber a appellé « civilisation »[20]. A l'aide de ce dispositif localisant les liens entre la science, les valeurs et la structure sociale, Merton s'est attaché à tenir compte de leurs rapports triangulaires. C'est dans ce sens qu'il a abordé la question fondamentale concernant les origines, la persistance et le remplacement des certaines formes d'interaction établies entre le progrès scientifique et la société globale[21]. Il est pourtant évident que, trente-deux ans après, ce triple dispositif analytique n'est plus censé être de mise[22].

Troisièmement, la revalorisation que Merton propose sur le plan de l'enchaînement de l'action sociale et les cadres institutionnels a pour conséquence que l'objet à analyser se déplace, en changeant de degré d'abstraction. Il est maintenant différent par rapport à celui envisagé auparavant, autant dans l'approche sociologique d'Alfred Weber que dans celle de Merton des années 30. Cela se montre surtout dans le genre de données auxquelles se sont auparavant rapportées les propositions des hypothèses. Ce genre de données ne prête guère à vérifier maintenant les nouvelles propositions sur l'action sociale et sa fonction de maintenir le cadre institutionnel de la science. Car la plupart des données sur lesquelles s'est appuyée sa première sociologie de la science, ne sont probantes que par rapport au niveau macro-sociologique. C'est en effet à ce haut niveau d'agrégat social que la question fondamentale et les analyses des années 30 se sont situées. Elles ne se déplacent guère de ce niveau d'abstraction, lors même qu'elles se rapportent à l'éthique puritaine pour expliquer une corrélation statistique entre le degré de l'intérêt aux sciences positives et le niveau technologique dans le domaine économique. On peut certes soutenir le fait constant que la première sociologie de la science de Merton est la contrepartie épistémologique de l'analyse économique de Max Weber, en ce que toutes les deux visent à trouver dans l'ascèse puritaine les motivations psychologiques de leur penchant à déployer les méthodes empiriques[23]. Cette proximité du premier Merton et de M. Weber, si indéniable qu'elle soit sur le plan des contenus, n'est plus soutenable sous le rapport des orientations différentes de leurs explications. Car, alors que M. Weber emploie dans son analyse de l'éthique protestante sa conception de l'agir social, jusqu'à s'en servir pour prendre des mesures de d'essor du capitalisme moderne, Merton n'envisage pas cette mesure, ni pour évaluer les conséquences imprévues de l'éthique puritaine[24], ni pour obtenir un critère approprié à saisir la mutation de l'agir social amenée par l'essor des sciences positives. Son approche n'envisage l'agir social qu'en fonction de son concours à l'interaction entre des sphères sociales différenciées.

Le niveau d'agrégat social où s'est située son approche sociologique de la science relève d'une question fondamentale toute différente de celle de M. Weber. Comme nous allons le voir, elle est soulevée dans le cadre d'une conception spécifique de la société dont l'interaction avec la science est au centre de l'intérêt.

2.2. Une prise de conscience du progrès de la science

Ce qui a donné lieu à poser la question fondamentale dans sa forme des années 30, c'est, comme le souligne Merton lui- même, le dessein de confronter avec des données historiques une prévision déduite d'une théorie de la mutation sociale. Selon cette théorie, qui, à l'époque, était soutenue par le sociologue américain W.F. Ogburn[25], la transformation de la société ne s'achève pas d'une manière égale dans toutes les sphères sociales issues du processus de différenciation, mais marche dans une succession particulière et d'après un rythme différent par rapport à chaque sphère singulière. Le problème qui de là s'est posé est de connaître, d'une part, la façon dont se sont formés les décalages entre les rythmes de développement propres à chaque sphère sociale et, d'autre part, le processus historique de rattrapage des sphères les plus progressées à travers des adaptations. Ce sont ces deux orientations qui délimitent l'horizon d'une problématique. Il est significatif que les recherches de Merton se rapportent aussitôt à la seconde orientation[26], aux dépens de la première qui aurait enfin conduit à saisir le «cultural lag».

Ce qui se situe au centre de l'intérêt, c'est maintenant l'interaction entre le développement des sciences positives et le développement d'ordre socio-économique. De sorte que l'intérêt principal est désormais focalisé, d'une part, sur des adaptations achevées par la science en fonction des exigences de l'essor économique[27] (et à un degré moindre de la densité sociale) et, d'autre part, sur des adaptations accomplies par des valeurs, jusqu'alors dominantes dans la même civilisation, aux nouvelles orientations suivies par les sciences[28]. Sous-jacente à ce cadre d'analyse est une conception du progrès global selon laquelle le sens du développement scientifique sera conforme aux exigences principales des autres sphères sociales en cours de plein développement et ne sera que l'expression d'un «clearly integrated development»[29].

C'est sous le rapport de cette question fondamentale que la science se situe au centre d'un réseau triangulaire des facteurs autant socio-économiques que moraux. De cette centralité de la science relève d'ailleurs que les autres relations d'interdépendance, à savoir les relations triangulaires entre le degré de différenciation sociale, les valeurs et l'essor économique, ont dû entrer en arrière-plan de l'analyse, sans pourtant être méconnues. C'est sous le même rapport que, d'autre part, se montrent à nouveau les bornes de l'approche mertonienne. Car celle-ci, si étendue que paraisse son envergure, n'aborde la gamme des interactions entre la science et son contexte social que dans le cadre de l'histoire du succès. C'est, en d'autres termes, la conception du progrès qui destine l'approche sociologique à saisir le développement intégral dans sa cohérence, et pas dans ses phases susceptibles d'engendrer des frictions entre le progrès de la science et son environnement social.

Significative de cette conception du progrès est également l'interprétation toute particulière des séries des faits assemblés pour être confrontés à l'hypothèse principale. C'est, en effet, même dans le cadre d'analyse, qui s'ensuit de la conception du progrès, qu'un souci persévère dans la lecture des données historiques. Il s'exprime dans la manière de mettre à l'épreuve la prévision selon laquelle le développement des sciences ne s'accomplira qu'en diminuant le décalage entre leur direction et le développement des autres sphères différenciées de la société globale. L'infléchissement du jugement qui en résulte est autant saillant que significatif. Car bien que Merton ait le mérite d'avoir su se servir autant des données statistiques que des sources historiques, il les emploie à l'appui de sa prévision. Un réexamen d'une telle série de démarches intellectuelles qui s'efforcent de soumettre cette prévision à des procédures de vérifications ne peut s'empêcher d'en signaler un biais par lequel les données historiques semblent coïncider avec la conception du progrès.

Cela se montre dans la série des démarches visant à établir les indicateurs suffisament probants de l'interaction entre la science et la société. Les preuves décisives consistent, d'une part, dans les indicateurs de déplacement des intérêts scientifiques et, d'autre part, dans la démonstration d'un certain rapport entre ceux-ci et l'essor économique. C'est dans l'interprétation de ces indicateurs que se traduit le souci de Merton de vérifier sa conception du progrès. Les indicateurs sont formés par lui-même surtout à l'aide des trois sources différentes : à l'aide des renseignements sur les intérêts des savants fournis par le *Dictionary of National Biography*; sur la base des articles parus dans la revue scientifique de la Royal Society; et à l'aide des chroniques des interventions techniques. La première et la deuxième série des indicateurs servent de preuves fortes dans les démarches de vérification, alors que Merton destine les indicateurs de la troisième série à contrôler les résultats obtenus, sans pourtant y parvenir d'une façon probante[30].

Les indicateurs de la première série consistent dans les pourcentages des intérêts personnels appartenant à une discipline scientifique particulière, manifestes dans l'intervalle de cinq ans, par rapport à l'ensemble des intérêts personnels des savants à la même discipline dans le laps de temps de cent ans.

Tableau 1 — Première série des indicateurs[31] : *Shifts of Initial Interests among English Elite, 1601-1700.*

	Army and Navy		Painting, Sculpture		Music		Drama		Poetry		Prose		Education		Historiography		Medicine & Surgery		Religion*		Science		Scolarship		Law		Politics	
Years	No.	%	No.	%	No.	%	No.	%	No.	%	No.	%	No.	%	No.	%	No.	%	No.	%	No.	%	No.	%	No.	%	No.	%
601-05	9	1.5	5	2.4	12	9.7	15	11.0	28	12.8	10	3.3	3	1.2	18	7.1	9	2.8	102	7.0	6	1.7	6	3.1	22	5.8	46	5.4
606-10	6	1.0	3	1.5	15	12.1	13	9.5	18	8.2	14	4.6	10	5.6	11	4.5	10	3.1	98	6.8	9	2.6	10	5.1	22	5.8	38	4.5
611-15	6	1.0	4	2.0	4	3.2	7	5.1	19	8.7	11	3.6	12	6.7	7	2.8	9	2.8	106	7.3	8	2.3	8	4.1	17	4.5	43	5.1
616-20	10	1.7	9	4.4	4	3.2	6	4.4	15	6.9	12	4.0	9	5.1	13	5.1	7	2.2	118	8.2	10	2.9	11	5.6	13	3.4	46	5.4
621-25	21	3.6	6	2.9	1	0.8	4	2.8	9	4.1	13	4.3	3	1.7	9	3.5	7	2.2	114	7.9	11	3.2	10	5.1	22	5.8	53	6.2
626-30	15	2.5	6	3.0	5	4.0	5	3.6	8	3.6	12	4.0	11	6.2	9	3.5	12	3.7	105	7.3	12	3.5	12	6.1	21	5.5	47	5.5
631-35	14	2.3	8	3.9	6	4.9	4	2.8	13	5.9	11	3.6	12	6.7	15	5.9	13	4.0	91	6.3	16	4.6	16	8.2	25	6.6	49	5.8
636-40	78	13.2	10	4.9	8	6.5	5	3.6	15	6.9	13	4.3	16	9.0	8	3.2	17	5.2	86	5.9	23	6.7	10	5.1	20	5.2	57	6.7
641-45	104	17.6	7	3.4	3	2.4	1	0.7	12	5.5	12	4.0	5	2.8	8	3.2	19	5.9	80	5.5	20	3.8	7	3.6	14	3.7	51	6.0
646-50	65	11.0	8	3.9	4	3.2	1	0.7	11	5.0	18	5.9	8	4.5	16	6.3	28	8.6	74	5.1	26	7.6	10	5.1	18	4.7	43	5.1
651-55	43	7.3	10	4.9	4	3.2	2	1.5	9	4.1	19	6.3	7	3.9	17	6.7	23	7.1	78	5.4	24	7.0	8	4.1	22	5.8	32	3.8
656-60	20	3.4	10	4.9	4	3.2	7	5.1	11	5.2	24	7.9	14	7.9	11	4.3	18	5.6	71	4.9	22	6.4	9	4.6	20	5.3	46	5.4
661-65	15	2.5	13	6.4	3	2.4	12	8.8	5	2.3	16	5.3	8	4.5	9	3.5	21	6.5	52	3.6	22	6.4	10	5.1	24	6.3	43	5.1
666-70	15	2.5	18	8.8	5	4.0	10	7.4	6	2.7	15	4.9	10	5.6	9	3.5	20	6.2	47	3.2	19	5.5	9	4.6	19	5.0	41	4.8
671-75	18	3.1	21	10.3	9	7.3	10	7.4	8	3.6	14	4.6	9	5.1	19	7.5	20	6.2	35	2.4	21	6.1	7	3.6	21	5.5	31	3.6
676-80	20	3.4	18	8.8	9	7.3	9	6.6	5	2.3	17	5.6	11	6.2	14	5.5	22	6.8	48	3.3	22	6.4	7	3.6	20	5.3	34	4.0
681-85	22	3.7	14	6.9	10	8.1	7	5.1	5	2.3	21	6.9	6	3.4	12	4.7	18	5.6	35	2.4	23	6.7	11	5.6	13	3.4	40	4.7
686-90	70	11.8	16	7.9	8	6.4	6	4.4	6	2.7	16	5.3	12	6.7	11	4.3	15	4.6	46	3.2	15	4.4	6	4.6	17	4.5	46	5.4
691-95	24	4.1	9	4.4	6	4.8	7	5.1	7	3.2	20	6.6	6	3.4	18	7.1	16	4.9	34	2.4	17	4.9	12	6.1	16	4.2	33	3.9
696-00	10	2.7	9	4.4	4	3.2	6	4.4	9	4.1	15	4.9	6	3.4	20	7.9	20	6.2	28	1.9	18	5.2	14	7.1	14	3.7	30	3.5

I.e. Clerics and Theologians.

Les indicateurs de la deuxième série consistent dans les pourcentages des sujets des articles appartenant à une discipline scientifique particulière par rapport à l'ensemble des articles parus dans l'intervalle de trois ans.

Tableau 2 — Deuxième série des indicateurs[32] : *Indices of Interest in the Several Sciences, Philosophical Transactions, 1665-1702.*

Fields of Interest	1665-67	1668-70	1671-73	1674-76	1677-78	1681-83	1684-87	1691-93	1694-96	1697-99	1700-02	Arithmetic Mean
A. Philosophy	.9	1.7	2.2	1.4	1.1	-	.4	-	-	-	-	.9
B. Formal Sciences	1.9	8.6	8.0	3.7	1.1	5.5	3.5	1.9	9.7	5.0	2.7	5.0
1. Logic and Epistemology	-	.4	-	.5	-	-	-	-	-	-	-	
2. Mathematics	1.9	8.2	8.0	3.3	1.1	5.5	3.5	1.9	9.7	5.0	2.7	
C. Physical Sciences	40.8	34.1	37.4	43.9	43.5	39.1	42.8	27.0	14.1	22.7	15.0	33.8
3. Astronomy	16.9	8.6	10.6	18.2	12.6	21.1	11.3	5.6	2.6	5.8	2.7	
4. Physics	10.3	13.8	14.3	10.3	5.7	5.5	13.2	6.5	5.3	8.8	3.4	
5. Chemistry	2.8	6.1	4.8	7.5	5.7	7.8	6.2	6.5	1.8	4.6	4.8	
6. Technology	10.8	5.6	7.7	7.9	19.5	4.7	12.1	8.4	4.4	3.5	4.1	
D. Biological Sciences	16.0	16.9	19.5	20.0	19.5	15.7	10.1	31.1	14.9	21.2	23.2	18.0
7. Biology	8.0	6.1	3.7	11.2	6.9	3.1	2.7	7.5	6.1	6.2	7.5	
8. Botany	3.3	6.5	8.8	6.5	8.0	6.3	1.9	17.1	4.4	7.7	10.9	
9. Zoology	4.7	4.3	7.0	2.3	4.6	6.3	5.5	6.5	4.4	7.2	4.8	
E. Sciences of the Earth	11.3	9.6	7.4	6.6	5.6	7.1	8.2	14.1	12.3	13.2	5.4	9.2
10. Geodesy	2.3	.9	.4	1.9	-	.8	1.2	-	-	.8	.7	
11. Geography and Oceanography	3.3	1.3	1.8	1.9	1.1	1.6	1.2	1.9	3.5	3.1	2.0	
12. Geol., Mineral. and Paleontol.	5.2	6.1	3.7	.9	3.4	4.7	3.9	10.3	5.3	3.5	.7	
13. Meterology, Climotology	.5	1.3	1.5	1.9	1.1	-	1.9	1.9	3.5	5.8	2.0	
F. Anthropological Sciences (physical)	12.2	10.4	8.5	8.4	12.6	17.2	12.9	6.6	12.3	10.8	13.6	11.1
14. Anatomy	6.1	7.4	5.9	4.2	9.2	10.9	9.4	4.7	7.0	7.3	6.1	
15. Physiology	6.1	3.0	2.6	4.2	3.4	6.3	3.5	1.9	5.3	3.5	7.5	
G. Anthropological Sciences (cultural)	-	1.3	.8	5.2	3.4	4.7	7.5	7.5	6.1	4.6	8.9	4.1
16. History and Archaeology	-	.4	.4	1.9	2.3	4.7	5.9	2.8	6.1	2.7	3.4	
17. Economics	-	-	-	3.3	-	-	-	-	-	-	-	
18. Philology	-	.9	.4	-	1.1	-	1.6	1.9	-	1.5	1.4	
19. Political Arithmetic	-	-	-	-	-	-	-	2.8	-	.4	4.1	
H. Medical Sciences	10.3	11.7	12.1	7.4	9.1	8.6	11.7	11.2	20.2	16.5	21.1	12.6
20. Pharmacy, Pharmacology	-	.4	2.9	.9	3.4	-	-	1.9	-	2.3	2.7	
21. Medicine	10.3	11.3	9.2	6.5	5.7	8.6	11.7	9.3	20.2	14.2	18.4	
I. Alia	6.6	5.2	4.4	3.7	3.4	2.3	2.7	4.7	10.5	6.2	10.2	5.3
Total	100	100	100	100	100	100	100	100	100	100	100	100

La vérification est dès lors aussi simple que problématique. Dans le but de démontrer une interaction entre la science et les exigences économiques Merton se sert de la hausse et de la baisse des pourcentages[33]. Elles s'avèrent à ses yeux suffisamment probantes autant de l'adaptation d'une sphère différenciée déterminée de la société, que du déplacement du foyer des intérèts scientifiques[34]. C'est dans la double augmentation quantitative des intérêts pour la médicine et les sciences exactes (tableau 1), que Merton voit une preuve de sa théorie du développement intégral pour la première moité du dix-septième siècle[35]. L'autre preuve principale concernant la seconde moitié du dix-septième siècle consiste dans la démonstration de la hausse des pourcentages des articles scientifiques dont les sujets entrent dans la matière des sciences exactes (tableau 2). C'est l'augmentation de telles pourcentages dans les groupes B et C qui fournit pour Merton la preuve décisive de la continuité de l'interaction jusqu'à l'intervalle entre 1684-1687[36]. Si l'on admet que ces indicateurs de déplacement des intérêts scientifiques sont fondés par une classification correcte, rangeant les sujets des articles ainsi que les intérêts personnels par leurs appartenance aux disciplines différentes, on parvient à voir que le rapprochement entre ceux-ci et les taux de croissance économique[37] suggère un rapport entre l'augmentation des sciences positives et l'essor économique. Sur la base de cette démonstration, à savoir que le degré de déplacement des intérêts scientifiques a augmenté de façon parallèle à l'accroissement de certains secteurs économiques et militaires, on peut constater que Merton réussit à étayer la première partie de son hypothèse selon laquelle le sens du développement de la science est en fonction des nouvelles exigences d'un savoir utile aux innovations techniques, notamment dans le domaine des moyens de transport et celui de l'industrie minière.

Mais il n'en est pas de même quand on prend une autre mesure tenant compte du degré de proximité entre les groupes des sciences (du tableau 2) et les exigences techniques dans les deux domaines économiques. En premier lieu, on remarque que le déplacement des intérêts scientifiques n'est conforme aux exigences techniques que dans la première moitié de l'espace de temps des années 60 du dix-septième siècle au début du siècle suivant. En effet, on trouve dans la seconde moitié de cette période une baisse des pourcentages concernant les groupes B, C et E, tandis qu'il n'y a que dans les études biologiques et celles concernant la médecine une hausse parallèle des pourcentages. Or ce n'est que à l'aide de cette tendance des études que Merton peut vérifier l'hypothèse selon laquelle il doit s'achever une interaction entre l'orientation des intérêts scientifiques vers les sciences positives et l'essor de l'économie moderne. Cela est d'autant plus étonnant que dans le cadre théorique de Merton les connaissances biologiques non pas été rangées parmi celles étant en rapport avec l'économie. Il en va de même quand on rapproche, en second lieu, les disciplines-clé de l'essor économique, dont la portée pour le développement de l'industrie minière et des moyens de transport a été ailleurs soulignée par Merton[38], et le tableau 2. Elles correspondent aux sciences du groupe E et aux deux disciplines rangées dans le groupe C comme l'astronomie et la technologie. Mais les pourcentages de celles-ci ne se prêtent pas à démontrer une augmentation de l'intérêt à leur égard dans la période entière[39].

De là vient que Merton s'efforce d'appuyer cette partie de sa démonstration à l'aide d'un inventaire des inventions techniques[40], sans pourtant tenir compte de la distinction ailleurs introduite entre la science (et son cadre institutionnel : la Royal Society) et la technologie. De sorte que l'objet de sa démonstration, à savoir l'interaction entre une institution naissante des sciences positives et l'essor économique, glisse dans le domaine des rapports entre l'accroissement des inventions techniques et le développement économique.

C'est donc sous l'influence de sa conception du progrès global que Merton parvient à telle interprétation des données historiques. Il en va de même pour l'autre partie de son analyse, à savoir l'interaction entre les sciences positives et les valeurs. Le dessein de cette analyse est de trouver dans l'éthique puritaine la preuve de l'interaction entre les valeurs dominantes d'une civilisation et les exigences cognitives des sciences positives[41]. Considérée sous cet angle, l'éthique puritaine est, à la différence du dogme théologique, une des expressions les plus nettes des valeurs propres d'une civilisation centrées sur l'utilitarisme et l'empirisme[42]. Elle est censée être la force motivatrice autant pour l'essor économique que pour l'acceptation d'une vision du monde qui dirige et renforce l'attention sur le genre des connaissances fournies par les sciences positives. Il s'agit ici, il faut le répéter, certes, d'une clé interprétative qui a été empruntée autant à M. Weber, E. Troeltsch et A. Whitehead qu'à la sociologie de la connaissance[43]. Mais elle est employée de manière différente, en fonction de la démonstration empirique de l'idée selon laquelle le développement de la civilisation moderne se déroule à mesure que le progrès de la science trouve la contrepartie morale dans les valeurs résidant dans la méme société. C'est dans ce but que Merton envisage l'activité du foyer institutionnel du rayonnement des sciences positives, la Royal Society, dont le déplacement des intérêts scientifiques vers les exigences économiques lui a paru suffisamment démontré. A ce propos, il vise à réaliser la contrepartie épistémologique de l'analyse économique de M. Weber, dans laquelle il saisit une tâche pour sa sociologie de la science[44]. Conformément à Weber, il reconnaît dans l'éthique puritaine une force motrice autant pour le travail à l'avancement des connaissances positives que pour leur méthode. Cette motivation est considérée comme la contrepartie psychologique d'une croyance hautement rationalisée au niveau d'une vision du monde. Selon cette vision, le Dieu créateur recule jusqu'au seuil de l'espace-temps que son initiative a créé et laisse le monde porter témoignage de sa Providence par la régulation interposée des lois de la nature. La connaissance des lois de la nature et l'expérimentation sont donc, dans le domaine de la science, l'expression des penchants pratiques, actifs et méthodiques du puritain. Selon cette clé interprétative, Merton s'efforce de démontrer, dans les écrits des membres de la Royal Society, que parmi le plus ardents partisans de la nouvelle science positive, il y avait des hommes qui avaient les yeux tournés vers l'autre monde et les pieds solidement campés dans celui-ci[45]. C'est dans ce sens que l'éthique puritaine est censée comporter, en outre, l'utilitarisme, en tant que revers intramondain de sa vision du monde. Ainsi constitue-t-elle la preuve décisive de l'interaction entre les valeurs morales d'une société donnée et le développement des sciences positives.

Que Merton se borne à étudier des puritains est, certes, justifiable quand il souligne, dans le cadre de ses analyses, le fait qu'à l'époque les valeurs que renferme l'éthique puritaine étaient celles propres de la classe dominante[46]. Mais, lors même qu'on accepte ses preuves historiques[47] et admet donc un degré élevé de corrélation entre ces valeurs amplement partagées par des puritains et la vitesse de développement des sciences positives, on se trouve en face d'une question épistémologique, posée d'ailleurs par Merton même quand il conclut ses démonstrations : l'éthique puritaine a-t-elle été la force motrice du travail au développement des sciences positives, ou bien a-t-elle été accueillie pour son adhésion autant aux nouvelles exigences de l'essor économique qu'aux nouveaux besoins cognitifs ?

La réponse que l'on trouve chez Merton se situe sur deux plans, selon qu'elle se rapporte au passé ou au présent. En ce qui concerne le dix-septième siècle, elle est significative de la question fondamentale. En affirmant que les formes des interactions renfermeront celles de l'affinité éléctive[48], il s'efforce bien de résoudre cette partie des données qui entrent dans l'histoire de l'incroyance et n'adhèrent pas plus à sa conception du progrès global[49]. Il en est de même pour les données historiques contrastant sa démonstration en ce qu'elles recouvrent une gamme des faits qui montrent que les formes de l'interaction sont à leurs tour susceptibles de produire des effets contrariant sa fonction de promouvoir le progrès global. C'est, en premier lieu, le rejet de la science positive par les mêmes valeurs qui l'ont soutenue, à partir du moment où les conséquences de l'emploi de la science se ramifient dans les autres sphères sociales et y provoquent par ricochet des effets aussi imprévus qu'incompatibles avec les valeurs résidant dans ces sphères. Cela est pour Merton un «paradoxe», qu'il connaît d'ailleurs à travers les études de A. de Candolle et ses renseignements sur l'hostilité initiale des théologiens calvinistes de Genève à l'égard des sciences positives[50]. Pourtant, il s'efforce de lever ce paradoxe à l'aide de sa théorie, auparavant peu développée, des «unanticipated consequences»[51]. En second lieu, il y a un autre fait, qui contraste avec son hypothèse de l'interaction entre la science et l'éthique puritaine, et dont Merton ne peut s'empêcher de tenir compte dans les mêmes termes d'un «paradoxe». Il s'étend jusqu'au seuil du dix-huitième siècle et consiste dans le renversement des rapports entre les deux, jusqu'à la défaillance des valeurs qui ont soutenu les sciences positives. Le constat de ce renversement, d'ailleurs étayé par les études de C. Bouglé[52], conduit Merton à tracer enfin le chemin de ce développement jusqu'à son aboutissement. Sous-jacent à cette brève analyse demeure la question de savoir ce que sont les valeurs propres à remplacer celles qui au dix-septième siècle ont légitimé le développement des sciences positives. Il est pour lui hors de doute que jusqu'à la fin du dix-huitième siècle le progrès effectif a bien trouvé la contrepartie morale, mais pas tant dans l'éthique puritaine, que dans une «conviction positiviste»[53]. Qu'à Merton ce remplacement n'ait pas apparu durable, cela se montre plus nettement qu'ailleurs dans sa présentation trente-deux ans après, là où il souligne à nouveau le conflit entre la science et la religion consécutif à cette conviction positiviste[54]. Et la religion puritaine, telle qu'elle lui paraît si présente dans les années 30, ne lui apparaît pas non plus propre à réitérer le chemin qu'elle a parcouru au dix-septième siècle[55].

Ainsi se manifeste d'une double façon la persistance d'une question fondamentale. D'une part, elle est renfermée dans les termes d'un cadre d'analyse en tant qu'elle le destine à saisir dans les données autant statistiques qu'historiques les preuves probantes d'une conception déterminée du progrès global. D'autre part, elle se traduit notamment dans le souci relatif aux soutiens moraux assurant dans une civilisation donnée son consentement aux sciences positives en cours d'amplifier constamment leur rayon d'action au-delà de leur propre cadre institutionnel.

Sous ces deux rapports sont toutefois ressortis deux points névralgiques qui amènent Merton à interpréter ses données en faveur de l'appui de sa conception du progrès. C'est la double défaillance des interactions entre les sciences positives et leur environnement à partir du moment où, d'une part, celles-ci s'autonomisent en se détachant des valeurs qui les ont soutenues et, où, d'autre part, les interactions se bornent à ces institutions des savants qui ne sont pas vouées aux applications immédiatement technologiques.

3. LA DÉFENSE DE LA RATIONALITÉ SCIENTIFIQUE PAR UNE SOCIOLOGIE DE LA SCIENCE

C'est sous le rapport de ces deux points névralgiques que la première sociologie de la science parvient toutefois à acquérir une perception toute particulière de tels événements qui s'écartent par degré successifs du mode de progrès jusqu'alors présupposé. Cette perception s'annonce bien avant et notamment dans la constante localisation de l'apogée de la croyance au progrès continuel de la science dans les années 80 du dix-huitième siècle[56]; mais elle reste alors fort contrebalancée aussi par la vérification du modèle de progrès que par l'idée de la science selon laquelle celle-ci sera à son tour une activité sociale centrée sur des valeurs universelles[57].

Mais, dans la mesure où la première sociologie de la science se voit défiée dans sa propre lecture de l'histoire du progrès, elle est prête, comme nous allons finalement le voir, à resoulever la question fondamentale par rapport au présent, à savoir quelles seront dès maintenant les valeurs propres à remplacer celles qui, depuis le dix-septième siècle, ont légitimé le progrès des sciences positives.

Tracer les jalons des voies par lesquelles est abordée cette question, renvoie enfin au seuil d'où débute la phase postérieure de la sociologie de la science. C'est d'ailleurs Merton lui-même qui non seulement pose cette question, mais encore propose les termes d'une solution suffisamment efficace à garantir que le décalage, maintenant en cours de se reproduire, entre le progrès effectif de la science et les valeurs sera rattrapé.

Il est évident que ce chemin qui rattache les deux phases de la sociologie est en même temps une donnée historique. Il fait donc partie d'un ample domaine de l'histoire de la science où il mériterait bien sûr une attention toute particulière[58]. Nous nous arrêtons ici toutefois à ce point de rattachement dans le but de repérer les orientations dans lesquelles se situe la question sur les bases morales des sciences positives au seuil de la seconde moité du vingtième siècle. Il s'agit principalement des trois orientations qui se présentent d'une façon nette dans les écrits de Merton entre 1942 et 1952.

La première orientation est celle qui est déjà présente dans la définition antérieure du progrès social. Ce que Merton y a envisagé comme liens entre les valeurs d'une civilisation donnée et le progrès effectif des sciences positives, c'est exactement ce qu'il trouve maintenant menacé non seulement par la prise du pouvoir des idéologies totalitaires en Europe, mais encore par leur révolte contre la rationalité, telle qu'elle lui apparaît réalisée dans les sciences modernes[59]. Il voit que ce serait déchoir du niveau de rationalité que l'Occident a atteint, si les assises morales de sa civilisation ne résistaient pas au défi lancé par «l'anti-intellectualisme»[60]. Pour Merton, le péril ne consiste pas dans le recul du rayon d'action des sciences positives, dont le progrès interne et autonome lui apparaît tout à fait inévitable et même marcher en fonction du dessein des régimes totalitaires. Par contre, la menace consiste dans le double fait que la révolte contre la rationalité donne l'assaut à l'autonomie de la science et que celle-ci s'est montrée incapable de se prémunir contre de tels «assauts»[61]. C'est de ce défi que relève la reprise de la réflexion sur les appuis moraux de la science en tant que partie intégrale de la civilisation occidentale. De cela témoigne en outre la conclusion à laquelle parvient Merton après avoir constaté le contraste entre l'installation politique de l'emploi technologique des sciences positives et la révolte contre leur rationalité : «Une institution attaquée», écrit-il au 1942, «doit réexaminer ses fondements et reformuler ses buts...»[62] C'est ce souci qui prédispose la première sociologie de la science de Merton à suivre une orientation qui la conduit vers la deuxième moitié du vingtième siècle dans la forme d'une prise de conscience des valeurs propres du progrès de la science.

La deuxième orientation relève de la façon dont cette prise de conscience s'efforce d'établir l'assise morale de la science. Le point de départ est renfermé dans l'idée-clé selon laquelle les valeurs résidant dans l'environnement social seront les seules à devenir capables de soutenir amplement aussi les procédés d'accumulation des connaissances scientifiques que l'emploi technologique de la science. De là vient que la méthode expérimentale est caractérisée non seulement par les connaissances intersubjectivement valables qu'elle fournit et les procédures qu'elle emploie, mais encore par les valeurs morales résidant dans les interactions autant sociales qu'intellectuelles qu'elle présuppose. Le fil conducteur est fourni par l'idée, d'ailleurs amplement déployée et propagée par le pragmatisme populaire, selon laquelle existera une relation intrinsèque entre les procédures scientifiques, technologiques et les opérations de la morale[63]. Ce n'est donc pas par hasard que Merton accueille et ensuite relance le message de J. Dewey[64]; sa promesse de refonder la démocratie sur les mêmes assises morales que les sciences positives est toute marquée du sceau d'un messianisme américain[65], et n'est que la contrepartie philosophique et pédagogique de la préoccupation de Merton. Ainsi s'explique-t-il les quatres valeurs fondamentales censées par Merton résider autant dans la démocratie libérale que dans l'ensemble des procédés cognitifs des sciences positives.

Il est maintenant évident que ce sont les deux orientations qui déterminent la trajectoire conduisant l'approche mertonienne au seuil au-delà duquel elle commence à s'avérer américaine. Dans une telle forme, elle transmet la croyance à l'interdépendence entre le progrès des sciences positives et le développement de la démocratie libérale, jusqu'à la traduire même dans le programme de recherche, tel qu'il sera soutenu et réalisé par l'école mertonnienne des années 50.

La mise au point de la réalisation de ce programme relève enfin d'une troisième orientation. Elle consiste dans le dessein de concevoir et de soumettre à l'épreuve empirique l'activité scientifique comme institution sociale structurée selon les valeurs propres de la démocratie libérale. C'est à ce point que non seulement le foyer de l'intérêt de la sociologie de la science, mais encore la méthode adoptée par celle-ci pour mettre à l'épreuve sa thèse principale comportent la même prise de parti pour le progrès de la science et son contexte démocratique qu'auparavant.

Bibliographie

Barber, B. (1952), *Science and the Social Order*, Westport, Connecticut.

Barnes, S.B., Dolby, G.A. (1972), Das wissenschaftliche Ethos : Ein abweichender Standpunkt, in P. Weingart (éd.), *Wissenschaftssoziologie I. Wissenschaftliche Entwicklung als sozialer Prozeß*, Frankfurt a.M., p. 11-42.

Gusdorf, G. (1969), *La révolution galiléenne*, t. 1, Paris.

Feuer, L.S. (1963), *The Scientific Intellectual*, New York.

Hill, Ch. (1964), Puritanism, Capitalism, and the Scientific Revolution, *Past and Present*, 29, 1964, p. 88-97.

Hull, A.R. (1963), Merton Revisited or Science and Society in the Seventeenth Century, *History of Science. An Annual Review of Literature, Research and Teaching*, 2, 1963, p. 1-16.

Kearney, H.F. (1971), Puritanism and Science. Problems of Definition, *Past and Present*, 31, 1965, p. 105-110.

Krüger, L. (1972), Philosophische Aspekte der Wissenschaftsforschung, in N. Stehr, R. König (éd.), *Wissenschaftssoziologie. Studien und Materialien*, Opladen, p. 515-525.

Kuhn, Th.S. (1968), The History of Science, in D.L. Sills (éd.), *The International Encyclopedia of the Social Sciences*, t. 14, New York, p. 74-83.

Kuhn, Th.S. (1977), Die Entstehung des Neuen. Studien zur Struktur der Wissenschaftsgeschichte. Hrsg. von L. Krüger. Frankfurt a.M.

Kuhn, Th.S. (1988), Die Struktur der wissenschaftlichen Revolutionen. Zweite revidierte und um das Postskriptum ergänzte Auflage. Frankfurt a.M.

Lécuyer, B.-P. (1968), Histoire et sociologie de la recherche sociale empirique : problèmes de théorie et de méthode, *Epistémologie sociologique*, 6, 1968, p. 119-131.

Merton, R.K. (1936), The Unanticipated Consequences of Purposive Social Action, *American Sociological Review*, 1, 1936, p. 894-904.

Merton, R.K. (1937a), Some Economic Factors in Seventeenth Century English Science, *Scientia* (rivista di scienza), 62, 1937, p. 142-152.

Merton, R.K. (1937b), Science, Population and Society, *Scientific Monthly*, 44, 1937, p. 165-171.

Merton, R.K. (1942), A Note on Science and Democracy, *Journal of Legal and Political Sociology*, 1, 1942, p. 115-126.

Merton, R.K. (1949), Technical and Moral Dimension of Policy Research, in R.K. Merton, *The Sociology of Science*, edited with an introduction by N.W. Storer, Chicago, London, 1974, p. 70-98.

Merton, R.K. (1952), Foreword, in B. Barber, *Science and the Social Order*, Westport, Connecticut, p. xi-xii.

Merton, R.K. (1967), On Theoretical Sociology. Five Essays, Old and New, New York, London.

Merton, R.K. (1978), Science, Technology and Society in Seventeenth Century England (1970). Reprinted in 1978. New Jersey, Sussex.

Moscovici, S. (1966), L'histoire des sciences et la science des historiens, *Archives Européennes de Sociologie*, 7, 1966, p. 116-126.

Needham, J., Stone, L. (1971), Prosopography, *Daedalus*, 100, 1971, p. 46-79.

Nelson, B. (1973), Review Essay. Science, Technology and Society in Seventeenth-Century England by Robert K. Merton, *American Journal of Sociology*, 78, 1972-1973, p. 223-231.

Parsons, T. (éd.)(1968), American Sociology. Perspectives, Problems, Methods, New York, London.

Plé, B. (1990), Wissenschaft und säkulare Mission. « Amerikanische » Sozialwissenschaft im Sendungsbewußtsein der USA und im geistigen Aufbau der Bundesrepublik Deutschland. Stuttgart.

Rabb, Th.K. (1965), Religion and the Rise of Modern Science, *Past and Present*, 31, 1965, p. 111-126.

Statera, G. (1967), La sociologia della scienza di Robert K. Merton, *La critica sociologica*, 3, 1964, p. 19-33.

Stehr, N. (1985), Robert K. Mertons Wissenschaftssoziologie, in Robert K. Merton, *Entwicklung und Wandel von Forschungsinteressen*, Mit einer Einleitung von N. Stehr, Frankfurt a.M., p. 7-30.

Stolt, L.F. (1968), Puritanism, Capitalism, Democracy and the New Science, *American Historical Review*, 73, 1968, p. 18-29.

Storer, N.W. (1968), The Sociology of Science, in T. Parsons (éd.), *American Sociology. Perspectives, Problems, Methods*, New York, London, p. 199-212.

Storer, N.W. (1972), Kritische Aspekte der sozialen Struktur der Wissenschaft, in P. Weingart (éd.), *Wissenschaftssoziologie I. Wissenschaftliche Entwicklung als sozialer Prozeß*, Frankfurt a.M., p. 11-42.

Tenbruck, F.H. (1975), Der Fortschritt der Wissenschaft als Trivialisierungsprozeß, in N. Stehr, R. König (éd.), *Wissenschaftssoziologie* (Sonderheft 18 der Kölner Zeitschrift für Soziologie und Sozialpsychologie), Opladen, p. 19-47.

Tenbruck, F.H. (1984), Die unbewältigten Sozialwissenschaften oder die Abschaffung des Menschen. Graz, Wien, Köln.

Weingart, P. (1972), Wissenschaftsforschung und wissenschaftssoziologische Analyse, in P. Weingart (éd.), *Wissenschaftssoziologie I. Wissenschaftliche Entwicklung als sozialer Prozeß*, Frankfurt a.M., p. 11-42.

Whitley, R.D. (1972), Black Boxism and the Major Developments in the Field, in P. Halmos, M. Albrow (éd.), *The Sociology of Science*, Keele, Staffordshire, p. 61-92.

NOTES

[1] Weingart (1972, p. 29); Whitley (1972, p. 69); Moscovici (1966, p. 121); Stehr (1985, p. 15); Krüger (1972).
[2] Lécuyer (1968, p. 122, 128, 130); Hall (1963, p. 1, 14); Nelson (1973, p. 227); Storer (1972, p. 86); Weingart (1972, p. 30); Barnes (1972, p. 264 et suiv.); Tenbruck (1975, p. 45-46).
[3] Kuhn (1977, p. 219).
[4] Kuhn (1988, p. 13).
[5] Merton (1967, p. 13).
[6] Kuhn (1988, p. 20, 65, 104).
[7] Merton (1978, p. vii et suiv.); Hull (1963, p. 10, 13); Kuhn (1968); Moscovici (1966, p. 121).
[8] Stehr (1985, p. 16); Hull (1963, p. 1-2).
[9] Voir sur cette modification, Nelson (1973, p. 231); Storer (1968, p. 203).
[10] Sur ce point, voir la première tentative de Barber (1952) et la présentation des écoles américaines par Parsons (1968); sur le souci de T. Parsons d'élever la sociologie américaine au guide intellectuel à échelon mondial, voir Plé (1990) et Tenbruck (1984).
[11] Storer (1968, p. 201-202).
[12] Voir sur ce point l'analyse critique de Weingart (1972, p. 29).
[13] Voir la critique lucide de Whitley (1972) et les fines remarques sur la conception puritaine de l'homme de science sous-jacent à son fonctionnalisme de Moscovici (1966, p. 122).
[14] Storer (1972, p. 86, 87).
[15] Barber (1952, p. 66, 60, 63).
[16] Voir sur la première ébauche du 1948, Merton (1967).
[17] Merton (1978, p. 224).
[18] Voir sur cette perception progressive d'abord Merton (1937a, p. 151), ensuite Merton (1937b, p. 167, 170).
[19] Merton (1978, p. 208-209, 236).
[20] Merton (1978, p. 209).
[21] Merton (1978, p. 236, 225, 208-209, 3).
[22] Voir sur ce point sa ci-dessus citée préface du 1970 : Merton (1978); voir aussi Merton (1952, p. xv-xvi).
[23] Gusdorf (1969, p. 43).
[24] Voir sur la faute de ce point de vue également Merton (1936).
[25] Storer (1968, p. 201); Merton (1978, p. 77).
[26] Merton (1978, p. 3).
[27] Sur le présupposé selon lequel les exigences économiques préexistent à la détermination de l'objet de recherche voir Merton (1978, p. 137, 142, note 24).
[28] Merton (1978, p. 56).
[29] Merton (1978, p. 31).
[30] Merton (1978, p. 42).
[31] Merton (1978, p. 47).
[32] Merton (1978, p. 32).
[33] Il faut pourtant remarquer que Merton se réserve le rapprochement entre les deux ordres de données au chapitre où il traite de l'essor économique; sur ce point, voir Merton (1978, p. 206).
[34] Merton (1978, p. 6, 7).

[35] Merton (1978, p. 24-25).
[36] Merton (1978, p. 50-51).
[37] Merton (1978, p. 139-143).
[38] Merton (1978, p. 139-144).
[39]

Tableau 3 — L'indicateur du degré des intérêts aux disciplines-clé indiquées par Merton (calculé sur la base du tableau 2).

intervalle	groupe des sciences
	(C.3 + C.6 + E)
1665-1667	39,0 %
1668-1670	23,8 %
1671-1673	25,7 %
1674-1676	32,7 %
1677-1678	37,7 %
1681-1683	32,9 %
1684-1687	31,6 %
1691-1693	28,1 %
1694-1696	19,3 %
1697-1699	22,5 %
1700-1702	12,2 %

[40] Voir sur ces preuves apportées pour suppléer à la démonstration d'interaction entre la science et l'économie : Merton (1978, p. 143-144).
[41] Merton (1978, p. 56).
[42] Merton (1978, p. 104).
[43] Sur ce point, voir les références à M. Scheler : Merton (1978, p. 79); voir aussi Merton (1978, p. 81, 82, 104).
[44] Merton (1978, p. 59).
[45] Voir sa conclusion : Merton (1978, p. 233 et 231).
[46] Sur ce point, voir le chapitre 5 dans Merton (1978).
[47] Voir surtout les critiques de Feuer (1963), Hill (1964), Rabb (1965), H.F. Kearney (1965).
[48] Merton (1978, p. 79, 81).
[49] Sur cet aspect, voir surtout Tenbruck (1975, p. 45-46); Stolt (1968, p. 28-29).
[50] Merton (1978, p. 101-102).
[51] Merton (1936).
[52] Merton (1978, p. 97).
[53] Merton (1978, p. 234).
[54] Voir dans sa préface : Merton (1978, p. xvi).
[55] Voir dans sa préface : Merton (1978, p. vxi).
[56] Merton (1978, p. 234).
[57] Sur cette conception, voir Merton (1978, p. 225).
[58] Sur le contexte politique et culturel où se situe la trajectoire de la sociologie de Merton voir les chapitre 3 et 4 de Plé (1990).
[59] Merton (1942, p. 115).
[60] Merton (1942, p. 116).
[61] Merton (1942, p. 116).
[62] Merton (1942, p. 115).
[63] Merton (1942, p. 118).
[64] Merton (1949, p. 87-88).
[65] Sur cette sorte de messianisme américain, voir Plé (1990).

6.
Science et société en recherche médicale : un nouveau produit

L. Bibard
Groupe ESSEC

INTRODUCTION

La sociologie des sciences : un nouveau Janus ?

La sociologie des sciences s'est trouvée, depuis toujours, prise entre deux feux, celui du «réalisme» naïf, impliquant de se référer finalement à une objectivité inaccessible mais toujours ultime visée de la (des) science(s), et celui du relativisme contemporain, impliquant qu'il n'existe aucune référence «objective» possible aux contenus scientifiques — partant, que ces derniers sont toujours fondamentalement *et exclusivement* conventionnels.

Chacun de ces pôles définit à sa façon une position dont les orientations sont nécessaires au progrès de la discipline, mais limitent également ce progrès. Le premier s'inscrit *in fine* dans une perspective «épistémologique», qui débouche sur l'étude systématique des conditions «objectives» et formelles de l'énonciation de propositions à caractère «scientifique» — i.e. universelles affirmatives, générales, induites, réfutables[1], etc. De tels développements éclaircissent les conditions formelles des raisonnements et opérations scientifiques : ils n'inscrivent pas de tels développements dans la totalité du travail concret et incertain qui s'exécute dans les laboratoires scientifiques. Il «oublie» en somme l'*existence* des sciences. Le deuxième pôle a le mérite de mettre en lumière quelques conditions empiriques et caractères spécifiques de la (des) science(s), en découvrant les comportements des chercheurs et savants de tout poil[2], et en permettant finalement aux sociologues de prendre conscience du caractère incertain du travail des savants quand la recherche est en train de se faire. Cependant, on ne sait pas alors comment viennent à se définir certains «contenus» scientifiques : c'est l'«essence» de la (des) science(s) qui, cette fois, se trouve mise à mal, parce qu'au fond oubliée ou réduite à des conditions d'émergence qui lui restent intrinsèquement extérieures. On voit cependant émerger, depuis les années soixante-dix, une tentative de ressaisissement des deux pôles — c'est-à-dire finalement de restitution corrélative de l'«existence» et de l'«essence» des sciences. On doit principalement compter, dans ces tentatives, les travaux de Kuhn et de Bloor.

Si le premier finit cependant par proposer un schéma de l'évolution des sciences qui laisse ininterrogé ce qu'il thématise précisément — i.e. le *passage* même d'un «paradigme» scientifique à un autre[3], le deuxième, avec son «Programme» fort qui implique de traiter l'«erreur» scientifique avec les mêmes outils et méthodes que la «vérité», finit de son côté par subordonner les «contenus» scientifiques à un principe explicatif dont on ne sait, lui, d'où il provient[4]. Pour résoudre ces deux difficultés tout en tentant la gageure de traiter les sciences sans laisser de côté quelque pôle que ce soit — i.e. d'éviter l'éternelle alternative entre «réalisme» et «relativisme» —, nous avons respectivement proposé de privilégier méthodologiquement une démarche strictement *empirique* dans un premier temps[5], et par ailleurs, l'extension du concept de *symétrie* proposé par Bloor, à l'examen de son propre principe explicatif, la «société». Cette double démarche permet de mettre en lumière en quoi contenus scientifiques et «contextes» sociaux se construisent *en même temps*, c'est-à-dire comment les «théories» (ou «contenus») scientifiques ne s'établissent et se stabilisent que lorsque se définissent et stabilisent les «collectifs» qui en garantissent la circulation «sociale» (i.e. les «contextes»)[6]. Ces constats ont pour conséquence de définir la science (qui prétend *empiriquement* à *l'universalité*) comme *ce qui doit pouvoir se déplacer, sans se transformer* — soit, finalement, comme un «mobile immuable»[7]. Cependant, cette définition de la science ne permet pas de voir directement comment les «contenus» scientifiques deviennent précisément «stables». Nous proposons ci-dessous l'étude d'une innovation technique qui se fait en fonction de la «réalisation» d'un concept scientifique portant sur un médicament destiné à soigner le cancer. Nous montrons comment, à travers un dispositif empirique (i.e. imprévisible et construit *ad hoc* par nos interlocuteurs au fil des ans, en fonction des circonstances) d'accusations (au sens étymologique de «mises en *cause*») à la fois «objectives» et «subjectives», se définissent progressivement responsabilités morales et «scientifiques». De tels dispositifs d'«accusation» n'en restent pas à l'expression particulière et individuelle : ils se prolongent en dispositifs collectifs de responsabilisation, qu'il s'agisse d'imputer l'échec d'une expérience à des choses (ici, des molécules, des cellules du foie, etc.), à des hommes, ou enfin à des principes théoriques (portant ici tant sur les concepts de l'organisation du travail que sur certains concepts de la biologie). Ces dispositifs collectifs de responsabilisation définissent progressivement des «trames» matérielles, institutionnelles, théoriques, scientifiques ou techniques, psychologiques ou organisationnelles — somme toutes, humaines ou non humaines —, qui *expriment* en le «réalisant», le projet «scientifique» ou technique, ou en impliquant, comme ici, *in fine* et d'un *certain* point de vue, l'abandon. Ils contribuent ainsi à définir progressivement un «jugement» qui dépasse la seule «objectivité» ou la seule «subjectivité» d'un projet scientifique ou technique — ou bien encore, comme ici, commercial. De tels «jugements» consistent finalement dans le résultat du projet, dans sa stabilisation ou son retrait et abandon. Finalement, le sociologue attentif à de tels phénomènes se trouve devant une «science» singulière, ni strictement «objective», ni strictement «conventionnelle», dépassant *d'elle-même* une alternative théorique qui ne doit qu'à l'abstraction de représentations unilatérales de ne pas s'oublier pour s'intéresser *in concreto* à l'évolution et au développement *commun* des sciences (i.e. des «contenus» scientifiques) et de la société (i.e. des «contextes» de la (des) science(s)).

Nous proposons donc un examen sommaire d'un projet d'innovation technique qui, à partir du concept scientifique d'un médicament, a donné lieu à certains aménagements organisationnels, théoriques et psychologiques — donc, finalement «sociaux», qui ont fini par faire qualifier l'ensemble de ces travaux d'«échec» par certains de ses acteurs. Cet «échec» se définit autant au plan «social» des relations entre les hommes qu'au plan «scientifique» de la théorie portant sur les choses.

Plaidoyer pour l'unité : un nouveau médicament

Il s'agit d'un projet d'innovation dans le domaine des anticorps monoclonaux. Il s'agit de l'étude d'un produit pharmaceutique destiné à devenir un médicament capable de soigner le cancer. Sa composition est dans son principe la suivante. Il est constitué de deux éléments chimiques, le premier étant une molécule toxique (mortelle pour les cellules qu'elle investit), le deuxième étant un anticorps, censé guider la molécule strictement dans les cellules cancéreuses de l'organisme.

Pour que ce principe (ou «concept», d'après nos interlocuteurs) soit réalisé, il faut au moins que la molécule toxique soit solidement attachée à son «guide» (afin de ne pas aller «infecter» n'importe quelle cellule de l'organisme auquel elle est injectée), et que le guide en provoque de façon certaine l'«internalisation» dans les cellules qu'il identifie. Il faut en outre que la molécule, une fois internalisée dans les cellules-cibles, détruise effectivement ces dernières...

Nous montrons dans cette étude comment, à partir des difficultés de la recherche, des processus d'accusations entre les parties prenantes du projet ont abouti à des théories et des changements organisationnels, comme à certains acquis théoriques en biotechnologie.

Les interlocuteurs que nous avons rencontrés ont désigné, de façon unanime, un *responsable* du projet, une personne qui, à strictement parler, a répondu de lui de bout en bout : le Docteur J. Nous commençons donc par son histoire.

A. *Invention d'un médicament : de la tradition au concept*

En 1975, O, chercheur norvégien, a l'idée d'utiliser une partie de la graine de ricin pour en faire un médicament. Il est seul à l'époque à déclencher des travaux autour d'une telle recherche. Dans un premier temps, la ricine, qui est la protéine la plus toxique que l'on trouve dans la graine de ricin, trouve donc en lui un représentant privilégié et unique.

Or, les premiers travaux montrent que, d'entre toutes les protéines toxiques du ricin, la ricine a les avantages de se prêter facilement aux opérations d'isolement. «Réduire» le ricin à la seule ricine est facile grâce à sa quantité relativement importante dans la graine et à la facilité d'extraction qu'elle présente. O parvient donc à transformer une affirmation non scientifique («le ricin tue le bétail») en une proposition de nature scientifique («il doit être possible d'utiliser la ricine pour détruire des cellules spécifiques du cancer»). Et c'est sur la base de ces travaux d'O que J va travailler, mais à partir de leur interprétation par un autre chercheur, «déclencheur» du processus d'«industrialisation» de l'idée «IT». Il faut désormais donner à cette idée une expression matérielle réelle et efficace.

«Matérialiser» l'idée, qui consiste à *affiner* l'activité de la ricine, revient à *faire travailler réellement la ricine*, en lui faisant faire ce qu'elle ne fait pas d'elle-même : s'orienter spécifiquement sur certaines cellules-cibles d'un organisme. Mais M a échoué. La *spécificité* obtenue sur ses protéines par M est jugée négligeable par rapport à ce qui sera obtenu plus tard. Le produit n'est pas encore couplé avec du suffisamment «connu», c'est-à-dire montré, *amené au jour*, par une différenciation matérielle spécifique.

J pense ainsi que jusqu'à lui, il n'y avait pas de réalisation expérimentale satisfaisante, ni sur le plan de la réalisation des expériences, ni sur celui de l'évaluation des résultats. Il prend l'initiative de séparer les deux chaînes de la ricine, mais sans les conserver ensemble, contrairement à ce qu'avait fait avant lui M.

Les travaux antérieurs réalisés par O et M mettent donc J sur la voie. Mais c'est parce que M a fait des erreurs d'expérimentation que J en fera moins. Comme M a perdu du temps sur la protéine diphtérique, J n'en perdra pas. Comme M a maintenu ensemble les deux branches de la protéine de ricine, J pensera qu'il faut les séparer pour différencier leurs activités. L'invention est le fait de J-réagissant-*contre*-M-qui-avait-travaillé-sur l'idée de départ de O-lui-même-détournant-une-tradition-pour-la-reformuler. Et si l'on peut dire que M a fait des erreurs en voulant appliquer les principes de O, c'est en fait J qui les nomme, les qualifie, les définit, les cristallise, pour mieux s'y opposer. Ainsi, les erreurs de M ne se constitue pas dès M, et M ne peut pas les évaluer avant qu'on vienne la fabriquer à sa place. De ce point de vue, c'est J qui fait ses erreurs et non M lui-même.

Cet enchaînement d'essais et d'erreurs qui provoque la définition des compétences et des incompétences des chercheurs fait entièrement partie du processus d'invention et d'innovation que nous décrivons. Cet enchaînement indique dès maintenant combien l'activité scientifique engage des processus d'accusations multiples entre chercheurs autour de leurs découvertes.

En outre, au fur et à mesure que se construisent les compétences des chercheurs les unes par rapport aux autres se détermine le produit «IT» dont nous considérons la naissance. Après bien des recherches (émissions d'hypothèses, manipulations expérimentales, évaluations des résultats, etc.)[8], le principe de la séparation permet d'obtenir la partie active souhaitée.

Dans un premier temps donc, les éléments qui composent la protéine toxique du ricin sont séparés et isolés des structures qui permettent l'expression de leur toxicité. Il faut ensuite parvenir à coupler ces éléments (en l'occurrence la chaîne A de la protéine) avec les anticorps capables de l'orienter vers les cellules à viser. L'opération consiste à traduire en des termes *identiques* la relation des molécules formant le pont d'attache entre les deux branches pour fixer l'ac. Pour opérer le couplage de l'ac avec la chaîne A, il faut pouvoir re-composer ce qui a été dé-composé une première fois[9]. La re-composition n'est pas l'opération inverse simple de la dé-composition, et la *monstration* ne permet pas *d'emblée* une manipulation *efficace* des produits obtenus. La re-composition du pont dysfulre qui juque-là, de façon bien connue, maintient ensemble les deux parties de la protéine, demande un véritable travail de mise au point technique.

B. Industrialisation de la recherche

Il s'agit, jusqu'à cette date, de *mettre au jour* l'«immuno-toxine». D'en établir l'existence et de lui donner un nom. Elle est le projet d'innovation lui-même — résultat objectivé de processus divers de mobilisation de la matière pour lui donner la forme de l'idée que J en a à la suite des travaux de O et M. Il s'agit là de tout un travail *d'intéressement* au sens de Callon[10] pour simplement *constituer* le «médicament» futur. Mais pour parvenir à «intéresser» la protéine toxique de la graine de ricin et l'anticorps, il faut intéresser de la même façon tout un collectif capable de fournir les conditions de la réalisation du projet. Or J réussit à se donner les moyens de développer effectivement son idée : il obtient de l'argent, un laboratoire et du personnel. Embauché chez X, il obtient en effet l'autorisation de travailler sur son projet. Dès lors, le projet «IT» engage progressivement des éléments de tous les horizons; d'idée «strictement» scientifique, il devient un travail collectif de nature technique, économique, financière..., tout cela lui étant fourni par un industriel qui prend le risque de se lancer dans cette aventure. L'invention devient ainsi le fait indirect d'un industriel qui se fait une idée très précise de l'évolution de la pharmacologie mondiale. Ainsi, le développement de l'invention scientifique ne serait pas réalisable sans un processus d'innovation économique qui commence par la collectivisation de la responsabilisation.

Préparation séparée des composants

J dispose donc de tous les moyens nécessaires à son progrès. Il se diffracte en partenaires, en appareils techniques (dont nous examinons certains un peu plus bas), en moyens financiers octroyés par la Direction du Groupe. *Or, la structure de la recherche prend dès cette étape la forme de l'objet recherche.*

Une IT est en principe le résultat *couplé* d'une toxine et d'un anticorps capable de la guider dans l'organisme pour lui faire détruire *certains* éléments. Or, le laboratoire de J (travaillant spécifiquement sur l'immunologie) dans un premier temps s'associe seulement avec le laboratoire de biochimie du Groupe, mais il finira par les diriger *tous les deux* à un moment où le produit sera de son côté suffisamment avancé pour évoluer *en tant* que produit intégré. La structure duale relative à la *juxta*-position toxine/ac deviendra une structure organisationnelle *unique* relative au produit *unique* «IT». Tout de même que le produit doit dans un premier temps être constitué, chacun des laboratoires qui «représentent» respectivement la «chaîne A» et la «chaîne B» de l'IT doit progressivement *routiniser* son activité de production[11]. Chaque équipe doit se donner les moyens de *reproduire indéfiniment* la partie du produit dont elle a la charge sans trahir sa fonction ni sa forme. Et si des changements interviennent quand la production change de taille, ils ne doivent pas affecter le produit, mais plutôt les instruments de production. Enfin, les deux laboratoires doivent être capables de travailler ensemble pour joindre ce qu'ils ont d'abord produit séparément. Le produit «toxine/ac» avait donc, dans les échanges entre les deux laboratoires, une expression organisationnelle précise.

Sans s'arrêter à une relation simple d'homéomorphisme entre structures organisationnelles et contenus scientifiques de la recherche, ce travail montre plus strictement comment organisation de la recherche et définition progressive des contenus scientifiques sont liés dans la réalité empirique — et donc inséparables pour la théorie.

Un premier franc succès

L'isolement de l'IT implique donc deux laboratoires, aux tâches divisées en fonction des éléments techniques qui conditionnent la matérialisation du concept de l'IT. Une deuxième étape décisive va être réalisée : il faut, une fois l'IT «composée», la mettre à l'épreuve, expérimenter son efficacité. L'enjeu est de traduire matériellement l'hypothèse conceptuelle faite jusque-là. Il s'agit de *faire exprimer par les objets eux-mêmes* l'idée issue du réseau scientifique O/M/J, préalablement devenu le réseau scientifico-économique O/M/J/Groupe X. La question est cruciale, car elle doit permettre de décider la continuation des travaux de recherche ou leur arrêt définitif — *au moins à un niveau industriel.*

Dans un premier temps, les objets sont sérieusement *soutenus* par les chercheurs en vue de convaincre les autres acteurs concernés, les décideurs organisationnels du Groupe. Deux types de cellules significativement différentes sont artificiellement préparés pour mener à bien la première expérience. Des cellules marquées au DNP qui provoquent donc la sécrétion — entre autres — d'anticorps dirigés contre le DNP, et des cellules non marquées. Une fois les deux types de cellules disponibles, elles sont injectées à un animal qui va réagir contre elles (puisqu'elles lui sont *étrangères*), c'est-à-dire produire ainsi des anticorps destinés à les détruire. Du sang est prélevé qui contient toutes sortes d'anticorps[12]. Il reste à séparer les anticorps dirigés contre le DNP qui sont en bonne quantité dans le sérum du sang, à les adjoindre à des protéines de ricine et à faire agir l'IT. L'expérience s'est soldée par un net succès qui a permis la continuation des travaux (leur financement par le Groupe, où il a été en outre décidé de prendre un brevet et de l'élargir au niveau international l'année suivante)[13].

Voici donc posées les conditions du développement des recherches. L'IT est devenu un projet officiellement soutenu par le Groupe, ayant donné lieu à un brevet sur le produit à sortir. La description des états futurs de l'objet permet de suivre les dédales des travaux qui ont eu cours à partir de cette époque.

C. Démentir le démenti

La première mise à l'épreuve *in vivo* de l'IT est lancée en 1980. Apparaît en effet sur le marché le premier anticorps monoclonal dirigé contre des cellules tumorales de souris. C'est le premier pas vers l'idée d'une activité anticancéreuse de l'IT. Le Groupe réussit une expérience de destruction d'une tumeur par IT, après couplage de la chaîne A et de l'anticorps monoclonal évoqué.

Mais la force probante de l'expérience, malgré sa force de séduction, n'est pas importante. L'expérience était séduisante parce qu'elle faisait espérer une activité *in vivo* des IT démontrée et effective. *Mais la partie de la souris qui avait été choisie pour y provoquer la naissance d'une tumeur et évaluer l'effet de l'IT présentait les mêmes caractéristiques qu'une éprouvette.* La traduction des expériences objectives *in vitro* à l'*in vivo*, mais à *cette forme* d'expérience *in vivo*, rendait relativement insignifiants les résultats. Rendant *redondante* l'expérience par rapport aux expériences précédentes, cette insignifiance *impliquait que la traduction véritable au vivant n'avait finalement pas encore été tentée*[14].

Après le constat de ces difficultés commence un long travail d'identification des difficultés et de tentatives de les résoudre.

Mais poser le bon problème ne coule d'ailleurs pas de source. Et la problématisation de l'échec de l'expérience consiste dans la tentative de rendre raison du fonctionnement de l'IT une fois parvenue aux frontières de la cellule.

Puisque rien n'est encore connu de sa dynamique, l'explication hypothétique «déplie» ce qui semble se produire entre les différentes parties d'une cellule attaquée et l'IT censée la détruire. Mais l'«explication» en quoi consiste l'hypothèse n'a qu'un rôle heuristique : elle permet d'orienter les travaux de recherche dans une certaine direction, sans pour autant que l'équipe sache si cette direction de travail choisie sera effectivement fructueuse. C'est toute la série de telles tentatives que nous allons décrire maintenant, pour en venir aux conséquences qu'en ont tirées les acteurs du projet.

Pour la réussite des expériences in vivo

Les chercheurs travaillent donc à repérer le problème qu'ils doivent poser pour résoudre la question de l'activité de l'IT dans l'organisme. Or la construction de la «cause» de l'«échec» de l'expérimentation est finalement une imputation de responsabilité : les responsables de la non-activité de l'IT sont les lysosomes des cellules, car l'IT rentre dans ces dernières, *et ce n'est qu'au niveau du cytoplasme que se pose le problème*[15]. L'ensemble des chercheurs consacrés à résoudre la question impliquée par les mauvais résultats de l'activité *in vivo* de l'IT va désormais s'orienter dans la direction indiquée par les premières hypothèses.

Alors qu'il travaillait à déréguler le système lysosomial réputé responsable de la dégradation des molécules toxiques des IT au sein des cellules, C est envoyé aux États-Unis pour une mission complètement indépendante de ses travaux courants. Là, il rencontre pour des raisons circonstancielles un ami chercheur qui l'oriente vers une explication possible de la faible activité des IT *in vivo* :

> Mon collègue qui travaillait sur les mécanismes d'endocytoses étudiait en particulier les aspects d'internalisation de la transférine, une enzyme qui transporte le fer, indispensable à la reproduction des cellules. Ses travaux semblaient indiquer que la transglutaminase était impliquée dans le processus et qu'elle inhibait l'internalisation de la transférine. Il a décrit des inhibiteurs spécifiques des activités de cette enzyme qui n'étaient autres que des molécules comme la procaïne et le chlorure d'ammonium. **C**

Dès son retour en France, C tente l'expérience, en ajoutant du chlorure d'ammonium aux solutions précédentes : l'activité de l'IT est en effet augmentée[16]. Après s'être assuré que le chlorure d'ammonium, une fois ajouté aux solutions déjà connues, n'altérait pas la spécificité des IT, on pouvait aller plus loin. Le chlorure d'ammonium présente en effet l'inconvénient d'une très faible activation en regard des quantités à injecter. Le problème devenait donc de trouver des éléments *plus actifs* que l'«activateur» découvert jusque là. C à l'idée d'utiliser des molécules ionophores qui ont des propriétés de sélectivité «ahurissantes». Malgré la justesse de l'idée, les expériences se montrent peu fructueuses. Pourtant, l'idée de déléguer à des molécules ionophores de certains éléments chimiques le soin de *transporter l'effet* d'activation au sein des cellules va être poursuivie et partiellement développée. Mais les tentatives d'activation de l'IT *in vivo* n'aboutiront finalement pas jusqu'à la décision du Groupe d'arrêter les recherches. Mais il convient de souligner que de nombreuses autres pistes ont été examinées dans maintes directions, qui n'ont pas non plus satisfait les chercheurs.

L'idée a d'abord été de coupler à l'IT les molécules ionophores, de façon à ce que la première transporte dans le milieu son propre activateur. Les essais se révélant infructueux, un système analogue à celui de l'IT a été proposé, les activateurs étant véhiculés sur la cellule-cible par un anticorps dirigé contre une autre partie de celle-ci que l'ac constituant l'IT. Mais cette possibilité ne donnant pas non plus satisfaction, il a été proposé un mécanisme capable de générer *sur place* le chlorure d'ammonium nécessaire à l'activation de l'IT. Toutefois, cette production désormais *localisée* dépendait d'une enzyme qu'il fallait, elle, *transporter* sur place. La solution de ce transport a été envisagée de façon analogue au transport des molécules ionophores dans un premier temps. Enfin, au lieu *d'adjoindre* à l'IT un activateur étranger, les tentatives de solutions se sont tournées vers l'IT elle-même. Sont ainsi tentés successivement un «greffage» de protéine toxique diphtérique sur l'IT elle-même (ce qui revient à avoir un médicament constitué non plus de deux, mais de trois éléments fondamentaux : l'anticorps-guidant-la-ricine-elle-même-activée-par-une-autre-toxine...), et l'adjonction de molécules «informatives» de virus sur l'IT. Ces expériences se révéleront également infructueuses.

Toutes les recherches sont donc conduites en vue de «sauver» le projet IT. Toute l'ingéniosité des chercheurs est mise au service de son activation, de l'adjonction de dispositifs d'enrôlement de l'IT (les molécules ionophores), au «greffage», *sur l'IT même*, des éléments censés l'orienter sur la voie désirée (l'IT devient ainsi provisoirement (ionophore)-phore, puis «diphtéro-phore»...). Mais malgré ces efforts, on assiste finalement, comme le précise C, à «des morceaux de recherche, des genres de coups de sondes, conduits très efficacement, pour ouvrir d'autres voies possibles, alternatives par rapport aux autres activateurs... Elles ont toutes échoué.»

*

* *

Dans une autre direction toutefois, les recherches ont été bien plus poussées : il s'agit de la pharmacocinétique de l'IT. La question est soudain devenue de savoir si l'IT se dirigeait bien vers les cellules-cibles au sein d'un organisme vivant. C'est entre autre ainsi que, au cours d'un autre voyage aux États-Unis, C décide de vérifier les déplacements de l'IT *in vivo*. Et de fait, C revient des États-Unis avec trois constats nouveaux : 1) l'IT ne se fixe pas sur la tumeur, 2) elle est rapidement éliminée de la circulation au sein de l'organisme (ce qui est en accord avec des observations qui avaient été faites dès 1980, mais, d'après leur propre expression, pas vraiment interprétées par les chercheurs), 3) le foie semble intervenir dans cette dégradation; il y a une capture hépatique de l'IT. Ces constats permettent de déclencher une deuxième problématique majeure des laboratoires travaillant sur le projet. On s'attachera désormais, outre les questions d'activation et un troisième problème que nous évoquerons plus loin, à examiner pourquoi l'IT est dégradée par le foie lors de son inoculation *in vivo*, et à tenter d'apporter une solution à ce problème.

Il s'agit toujours d'intéresser l'IT à sa fin idéale : se localiser strictement dans les cellules-cibles et les détruire. Or, la chaîne A de l'IT — c'est-à-dire cette fois la molécule active de l'IT —, est dégradée par le foie lorsqu'elle se présente attachée à un anticorps. Et la *description* précise du phénomène a permis d'attribuer sa cause à la partie glycosylée de la chaîne A. Le problème devenait alors de savoir s'il était possible d'empêcher cette «capture» de l'IT par le foie, *en supprimant la relation foie-partie glycosée de la chaîne A de l'IT*. Il a été envisagé de transformer la chaîne A en supprimant la proie des cellules du foie — ce qui s'est avéré possible compte tenu du rôle négligeable que joue celle-ci dans le cadre établi par le projet «IT». L'IT est donc devenue une IT totalement transformée, puisque même son élément toxique subit une transformation qui l'éloigne définitivement de la ricine qui lui a en partie matériellement donné naissance. L'IT n'a donc plus rien à voir avec le support matériel initial qui a permis de l'envisager. Et le projet «IT» s'exprime désormais nécessairement dans la série des transformations opérées sur l'«idée» initiale, dont une expression seulement possible était matériellement présentable dans la graine de ricin.

Les transformations successives auxquelles ont donné lieu les recherches sur l'«IT» mettent progressivement en évidence la nature hybride du complexe d'hommes, d'instruments, de particules chimiques et d'argent nécessaire à la mise au point du médicament visé. Tel est le premier résultat d'une description d'un objet technique : mettre en évidence sa nature hybride, à la fois humaine et non humaine. Dans un deuxième temps, et à partir du présupposé de la nature hybride de l'objet, le système d'attribution des responsabilités qu'il véhicule. Mais cette nature hybride est toujours structurante : ici, les arguments scientifiques sur le dysfonctionnement de l'«IT» et sur le dysfonctionnement de la recherche elle-même vont être proposés ensemble, et aboutir au licenciement de J parce qu'à l'arrêt des recherches sur ce nouveau médicament. Nous examinons ci-dessous cet aspect du projet.

Signalons dès maintenant que trois thèmes de recherche définissent les travaux des laboratoires consacrés au projet depuis le début des années quatre-vingt : l'activation de l'IT une fois qu'elle a pénétré dans la cellule-cible visée, sa localisation près de la cellule *in vivo*, et enfin, du fait des injonctions de la Direction du Groupe, les essais cliniques menés sur deux thèmes successivement : l'autogreffe puis l'allogreffe de moelle osseuse.

Basculement vers l'aval

Au début des années quatre-vingt, les greffes de moelle sont devenues relativement courantes dans le milieu médical. Or, l'anticorps le plus immédiatement disponible pour les essais cliniques réclamés par la Direction est, à l'époque, un anticorps capable d'identifier des cellules cancéreuses du sang, comme des lymphocytes sains. Dans un premier temps, puisqu'il fallait amorcer une phase d'essais cliniques sous peine de ne pas pouvoir continuer les recherches sur l'IT, l'idée est de tenter de faire détruire des cellules tumorales *in vitro* dans une moelle préalablement extraite du patient. Il s'agit donc de travailler en auto-greffe, en restituant à un malade sa moelle une fois celle-ci purgée des cellules cancéreuses qu'elle contient.

L'IT travaille sur une moelle déjà traitée contre le cancer par traitement chimiothérapitique. Or, l'IT est censée provoquer la destruction de *tous* les lymphocytes, et donc en particulier des lymphocytes T cancéreux *restants*. Après traitement, on réinjecte la moelle dans le malade.

L'expérience a été l'occasion d'obtenir la certitude absolue que — bien qu'en utilisant le T101 pour le couplage avec la ricine, ils tuent *tous* les lymphocytes —, cela n'altère pas les cellules essentielles[17], capables de produire des cellules saines propres à assurer de nouveau la défense du malade. De ce point de vue, les essais se sont révélés fructueux. Mais d'un autre côté, ces essais cliniques ne pouvaient rien apprendre aux chercheurs sur l'efficacité biologique de l'immunotoxine. Les conditions d'expérience empêchaient en effet que l'on pût mesurer l'effet éventuel de l'IT sur les malades. Cette impossibilité tenait à la *trop petite quantité de cellules cancéreuses survivant à la chimiothérapie*, quantité devenue dès lors non repérable.

Certains de nos interlocuteurs se sont posé la question de savoir pourquoi les essais ont donc été menés, alors que les chercheurs savaient qu'ils n'en apprendraient rien, étant semble-t-il déjà certains de l'innocuité de l'IT d'une part, et de l'impossibilité de mesurer ses effets biologiques d'autre part. Pour L, qui est intervenu au sein du Groupe lors des essais cliniques suivants, le choix des premiers essais cliniques vient d'une espèce de fuite en avant de l'équipe chargée du projet «IT».

Petites sociologies des organisations

Par exemple, la première utilisation de l'IT était le traitement *ex vivo* des moelles osseuses. Or, on sait très bien que ce paramètre[18] est *un* des paramètres susceptibles d'expliquer la rechute. Les autres étant l'insuffisance des protocoles de conditionnement, le statut clinique du malade au moment où il est greffé, l'absence de réaction allogénique du greffon contre l'hôte, *qui n'ont rien à voir avec la purge*. Autrement dit, en cas de rechute des malades, l'interprétation de l'échec clinique pour ces malades n'est absolument pas pertinente pour évaluer l'IT.

C'est précisément parce que ce vague protégeait l'équipe de toute critique à l'égard de la Direction que ces essais ont été choisis. En cas d'échec, on pouvait toujours dire que, s'il y a rechute, c'est parce qu'on ne maîtrise pas la greffe de moelle par elle-même...[19]

Cette fuite en avant, ou la tentative de justifier le travail aux yeux de la Direction susceptible de décider un arrêt des recherches, s'exprime aussi, selon L, lors de seconds essais[20]. Cette fois, ces essais inquiètent les chercheurs : la clarté des résultats obtenus interdirait le doute dans l'attribution des fautes, et l'IT pourrait sans ambiguïté, en cas d'échec, être reconnue comme responsable de ceux-ci — c'est-à-dire en conséquence, radiée des programmes de recherche du Groupe...

Il y a eu des réticences. C'est amusant sociologiquement ! L'idée étant que nous prenions des risques considérables, en ce sens que si ça ne marchait pas, nous allions le savoir tout de suite. Les mêmes personnes qui revendiquaient pour la première solution (l'autogreffe) refusaient la seconde (l'allogreffe)... Et les objectifs sont restés relativement ambigus. La deuxième motivation, c'est évidemment la valorisations vis-à-vis de la Direction. Le troisième argument vis-à-vis de la Direction, entretenu dans un certain flou, était que si les essais réussissaient, ça entraînait l'extension du marché de la greffe de moelle osseuse. **L**

Avant de développer le point de vue de L sur le mode d'organisation du travail, décrivons toutefois sommairement comment ont eu lieu les essais cliniques dont il s'est trouvé responsable.

Difficultés de l'allogreffe

Lors de ces essais cliniques, le greffon de moelle provient d'un autre individu. Et s'il faut d'abord assurer la compatibilité histologique afin d'éviter tout rejet du greffon de la part de l'individu qui le reçoit, un autre risque peut se présenter : celui de la *réaction du greffon contre l'hôte* (GVH), réaction où le greffon joue le rôle de l'hôte, reconnaissant ce dernier comme étranger. Or, les lymphocytes T de la moelle d'un donneur étranger sont les *effecteurs* de la GVH dans ce cas. La décision est prise de tenter de les détruire par injection d'IT avant de greffer les moelles sur les malades[21]. Normalement, un greffon déplété devrait, au bout de quelques temps, jouer son rôle, c'est-à-dire assurer la production de lymphocytes T sains non agressifs pour l'organisme hôte. Une GVH peut en effet prendre deux expressions[22], et éviter la première phase permet, au bout de trois ou quatre ans, si ce sont les lymphocytes du donneur qui expriment le système de défense immunitaire au sein de l'organisme hôte, d'assurer sans difficulté majeure la survie de l'individu.

Lors de ces essais cliniques, l'«incroyable»[23] se produit : l'efficacité de l'IT se révèle nulle dans les sacs de moelle, alors qu'en laboratoire, elle est tout à fait satisfaisante. Et c'est au point que C, qui ne travaille plus à l'époque pour le projet IT, y revient, en vue de découvrir la cause des échecs constatés.

Comme lors des difficultés précédentes commence le travail d'identification du responsable de ces échecs. L'on assiste alors à un aller-retour permanent entre les laboratoires, les manuels scientifiques et les cliniques. Enfin, un paramètre qui avait été jusque-là négligé est découvert après un très laborieux travail de C, qui permet de rendre raison de la variation des résultats dans les essais précédents.

> En regardant les cahiers de labo, je me suis rendu compte d'un fait particulier : le pH avait été mesuré, je n'avais jamais examiné les pH avant. Dans son cahier de labo, RD avait noté une observation qui était que le pH dans les conditions cliniques était de 6.
>
> J'ai repris les vieux bouquins de physico-chimie, j'ai ressorti la courbe des concentrations des formes ioniques en fonction du pH. Les concentrations de la forme ionisée varient en fonction du pH, mais selon le logarithme. Cela veut dire qu'une variation du pH minime va faire varier la concentration en forme ionique de façon absolument gigantesque. J'ai tout de suite repris le pH, la variation par rapport au pH qu'on a d'ha-

bitude, j'ai fait le calcul de 6,5 à 7,5 avec cette formule simple. La concentration en chlorure d'ammonium, en forme ionique, varie de 10 !

... Le pH dans le protocole n'avait pas été défini. On n'avait jamais mis le doigt dessus... Donc j'ai fait reprendre certains essais dans le laboratoire. On passe de 0 à 100 % d'activité pour des variations de pH de 0,8 unités... C

Après cette découverte, des moyens sont mis en œuvre pour pallier les difficultés alors rencontrées, et l'IT a fini par fonctionner correctement.

Mais les chercheurs découvrent alors que certains malades rejettent les greffes (le premier rejet du greffon a eu lieu quatre à cinq mois après le début des essais). Les possibilités d'intervention sont dès lors les suivantes.

Il s'agissait soit de tout arrêter (en considérant que les 15 % de rejets sont inacceptables et que l'on perd en rejet de greffe ce qui est gagné du côté de la GVH), soit de sélectionner les cas de patients où le risque de GVH est beaucoup plus important que le rejet, soit enfin de tenter de contourner le problème du rejet. La deuxième solution impliquait de ne choisir que des malades à très haut risque de GVH (par exemple les personnes âgées), en prenant tout de même le risque d'un rejet ultérieur du greffon par l'organisme receveur. La troisième solution, elle, pouvait être envisagée de deux façons. Soit en employant des moyens non spécifiques : il s'agissait alors de modifier les conditions d'administration des médicaments pour diminuer les forces immunitaires des malades. Soit en couplant, à la batterie «IT» agissant sur la moelle du donneur, un système capable de bloquer le fonctionnement des cellules immunocompétentes du receveur[24].

Dans ces derniers cas, la description détaillée des différents *ensembles* thérapeutiques mis au point demanderait d'examiner comment se construit la «stratégie» d'approche des malades, différenciée à son tour en fonction des possibilités d'intervention, et impliquant des processus d'accusations à chaque fois spécifiques. Nous ne les détaillerons pas ici. Nous nous en tiendrons aux explications des difficultés rencontrées dans la recherche en amont de ces dernières opérations.

Imputations de fautes et (de)structurations de projets

Nous avons vu que L accusait le fonctionnement des équipes chargées de la recherche sur l'IT.

L'imputation des fautes par L se fait en fait en deux temps, car les vrais responsables du comportement de l'équipe «IT», ce sont les principes de l'organisation formelle telle qu'elle est définie au sein du Groupe.

C'est un exemple de recherche verticale. On part d'un concept, et on essaye d'en faire un médicament. S'il est efficace, le médicament se développera, il y aura une auto-amplification, et on créera un marché. Autrement dit, c'est une idéologie de ligne... En réalité, la tradition fait qu'on ne travaille pas du tout comme ça dans le milieu pharmaceutique. On travaille au contraire par strates horizontales. C'est-à-dire que les gens qui conçoivent des molécules dont on n'a pas vraiment idée de l'application pharmacologique et encore moins de l'application thérapeutique, et donc commerciale, ce sont des concepteurs, des chimistes. On fait une deuxième strate pour évaluer le concept pharmacologique de ces molécules avec des modèles d'évaluation les plus standardisés possibles, et ça doit fournir une molécule sur 100 parce qu'on y croit sur le plan pharmacologique. On voit alors si la molécule est défendable industriellement...

Dans une telle vision, si la molécule se montre difficile, elle est éliminée au profit d'une autre. Si vous soumettez à un groupe de screening un produit qui s'appelle IT, il vous le rejettera tout de suite. Le produit ne marche pas. Alors que dans un cadre vertical, la recherche continuera... L

L'organisation dite «verticale» de la recherche a l'inconvénient majeur, selon L, en autorisant par ses effets le développement d'un certain aspect académique de la recherche au détriment de sa finalisation industrielle, d'altérer la seconde sans permettre à la première de porter tous ses fruits.

Je suis convaincu que si on mélange des recherches conceptuelles et des profits, c'est une confusion. En secteur académique, on ne serait pas arrivé à cette attitude. Dans la décision de faire quelque chose en milieu industriel, comme vous allez être sanctionné même si ce n'est pas votre faute, en arrière-pensée, vous gardez cette idée. L

Enfin, cette organisation favorise la constitution d'équipes solidaires au point que l'esprit critique est absent, tant des appareils d'évaluation que des équipes mêmes chargées de la recherche.

C'est donc selon L à cause d'une organisation «verticale» de la recherche au sein du Groupe que l'équipe chargée du projet «IT» est implicitement orientée vers une recherche de type académique, perd son esprit critique vis-à-vis du projet et ne voit plus clairement la finalité industrielle de son travail.

Un glissement significatif s'opère dans le processus d'accusation de L qui passe sans médiation des problèmes rencontrés lors du travail quotidien des laboratoires aux principes universels de la gestion de la RD. Il opère là un tel court-circuit entre sa situation particulière de travail et les maximes universelles auxquelles celle-là renvoie, que l'une ne va pas sans l'autre; les deux termes de la relation sont au contraire les *expressions respectives* de l'un et de l'autre, à deux niveaux traditionnellement admis comme inconciliables[25]. Nous allons voir se prolonger et s'enrichir cet entremêlement des niveaux d'expression des difficultés.

Nos autres interlocuteurs ont implicitement confirmé l'opinion de L au sujet de l'évolution de la recherche sur le projet. Si certains ont frisé l'accusation de J pour expliquer l'échec des recherches, c'est en le louant que d'autres ont orienté les responsabilités sur ce dernier. Les facultés de commandement de J sont en effet explicitement reconnues, à tel point qu'il est capable de maintenir constamment l'espoir au sein de son équipe. Et ceci non seulement grâce à une forme de charisme personnel indéniable, mais également grâce à un système de réunions progressivement formalisé à cette fin et toujours rigoureusement respecté.

Il faut bien reconnaître que sur le plan de l'organisation et de l'animation au sens propre, ça a été une remarquable réussite. Et ça clairement, on le doit à J.

Il y a eu d'abord tout un réseau de rencontres, laboratoire par laboratoire, dans lesquelles on discutait chaque semaine. Puis il y a eu, et ça a été sans doute la création la plus significative de J, les réunions de projet (non appelées comme telles, mais ça revenait au même), mensuelles, totalement formalisées, pour que personne ne puisse avoir d'excuse pour ne pas y être. Tous les cadres devaient y venir, et elles étaient ouvertes à tous les techniciens. Ces réunions se sont tenues dès la première année, dès qu'il y a eu une organisation un peu concrète.

C'est J qui, personnellement, tenait le rôle d'animateur. Il faisait systématiquement un exposé oral du travail, de façon à déterminer les tâches des différentes équipes. Il était extrêmement vigilant à ce que l'ensemble de l'information circule dans tous les sens et de façon complète, que tout le monde soit au courant à tout instant de tout ce qui se faisait, et que les décisions soient prises collectivement au niveau de ces réunions-là.

On a vécu dix ans comme ça. C'était vraiment le forum du projet. Tous les participants en gardent un souvenir inoubliable. **C**

Ainsi, lorsque des changements d'organisation ont été décidés au début des années quatre-vingt, créant formellement des «projets» de recherche, du fait de l'orientation de travail choisie et de la personnalité de J semble-t-il, *le groupe qui travaillait sur les IT était déjà prêt.*

Dans la nouvelle organisation, les chevilles ouvrières étaient les projets de recherches. Ils disposaient d'un objectif précis, de l'ensemble d'une logique, en termes de personnel, de locaux, de budget, dans un contexte multidisciplinaire, qui devait rendre le projet et le conduire jusqu'à ce que les molécules issues de ce projet aient obtenu l'autorisation d'exploitation, c'est-à-dire de couvrir la totalité du développement des molécules de ce secteur jusqu'à l'enregistrement. Tous les dossiers étaient préparés par les équipes de projet.

Dès le début des travaux, J apportait une espèce de leadership global. Il s'est constitué une collaboration particulière, qui globalement préfigurait le projet IT, qui n'existait pas en tant que tel à l'époque. Quand je dis projet, c'est une contraction pour dire équipe de projet avec ses dépendances hiérarchiques. Organisationnellement parlant, on n'avait pas le droit de parler de projet au début.

Je n'irai pas jusqu'à dire que le projet IT a été pris comme exemple, mais les quelques personnes qui ont participé à la réflexion pour la mise en place de ces structures, dont j'étais, se sont mises d'accord sur une structure qui se trouvait être celle qu'avait le projet IT depuis plusieurs années. Ainsi, pour le projet IT, on n'a fait que confirmer sur le papier ce qui était le cas depuis plusieurs années. **G**

La personnalité de J a contribué à donner aux équipes de recherche la forme d'une recherche par projet, favorisée en outre par la réflexion sur le contenu technique et scientifique qui était en cause.

Si l'on considère les accusations portées contre l'organisation formelle de la recherche par L d'un côté, de l'autre les attributions de responsabilité locatives à l'égard de J par C, G et RD, on peut interpréter l'évolution des recherches sur l'IT de la manière suivante.

J a une personnalité telle qu'il parvient très tôt à organiser les membres des laboratoires travaillant sur l'IT en une équipe unique (même si, au début, compte tenu d'impératifs techniques, les laboratoires sont divisés en deux groupes représentant respectivement la chaîne A et la chaîne B de l'IT). Il est l'animateur principal de l'équipe, à tel point qu'avant même la structuration formelle des activités de recherche par projet au sein du Groupe, il obtient formellement une telle structure, que la réforme officielle vient en somme consacrer (hormis la dépendance informelle d'une partie de ses activités tolérée par G officiellement responsable de J)[26].

La consécration de cette structure a l'inconvénient, selon L, d'«aveugler» progressivement les équipes travaillant sous la responsabilité de J quant aux débouchés possibles des recherches. Et malgré l'évidence de l'énormité des difficultés à réaliser le projet initial, sous la direction trop efficace de J, le groupe persévère dans ses investigations. Sur les avis relatifs à l'organisation, les opinions ne sont pas partagées par tout le monde. Ainsi, J et C expriment respectivement leur adhésion à la structure organisationnelle par projet.

C'est une vieille discussion. Soit on a les moyens de développer une recherche unique à fond et il faut une masse critique de personnel et de moyens, soit on se disperse. C'est mon opinion. Je pense qu'on aurait été médiocres sur tous les sujets si on avait dispersé les moyens. Il y a d'autres personnes qui pensent le contraire. Mais ça dépend de ce qu'on veut faire. Si vous voulez trouver quelque chose d'original, il vous faut les moyens. Si vous faites des choses comme les autres, faciles à faire, vous pouvez travailler sur plusieurs projets à la fois...

Ça c'est un point de vue personnel que j'ai eu beaucoup de mal à maintenir. L'ancien Directeur, dès que ça ne marchait pas comme il voulait, parlait de diversification. Et si je suis encore ici, c'est que les directeurs qui voulaient qu'on divise les sujets de recherche sont partis... **J**

Tandis que le premier en reste à un principe d'efficacité scientifiqueds la recherche, le second donne implicitement le bâton pour se faire battre, insistant sur la gêne que représentent selon lui pour l'équipe les essais cliniques à mener à bien pour satisfaire la Direction. Le système d'accusation devient donc réciproque, les uns estimant que l'équipe de recherche ne savait plus où elle allait, ne finalisant plus ses recherches d'un point de vue industriel, les autres soulignant le peu d'écoute de la part de la première. Ce manque d'écoute des problèmes posés par la recherche au niveau des laboratoires *s'exprime*, selon C, dans le changement de politique décidé depuis plus d'un an, et s'est *réalisé* dans le changement des structures[27].

Si l'on se place du point de vue de L, la série des recherches sur l'activation de l'IT exprime à sa façon l'absence d'esprit réellement critique à l'égard du projet «IT» en tant que tel. Les découvertes successives de l'inactivité de l'IT *in vivo*, après la première expérience localisée dans le péritoine d'une souris, sont systématiquement interprétées de façon à légitimer la continuation des travaux tels qu'ils avaient été inaugurés.

On assistera à trois tentatives de «salut» pour le projet. Mais la série des expériences va progressivement convaincre les chercheurs de la difficulté de leur entreprise. Lors du premier essai *in vivo* et le résultat désastreux constaté, un premier effort de justification est tenté par l'équipe.

Le raisonnement était le suivant. Puisque l'IT formée avec un anticorps non spécifique de cellules cancéreuses peut se fixer sur des cellules normales, mettre l'IT dans un organisme sans homogénéiser son environnement équivaut à la diluer plus que dans les expériences précédentes, où elle était exclusivement concentrée sur ses cellules-cibles. Elle n'est plus aussi fortement représentée sur les cellules cancéreuses qu'elle l'avait été dans un premier temps. Il est donc normal que l'expérience *in vivo* ne donne pas de résultats satisfaisants. Cette interprétation soulage l'équipe et relance les travaux de recherche[28].

Les autres péripéties sont articulées autour de l'utilisation du premier anticorps censé détecter spécifiquement les cellules du mélanome humain. Il s'agit d'une tumeur solide; si l'expérience fonctionnait, il était clair que la victoire n'était pas loin. Mais elle a échoué. L'interprétation a consisté cette fois à souligner la difficulté communément admise d'atteindre des tumeurs solides, contrairement aux tumeurs liquides qui sont véhiculées par le sang dans l'organisme. Toute l'équipe est suspendue aux résultats de l'expérience, qui s'avèrent mauvais. La série des échecs oriente finalement les travaux vers les tentatives d'activation de l'IT. Commence l'époque de la complexification des travaux et de l'objet «IT» que nous avons décrite plus haut.

En rappelant explicitement les efforts d'argumentation développés en vue de sauver le projet, C cautionne à sa façon le point de vue de L, selon lequel l'équipe, du fait de sa structure organisationnelle, perd tout sens critique à l'égard du projet. Et la *souplesse* dont il parle à propos du travail quotidien[29] est strictement limitée aux frontières de la finalisation orchestrée par J.

Nous avons vu que la recherche a pris trois formes depuis les années quatre-vingt, se distribuant en recherches pour activer l'IT au sein des cellules cibles, transformation de la chaîne A pour éviter sa «capture» par les cellules hépatiques, et développement d'essais cliniques, principalement selon L en vue de satisfaire une Direction inquiète des résultats commercialisables des recherches en cours. Et la description de l'objet technique, qui demandait de s'intéresser à ses diverses formes (activées et non activées, glycosylées et non glycosylées, thérapeutiques et non directement thérapeutiques, orientées vers une déplétion de lymphocytes de moelle osseuse en autogreffe ou en allogreffe...), a permis de découvrir les enjeux que les acteurs voient dans le développement des recherches visant à définir l'objet. Décrire ce dernier dans ses diverses formes implique de s'interroger sur les diverses répartitions des rôles d'humains (les chercheurs) et de non humains (enzymes, instruments divers, molécules ionophores, cellules, compartiments lysosomiaux au sein de ces cellules, etc.) que ces formes expriment. À leur tour, les rôles tenus par les différents acteurs donnent lieu à diverses distributions de responsabilités et parfois à des systèmes d'accusation permettant de répartir enfin les torts et les raisons. Remarquons (Hennion) que l'accusation est ainsi mise en cause «scientifique» (permettant l'explication objective d'un phénomène) et morale (impliquant la détermination «subjective» de coupables).

Or, le projet a fini par être abandonné. Certains acteurs pensent que les progrès ultérieurs auraient pu permettre de découvrir les moyens de faire «passer» l'IT comme IT dans le corps humain.

> Le projet aurait abouti en continuant les recherches. C'est une question de manque de patience de la maison, il faut dire que c'est très dur pour le privé de subventionner pendant si longtemps un tel projet. Malgré le fait que ce soit complètement original. On ne veut plus de projet à moyen terme. Et je suis certain qu'à moyen terme, ce projet-là aurait débouché sur un marché assez important. Ça se calcule en milliards... **J**

Le système d'accusation se resserre et les incompréhensions réciproques prennent leur forme finale. Pourtant, l'opinion de J, accusé par les membres mêmes de l'équipe de ne pas avoir, peut-être, toute l'objectivité nécessaire pour juger des recherches en cours avant la décision de l'arrêt, est fondée sur un argument industriel qui aurait peut-être pu intéresser la Direction du Groupe.

> Ce qui me fait dire ça, c'est qu'on n'est plus les seuls à travailler sur l'IT. Juste ces jours-ci, j'ai eu l'information d'une boîte qui a fait exactement la même chose que nous. Elle mène des essais cliniques chez l'homme. Elle a des résultats très encourageants. C'est une chaîne A de ricine et l'ac, c'est pratiquement le même que le T101 que nous avons utilisé, sauf qu'il est plus spécifique que le nôtre. Ça donne une immunotoxine *très* active. Or, ces concurrents-là dépendent de notre brevet... On en est là aujourd'hui parce que la Direction n'a pas eu la patience nécessaire... **J**

En développant son réquisitoire, J évoque la durée des travaux qui auraient été nécessaire aux résultats de la recherche, et l'extension des marchés auxquels celle-ci aurait permis d'accéder. La responsabilité est clairement attribuée cette fois à l'incompréhension de la Direction à propos des difficultés propres aux activités de laboratoire.

CONCLUSION

La question que nous posions était de savoir comment la sociologie des sciences pouvait éviter de tomber de Charybde en Scylla, voguant tour à tour dans les mers glaciales du formalisme de l'épistémologie et dans le vide écume des relations «sociales» entre les scientifiques.

On aura noté, au cours de cette description, la nature fondamentalement *hétérogène* des éléments qui composent l'histoire du projet que nous avons examiné. Nous y avons trouvé des anticorps auxquels certaines activités sont déléguées, des «compartiments» cellulaires compromettant l'efficacité de ces délégations, des chercheurs distribuant leurs activités suivant différentes formes institutionnelles officiellement autorisées ou non, des enjeux d'argent qui imposent certaines orientations aux distributions des compétences entre protéines actives et cellules immunitaires de malades, des hôpitaux et des cliniques, des sacs de moelle rétifs et des taux de pH excessivement variables...

Cette hétérogénéité même indique la direction de la description que nous avons tentée ici, en fonction des principes établis par Akrich et Latour (1989). Il s'est agi d'abord de voir comment des hommes tentaient *d'inscrire* des comportements dans des objets techniques (ici l'IT), et quels types de présupposition ces inscriptions impliquaient (par exemple pour que l'IT se dirige effectivement vers les cellules cibles visées dans un organisme, que sa chaîne A ne présente pas la forme glycosylée qui en provoque la «capture» par les cellules hépatiques du foie...). Mais surtout, étant donné cette nature hybride, la description de notre projet a engagé une prise en compte des éléments *institutionnels* au sein desquels il émergea et qu'il contribua à son tour à définir. Les «accusations» auxquelles a donné lieu la recherche sur les causes de son «échec» final *se sont révélées autant de systèmes d'«explication» qui ont permis aux acteurs de définir leurs positions respectives et leurs rôles au sein de l'institution concernée, en définissant le projet dont ils étaient parties prenantes.*

Des «accusations» (au sens de «mises en causes» qui permettent des *explications tous azimuts* («objectives» comme «subjectives»)), nous avons ainsi été conduits aux *imputations de responsabilités* tant «objectives» que «subjectives» qu'impliquent ces accusations, et aux *processus de restructurations* organisationnelles qui prolongeaient finalement ces imputations de responsabilités.

Nous avons montré ailleurs[30] que de tels processus permettent de rendre compte de la *genèse* des organisations. Sans aller jusque-là ici, soulignons simplement que la prise au sérieux (c'est-à-dire la thématisation) des «accusations» que les acteurs font lors de leurs recherches dans leur vie concrète de travail, permet de dépasser le double écueil auquel est confrontée depuis toujours la sociologie des sciences : celui du «réalisme» naïf et du relativisme sceptique. Notre travail implique en particulier que dans de telles situations (et contrairement à ce que l'économie propose de façon relativement fréquente), l'observateur ne prenne pas partie dans les controverses qu'il étudie, mais laisse les acteurs définir qui est coupable de quelle action dans quelles circonstances et en fonction de quels objectifs[31]. Cette dernière conclusion permet de penser que la sociologie des sciences, qui s'est de plus en plus intéressée aux savants[32] comme aux contenus scientifiques[33], voire aux deux aspects des sciences en même temps[34], peut être la source d'investigations approfondies des processus de construction des collectifs constitués à la fois d'hommes et d'objets — investigation décisive pour comprendre les incidences *politiques* par exemple du développement des techniques[35].

Bibliographie

Akrich & Latour, *A summary of a Convenient Vocabulary for the Semiotics of Human and non Human Assemblies, in Where are the Missing Masses, Biology of a few Mundane Artefacts*, in Bijker & Law (éd.), *Constructing Networks ans Systems*, MIT Press, 1991.

Bibard L., *La place et le rôle des sciences dans les innovations techniques. Quelques cas en biotechnologies*, thèse de doctorat de l'EHESS (1991).

Bloor D., *Sociologie de la logique*, éd. Pandore, trad., 1976.

Callon M., *La domestication des coquilles Saint-Jacques dans la baie de Saint-Brieux, pour une sociologie de la traduction*, Callon, 1986.

Callon M. (éd.), *La science et ses réseaux*, La Découverte, 1988.

Callon M., *Réseaux technico-économiques et irréversibilité*, in R. Boyer (éd.), *Figures de l'irréversibilité en économie*, Paris, éd. de l'EHESS, 1990.

Chalmers, *Qu'est ce que la science ?*, La Découverte, 1986.

Kuhn T., *La structure des révolutions scientifiques*, trad. Flammarion, 1976.

Latour & Woolgar, *La vie de laboratoire*, La Découverte, 1986.

Latour & Bibard, article «Technique», *Encyclopédie Philosophique PUF*, deuxième tome, 1991.

Latour B., *Théorie des délégations*, minéo, Centre de Sociologie de l'innovation, 1989.

Latour B., *Irréductions*, in *Les Microbes, Guerre et paix*, Paris, éd. Métailié, 1986.

Merton, *The Sociology of Science*, University Press of Chicago, 1973.

Nelson & Winter, *An Evolutionary Theory od Economic Change*, Harvard University Press, 1982.

Thévenot L. & Boltanski L., *Les économies de la grandeur*, CEE, 1987.

NOTES

[1] *Cf.* Chalmers, *Qu'est-ce que la science ?*, La Découverte, 1986.
[2] *Cf.* Merton, *The Sociology of Science*, University Press of Chicago, 1973.
[3] Kuhn T., *La structure des révolutions scientifiques*, trad. Flammarion, 1976.
[4] *Cf.* Bloor D., *Sociologie de la logique*, éd. Pandore, trad., 1976.
[5] *Cf.* pour cela en particulier les premiers pas de l'ethnographie des sciences, *La vie de laboratoire*, Latour & Woolgar, La Découverte, 1986.
[6] *Cf.* Callon M. (éd.), *La science et ses réseaux*, La Découverte, 1988.
[7] *Cf.* Latour B., *Théorie des délégations*, minéo, Centre de Sociologie de l'innovation, 1989.
[8] Pour la vie quotidienne des travaux en laboratoire, on consultera B. Latour, *La vie de laboratoire*, éd. Métailié, 1989.
[9] Nous n'accordons pas au terme de «décomposition» le sens qu'il prend en chimie (sens très précis, qui renvoie à la transformation d'un corps complexe en certains éléments simples). Nous remercions nos interlocuteurs pour les erreurs qu'ils nous ont permis d'éviter au point de vue scientifique tout au long de ce texte. Nous sommes évidemment entièrement responsables des erreurs restantes.
[10] *Cf.* Callon M., *La domestication des coquilles Saint-Jacques dans la baie de Saint-Brieux, pour une sociologie de la traduction*, Callon, 1986, où l'idée d'«intéressement» renvoie aux relations de divers éléments entre eux plutôt qu'à la motivation d'un individu ayant des objectifs à réaliser. «Intéresser» les larves des coquilles Saint-Jacques revient ainsi simplement à les asservir au système de culture constitué par les filets censés les «dé-lier» définitivement des prédateurs, courants marins, ou même marins-pêcheurs.
[11] *Cf.* Nelson & Winter, *An Evolutionary Theory od Economic Change*, Harvard University Press, 1982.
[12] Un antigène (corps étranger : molécule, cellule, microbe) introduit dans un organisme présente toujours un nombre important d'épitopes — c'est-à-dire de *formes matérielles actives*. Le corps hôte réagit contre le corps étranger en produisant des anticorps qui neutralisent l'activité des formes actives évoquées en se fixant dessus (comme un gant

sied à une main). Comme il y a bon nombre d'épitopes différents, il y a bon nombre d'anticorps différents. Il faut donc isoler les anticorps dirigés contre le DNP *spécifiquement.*

[13] Peu de temps avant cette expérience, en 1976, Kohler et Milstein déposent leur brevet de fabrication des anticorps monoclonaux. Ils obtiennent ces derniers par la fusion d'une cellule immortelle (c'est-à-dire se reproduisant indéfiniment) avec une cellule normale, productrice de tel anticorps donné. Le résultat est de disposer d'une cellule capable de se reproduire, *et qui fournit toujours le même anticorps.* Jusque là, on ne disposait que des anticorps produits par un animal lors de la réaction contre l'antigène inoculé, sans la possibilité d'isoler et de conserver les cellules productrices.

Cette découverte entraîne un bouleversement complet du concept d'expérience tel qu'il avait été élaboré pour démontrer la faisabilité des IT. Dans le premier cas, c'est *l'antigène* qui était isolé et homogène, mais les anticorps auxquels il donnait lieu étaient de toutes sortes, et le passage de la situation expérimentale à une situation réelle était en principe impossible. Comment provoquer la production d'anticorps dirigés contre des antigènes non connus (ce qui est précisément le cas pour les cellules *malignes*) en vue de les coupler à une toxine pour qu'elle provoque leur destruction ? Ce sont précisément dans un deuxième temps les *anticorps* que l'on peut obtenir en grande quantité de façon pure. Dans le modèle expérimental, c'est l'antigène qui est le produit homogène et connu. Mais on ne peut pas, pour les cas visés ici, supposer ces antigènes connus. Or, dans le second cas, c'est l'anticorps monoclonal qui est connu : il est isolé *après* avoir reconnu une partie donnée d'un antigène complexe, indécomposable directement et inconnaissable autrement. L'anticorps fait désormais, *à la place des chercheurs*, dans des conditions déterminées, le travail de repérage nécessaire à l'élaboration des IT pertinentes. Il suffit de sélectionner parmi eux ceux qui touchent les cellules que l'on veut détruire.

[14] En 1980, nous faisons la première manipulation *démonstrative*, parce qu'on avait des cellules tumorales de souris portant l'antigène. On avait montré qu'on pouvait créer une tumeur et ensuite tenter de la traiter avec les anticorps monoclonaux. On a publié dans la revue *Nature*. C'était vraiment la première publication. À l'époque, elle a vraiment marqué. Mais on n'a appris qu'après que le modèle de cette tumeur est particulièrement favorable au traitement. On a appris qu'il suffisait d'avoir *un tout petit fifrelin d'activité pour avoir des résultats.* C

[15] C'est du moins ce qui est supposé à l'époque. D'après notre interlocuteur, les lysosomes sont «des compartiments intra-cellulaires chargés de faire le ménage dans les cellules et qui contiennent des tas d'enzymes ultra-performantes pour briser les molécules dont elles souhaitent se débarrasser», donc des protéines intra-cellulaires destinées à «défendre» la cellule contre des éléments étrangers à celle-ci.

[16] Il s'est ultérieurement avéré que l'hypothèse selon laquelle la transglutaminase était à l'origine de l'étape limitante de l'activité de l'IT n'était pas conforme. Depuis, les recherches ont permis de déterminer à quel niveau de la relation entre la cellule et l'IT agit le chrlorure d'ammonium. Ce problème est resté dominant dans les travaux relatifs au projet IT en général et semblait constituer un élément important des recherches à venir.

[17] Les cellules-souches de la moelle, qui *produisent* les lymphocytes T.

[18] Le fait qu'il reste éventuellement, malgré la déplétion de la moelle regreffée, quelques cellules cancéreuses non «visibles».

[19] G s'accorde toutefois parfaitement avec L sur la difficulté à interpréter les résultats des essais : «On n'était pas très convaincus par l'autogreffe. On l'a montrée, *in vitro*, on a vu que ça marchait, mais on savait qu'on n'aurait jamais les moyens de le tester chez l'homme.»

[20] L est le médecin qui a été chargé de diriger les essais cliniques portant sur l'allogreffe de moelle (*cf.* plus bas). Il est très apprécié pour sa compétence dans ce domaine.

[21] Ces cellules ne sont pas pour autant les cellules génératrices de la moelle : le greffon conserve par ailleurs ses propriétés.
[22] Elle se situe en deux phases cliniques très distinctes : 1) d'une part dans les trois mois, très aiguë, elle conduit à des complications viscérales graves, et d'autre part, à une immunosuppression très sévère, lui-même source d'infections à germes opportunistes qui conduisent au décès; 2) ultérieurement, cette GVH prend une évolution chronique et dont l'expression clinique est moins sévère, la mortalité est presque nulle.
[23] D'après C.
[24] Il se serait agi d'un anticorps dirigé contre les sites de reconnaissance des cellules de défense de l'organisme.
[25] La «sociologie» de L dépasse ainsi la différence entre le «micro social» et le «macro social» que Thévenot et Boltanski s'accordent encore à consacrer, malgré l'extraordinaire fécondité des perspectives qu'ils ouvrent. *Cf. Les économies de la grandeur*, CEE, 1987.
[26] À cette époque, G prend en effet la responsabilité des projets «Immunologie» en général, J celle du projet «IT» et P, dont nous n'avons pas eu à parler jusqu'ici, celle du projet «anticorps à but diagnostic».
[27] «Avec l'arrivée de PS, les aspects de dévelopement qui étaient intégrés sous la responsabilité des projets ont été transférés au service des développements cliniques. Les projets n'ont plus la responsabilité de décision des essais. Pratiquement, ça veut dire qu'aujourd'hui, on n'accorde pas d'importance à la recherche. Il n'existe que du développement...»
[28] «Ça nous a donné une interprétation à laquelle nous raccrocher. Ça nous redonnait de l'espoir... Cette expérience n'a fait au fond que renforcer les mécanismes d'étude. On a cru plus encore sur le potentiel qu'il pouvait y avoir dans l'activation. On s'est dit qu'inéluctablement il fallait recourir à l'activation... Ce moment a été décisif comme moteur pour s'obstiner à développer le travail pour avoir de meilleurs résultats déjà *in vitro*.» C
[29] «Indiscutablement, la structure est d'une immense souplesse. Un moteur inlassable a été la liberté d'expression et de réalisation. Si on a eu accès à tant d'idées conceptuelles réalisées, c'est grâce à cette communication et à cette liberté assez unique, je crois...» G
[30] *Cf.* Bibard L., *La place et le rôle des sciences dans les innovations techniques. Quelques cas en biotechnologies*, thèse de doctorat de l'EHESS soutenue le 18 juin 1991.
[31] Pour la définition d'un «acteur» comme ce à quoi ou celui (celle) à qui l'on peut demander des comptes sur son rôle de représentant collectif, *cf.* Callon, *Les réseaux technico-économiques*, 1990.
[32] *Cf.* pour cela en particulier Barnes.
[33] Collins *et al.*
[34] *Cf.* Callon, *La science et ses réseaux*, 1989.
[35] *Cf.* Latour & Bibard, article «Technique», *Encyclopédie Philosophique Universelle, les Notions philosophiques*, Paris, PUF, 1990.

7.
La notion de paradigme dans le champ des sciences de l'homme

Jeffrey Andrew Barash
Université de Picardie-Jules Verne

La notion de « paradigme scientifique », telle que Thomas Kuhn l'applique dans son ouvrage *La structure des révolutions scientifiques* au travail des sciences naturelles, peut-elle également être étendue au champ des sciences de l'homme ? Ou existe-t-il, en revanche, une différence dans la finalité même des sciences de la nature et de l'homme qui rend problématique pour ces dernières l'idée même de consensus scientifique que la notion de paradigme présuppose ? Se référant à une série de débats qui ont accompagné l'élaboration méthodologique des sciences de l'homme depuis le XIXe siècle, c'est à ces questions que le présent article tente de répondre.

Dans la préface à son ouvrage, *La structure des révolutions scientifiques*, Thomas Kuhn explique qu'il a été conduit à interroger le développement des sciences à partir de la question de la différence entre les sciences de la nature et les sciences de l'homme[1]. Kuhn s'est notamment demandé pourquoi les sciences de la nature, quoiqu'elles soient aussi incapables que les sciences de l'homme de construire des systèmes définitifs, ne sont pas divisées comme celles-ci par des controverses au sujet du caractère de la légitimité scientifique tant du point de vue des méthodes que de celui des problèmes abordés.

Toutefois, Kuhn admet qu'au premier stade de leur élaboration, les sciences de la nature sont elles aussi confrontées à ces mêmes controverses fondamentales. Cependant, contrairement aux sciences de l'homme, les sciences de la nature parviennent, chacune à son tour, à une époque de « maturité », à partir de laquelle disparaît la majeure partie de ces divergences fondamentales. Alors que les sciences de la nature bénéficient d'un consensus sur la légitimité des problèmes à traiter et sur les méthodologies à employer en vue de leur résolution, les sciences de l'homme se caractérisent par l'absence d'un tel consensus. Et c'est notamment cette divergence fondamentale entre sciences de la nature et sciences de l'homme qui a amené Kuhn à reconnaître le rôle joué dans la recherche scientifique par ce qu'il désigne par le terme de paradigme[2]. Kuhn entend par là la démarche théorique propre à une discipline qui, malgré l'impossibilité dans laquelle se trouve toute théorie de rendre compte de la totalité des phénomènes connus ou de les interpréter de façon définitive, parvient à prédominer sur la base d'un consensus à une époque donnée. Selon l'acception de Kuhn, le paradigme désigne la « science normale » d'une époque, à partir de laquelle les méthodologies sont élaborées et les problèmes spécifiques abordés et définis. Le paradigme qui régit la science normale d'une époque connaît une crise lorsque s'élabore un nouveau paradigme d'une cohérence et d'une compréhension plus grandes. Il s'agit bien, dans ce cas, d'un bouleversement à l'intérieur d'une discipline donnée, que Kuhn désigne par le terme de « révolution scientifique ».

Dans les propos qui suivent, ce n'est pas le thème du paradigme dans les sciences de la nature, mais plutôt celui de l'absence d'un tel paradigme dans le champ des sciences de l'homme qui nous occupera. Nous prendrons comme point de départ une affirmation de Thomas Kuhn à ce sujet, qui se trouve au début de l'ouvrage *La structure des révolutions scientifiques*. Dans cette citation, Thomas Kuhn constate que certaines branches des sciences naturelles ont acquis leurs paradigmes très tôt, alors que dans d'autres, l'élaboration du paradigme fut bien plus tardive. Kuhn poursuit cette réflexion, en écrivant :

> « Pour certaines parties de la biologie — étude de l'hérédité par exemple — les premiers paradigmes universellement reçus sont... récents ; et la question reste ouverte de savoir quelles branches des sciences sociales ont déjà acquis de tels paradigmes. L'histoire suggère que la route conduisant à un solide accord de base sur la recherche à entreprendre est extrêmement ardue. »[3]

En se demandant quelles branches des sciences de l'homme ont déjà acquis un paradigme, Thomas Kuhn ne soulève pas le problème de la pertinence de cette notion de paradigme pour les sciences de l'homme. Tout au contraire, Kuhn envisage l'élaboration du paradigme, à l'issue d'un long parcours, analogue à celui suivi par les sciences de la nature, comme la finalité possible, voire probable, des sciences de l'homme.

Mais doit-on souhaiter l'élaboration d'un tel paradigme dans le champ des sciences de l'homme? Ou bien la notion de paradigme ne serait-elle pas, au contraire, foncièrement incompatible avec la démarche propre à ces mêmes sciences? Voilà les questions de fond soulevées par la citation de Thomas Kuhn. Je me propose d'esquisser une réponse à ces questions à partir de l'analyse d'un thème très spécifique, à savoir le grand débat amorcé au milieu du XIXe siècle autour des méthodes à déployer et des phénomènes à analyser dans le champ des sciences de l'homme. Mes analyses porteront notamment sur le problème d'une théorisation de l'histoire. C'est là, à mon avis, que la question du consensus scientifique — et donc de tout paradigme, dont la possibilité présuppose un tel consensus — se pose avec le plus d'acuité dans le domaine des sciences de l'homme. La mise en relief du problème central soulevé au XIXe siècle dans le cadre de ce débat nous conduira à une réflexion plus générale sur la notion de consensus scientifique et de paradigme en histoire et, plus globalement, dans le champ des sciences de l'homme.

Au cours du XIXe siècle, le débat sur les fondements d'une science de l'homme s'est centré sur la question de savoir si une telle science doit procéder par l'élaboration de lois générales, analogues aux lois de la nature, ou si la recherche de telles lois générales n'occulterait pas au contraire la signification même des hommes et des sociétés qu'il s'agit de thématiser.

Ainsi, par exemple, Auguste Comte, dans son *Cours de philosophie positive*, pensait avoir établi un premier fondement des sciences de l'homme. Tout en écartant la possibilité d'une quantification de la progression sociale selon le modèle mathématique des lois de la physique ou de la mécanique, Auguste Comte envisageait néanmoins la science sociale comme la formulation de lois générales du développement de toute société humaine, analogues aux lois naturelles du développement biologique ou physiologique de l'individu.

En Grande-Bretagne, l'une des plus célèbres tentatives pour construire une science de l'homme sur le modèle des sciences de la nature fut entreprise par le contemporain d'Auguste Comte, l'historien Henry Thomas Buckle, dans son ouvrage *History of Civilization in England*. Buckle a réaffirmé l'intention comtienne de jeter les bases d'une toute nouvelle science de l'homme, qu'il vise notamment par le biais de l'historiographie. En reprenant les termes mêmes d'Auguste Comte, Buckle dirige une critique pointue contre l'historiographie traditionnelle, qu'il définit comme une «compilation incohérente de faits déjà improprement qualifiée d'histoire »[4]. Tout en exprimant son admiration pour le système de Comte, Buckle a cependant intégré dans sa théorie la méthode mathématique du statisticien belge Adolphe Quételet, en cherchant à montrer l'utilité de la statistique pour l'identification des lois régissant la progression sociale. Regardons de plus près cette idée de loi chez Thomas Henry Buckle afin de cerner le débat que ses écrits ont suscité.

Lorsque Buckle vise le champ de l'histoire humaine, ce qu'il cherche avant tout, c'est à établir de quelle manière, à partir d'un certain nombre de conditions ou de causes, nous pouvons rendre compte du développement des phénomènes qui caractérisent une « civilisation ». A cette fin, la compréhension statistique des tendances démographiques ou des conditions climatiques nous aide, selon Buckle, à identifier des lois morales et intellectuelles. C'est à partir de telles lois, à son avis, qu'il faut expliquer l'émergence de phénomènes historiques complexes, que ce soit, par exemple, la croissance d'une religion, ou l'établissement d'une institution politique.

La critique contemporaine de cette tentative de théorisation d'une nouvelle science de l'histoire fut élaborée en Allemagne, notamment par Johann Gustav Droysen. Dans un compte-rendu de l'ouvrage de Buckle, *History of Civilization in England*, Droysen s'interroge sur le nouveau fondement de la science de l'histoire proposé par Buckle.

Dans ce contexte, Droysen réexamine la phrase d'Auguste Comte, évoquée, comme nous l'avons vu, par Buckle, selon laquelle toute l'historiographie antérieure, faute d'avoir su concevoir les lois fondamentales régissant le cours de l'histoire, ne serait qu'une « compilation incohérente de faits »[5]. Droysen analyse cette critique en se demandant s'il s'agit là, en vérité, d'une défaillance au sein de l'historiographie traditionnelle ou plutôt d'un simple malentendu de la part de Comte et de Buckle, dû à une tentative de théorisation de l'histoire à partir de critères tout à fait inappropriés. C'est en élaborant une théorie de la distinction fondamentale entre nature et histoire dans son ouvrage classique sur la théorie de l'histoire, *Grundriss der Historik*, et dans son compte-rendu de Buckle, que Droysen esquisse une théorie des fondements des sciences de l'homme qui sera particulièrement influente en Allemagne durant plusieurs générations.

Dans son compte-rendu de l'ouvrage de Buckle, comme dans *Grundriss der Historik*, Droysen met en cause le concept même de l'histoire que Buckle préconise. En voulant ramener l'histoire à un système de conditions ou de lois, Buckle, selon Droysen, oublie la source première de l'histoire humaine. Alors que les lois naturelles se déploient indépendamment de la volonté des humains et de leurs actes sensés, l'histoire dépend de tels actes qui ont la capacité de perdurer grâce à la mémoire que les hommes en conservent. Dans cette optique, l'existence de l'histoire, loin d'être le produit de lois générales, dépend bien plutôt d'une remémoration du parcours traversé par l'esprit humain. Droysen écrit à ce propos :

> «L'histoire est la somme des événements, non pas le cours de toute chose, mais une connaissance de ce qui s'est produit et ainsi son avènement en tant qu'il est connu.
>
> ... Sans cette connaissance, l'événement serait comme s'il ne s'était pas passé. Puisque tant qu'il relève de la nature externe, il est passé, c'est seulement dans le souvenir, correspondant à son mode d'appartenance à l'esprit qui le connaît, qu'il perdure.»[6]

Tout en identifiant l'histoire avec le souvenir que les hommes en conservent, Droysen admet la difficulté, à n'importe quelle époque, de mettre en lumière la signification globale de l'histoire. Si toutefois une telle signification semble se dessiner par moments par-delà la volonté des hommes eux-mêmes, en suggérant la possibilité d'une source supra-historique et providentielle du devenir de l'humanité, la présupposition d'une telle source ne nous empêche pas de ramener notre compréhension de l'histoire à une interprétation des actes sensés des hommes. En visant de tels actes, cette compréhension cherche, selon Droysen, à mettre en relief la spécificité même de l'être humain, qui ne se laisse pas concevoir en dehors du souvenir du passé entretenu par l'histoire.

Si l'on fait abstraction de la prétention exagérée de Buckle d'identifier des lois régissant l'histoire, l'on peut se demander si le grand débat amorcé par ces deux auteurs se laisse résoudre soit par un questionnement épistémologique sur les méthodes soit par la recherche empirique. L'antinomie existant entre une méthode qui, pour toute compréhension du monde humain, privilégie l'interprétation d'actes humains dotés de sens et une autre méthode qui tente de fonder cette compréhension sur des facteurs indépendants de tels actes ne me semble guère dépassée à l'heure actuelle.

Mon intention présente n'est cependant pas d'examiner comment cette antinomie préfigure ou ne préfigure pas telle ou telle idée actuelle de l'histoire ni, à partir de la conjugaison de méthodes, de proposer une nouvelle théorie du consensus dans le champ des sciences de l'homme. Je souhaite démontrer que de manière encore plus essentielle que les considérations méthodologiques qui ont séparé les démarches de Buckle et de Droysen, c'est un présupposé d'un autre ordre — présupposé qu'ils partagent d'ailleurs — qui met en relief le caractère problématique d'un tel consensus pour les sciences de l'homme. À mon avis, ce présupposé se présente d'autant plus clairement à nous, qu'il s'enracine dans un débat lointain, mais qui se situe à un moment décisif quant à l'articulation du questionnement moderne sur la méthodologie des sciences de l'homme.

Ce que Buckle et Droysen présupposent en commun, malgré la divergence de leurs orientations, c'est que la signification essentielle du passé nous est accessible. Pour Buckle, c'est là une évidence qui découle de l'idée d'une reconstruction des conditions déterminantes de l'histoire, agissant à l'insu des contemporains eux-mêmes. Partant d'une idée tout à fait opposée, Droysen présuppose que la signification du passé se présente à nous justement parce qu'il est composé d'actes dont nous n'avons qu'à dégager le sens. Il écrit à ce propos :

> «Seul ce que l'esprit humain et la main humaine ont constitué, formé, touché, seule la trace humaine s'éclaircit à nouveau.
>
> ... En constituant, en formant, en ordonnant, dans chacune de ses extériorisations, l'homme donne une expression de son être individuel, de son moi. Ce qui nous est encore quelque part présent de ces expressions et impressions, de quelque manière que ce soit, nous parle et nous est compréhensible.»[7]

Mais suffit-il que l'on observe un phénomène humain ou, pour emprunter la métaphore de Droysen, que ce phénomène nous parle, pour qu'on le comprenne? Ou le présupposé d'une accessibilité essentielle du passé, ne cache-t-il pas le fait que la différence spécifique et parfois difficilement intelligible du passé risque en même temps de nous interpeller, voire de nous gêner? Le passé ne revêt-il pas ainsi un sens par rapport à l'identité de celui qui le thématise, identité caractérisée non seulement par une capacité de compréhension, mais aussi par des lacunes profondes, des oublis, des inconséquences? Au-delà du fait que l'historien est toujours obligé de choisir le contenu de son analyse parmi une infinité de faits possibles, de telles zones opaques liées à l'identité du chercheur jouent un rôle essentiel dans l'orientation de la recherche. Ces zones opaques, je crois, ne sont pas principalement à comprendre comme des manquements, fruits d'une passivité mentale, mais comme une activité, même si elle est souvent tacite et anonyme, par rapport à tout un système de tabous, de résistances, de champs de réflexion inconfortables dans le contexte d'une recherche donnée. À mesure que le phénomène interrogé nous interpelle à son tour, met notre identité en question, la lacune, l'oubli, l'occultation volontaire tendent à entrer en jeu. Bien entendu, des considérations de ce genre peuvent intervenir dans le domaine des sciences de la nature — le débat entre Galileo Galilée et l'Eglise en est le meilleur exemple — mais ces considérations n'entrent en question qu'indirectement par rapport à la détermination de leur but essentiel.

Si j'ai souligné ces considérations relatives au thème de l'identité de celui qui entreprend la recherche, c'est parce que le problème du consensus scientifique dans le champ des sciences de l'homme relève beaucoup plus directement de cette considération que d'une querelle de méthodologies. Dans ce champ, le but même d'un travail — au delà d'un simple journal de bord ou d'un inventaire des faits — se situe dans son rapport aux phénomènes, non seulement au moyen d'une méthodologie cohérente, mais aussi de leur élucidation de manière à puiser dans les sources profondes de l'identité du chercheur lui-même, c'est-à-dire en même temps d'une identité collective sous-jacente, déployée au travers de tout un réseau de pratiques langagières et de significations symboliques. Au-delà du problème de la cohérence méthodologique, le déploiement d'un tel réseau engage des réticences explicites, comme des lieux opaques et des zones de refoulement collectif, mettant ainsi en œuvre, souvent de manière tacite, une visée apologétique ou, au contraire, démystificatrice.

Au-delà des polémiques engagées par Buckle autour de la méthodologie, ce qu'il vise à partir de son travail historiographique, c'est la légitimation de la modernité. Les lois de l'histoire sont destinées à nous prouver la nécessité du progrès dans l'histoire, et la supériorité des cultures occidentales par rapport aux autres civilisations.

Comme Friedrich Meinecke l'a fait remarquer, l'un des buts auquel s'est consacré le travail historiographique de Johann Gustav Droysen, dans sa *Geschichte des Alexander des Grossen*, fut de légitimer l'idée de l'unification de la nation allemande à la lumière de l'histoire hellénistique[8].

Il est possible que de nos jours les partis-pris des historiens soient devenus moins prononcés que ce n'était le cas au XIXe siècle. De toute évidence, nous sommes au moins plus conscients du rôle joué par les présupposés du chercheur dans l'interprétation des phénomènes du passé. Plus encore, les partis-pris et les présupposés de notre époque, parce qu'ils s'enracinent dans une identité actuelle avec ses propres zones d'ombre, nous sont en même temps bien moins transparents. Toutefois, la visée apologétique ou démystificatrice — apologétique dans un champ, démystificatrice dans un autre — me semble inhérente au travail de l'historien. Etant donné que le travail de l'historien ne peut guère faire abstraction de l'identité du chercheur lui-même, les divergences au sujet des méthodes et des problèmes scientifiques définis comme légitimes sont aussi inhérentes à l'historiographie que les différences profondes d'identité parmi les collectivités et les individus. La recherche d'un paradigme en histoire, et je dirais, par extension, dans le champ des sciences de l'homme, se méprend *donc* sur le véritable travail à l'œuvre dans ce domaine : s'il ne peut être orienté par un consensus scientifique, c'est parce que les divergences scientifiques elles-mêmes, véhiculées à partir des visées apologétiques ou démystificatrices, jouent un rôle essentiel dans le dévoilement des lieux opaques et des zones de refoulement au fond des identités. C'est ainsi qu'un travail historique peut servir non seulement à légitimer une doctrine ou un groupe mais, dans le meilleur des cas, à révéler aux collectivités les sources de leurs propres inconséquences.

Toutefois, afin d'éviter un malentendu, il faut préciser qu'à notre avis l'absence de consensus, ainsi que de paradigme en histoire, ne nous condamne pas à un subjectivisme historique où tous les modes de représentation des faits, y compris les plus arbitraires ou partiaux, peuvent indifféremment se réclamer d'un statut de scientificité. D'autre part, renoncer à la recherche d'un paradigme pour les sciences de l'homme n'équivaut pas à se résigner au scepticisme historique, où tout espoir de produire une représentation «objective» du passé s'avérerait illusoire. Il convient bien plutôt de mettre en relief une disparité inhérente à la pluralité d'interprétations historiques qui, même lorsqu'elles s'entendent, relativement à une recherche documentée, sur la véracité des faits, ne peuvent éliminer le désaccord sur la signification globale des faits dans le contexte du passé. Ainsi, si nous ne contestons pas la possibilité de faire concorder les résultats obtenus par différents types de méthodologies, c'est pourtant la prétention d'un mode d'interprétation ou d'une méthodologie de s'ériger en norme de la scientificité que nous mettons en question.

Pour illustrer cette mise en question du bien-fondé de la notion de paradigme en histoire, je proposerai en conclusion deux exemples succincts, se rapportant au XXe siècle.

Au cours des années 1970, la question a souvent été posée, notamment aux Etats-Unis, de savoir dans quelle mesure le travail historiographique et théorique de Fernand Braudel a pu contribuer à la formation d'un paradigme dans le champ des sciences de l'homme. Sans se livrer à une analyse approfondie de ce thème, Braudel lui-même a cependant manifesté une certaine sympathie pour la notion d'un nouveau «paradigme» en histoire, au sens de Thomas Kuhn, fourni par le travail de l'Ecole des Annales à laquelle il appartenait[9]. Ce paradigme aurait été le fruit de l'approche pluridisciplinaire préconisée par son école, qui recherchait une nouvelle forme d'historiographie dans la conjugaison de l'économie, la géographie et la démographie avec le travail de l'historien.

Tout en reconnaissant l'originalité de cette méthodologie de Braudel, surtout dans son application dans l'ouvrage *La Méditerranée et le monde méditerranéen à l'époque de Philippe II*, il ne me semble pas que Braudel ait pu mettre en œuvre un paradigme dans le champ des sciences de l'homme. A mon sens, il serait vain de vouloir établir un consensus scientifique à partir des écrits de Braudel. Si nous sommes amenés à adopter sa méthode, ce n'est pas parce qu'elle est plus cohérente que toutes les autres, mais dans la mesure même où nous sommes convaincus par l'idée fondamentale concernant l'identité de l'Europe moderne qui oriente son analyse. Cette idée, à mon avis, s'appuie sur une identité élargie de l'Europe, qui s'oppose au concept plus étroit de l'Etat-nation, typique du XIXe siècle, centré sur l'événement politique et l'acquis culturel. C'est pour cette raison que Braudel privilégie, par rapport à la courte durée des événements politiques nationaux, la longue et la moyenne durée des structures géographiques et des cycles économiques au sein de toute une région. C'est en ce sens également qu'il faut entendre les fameuses polémiques de Braudel, notamment l'affirmation que «les événements sont poussière»[10], et la culture «consommation, voire gaspillage»[11].

Mon second exemple sera tiré du domaine de l'histoire des sciences elle-même. Alors que les sciences de la nature ont déjà pu élaborer les conditions d'un consensus scientifique, ce même consensus scientifique ne caractérise nullement le domaine de l'*histoire* des sciences. De récents travaux nous ont fait comprendre toute la portée philosophique du débat sur l'histoire des sciences autour des continuistes comme Duhem et des discontinuistes comme Alexandre Koyré et Thomas Kuhn[12]. Alors que les continuistes soulignent la continuité dans l'histoire de la physique et de la mécanique, en mettant en évidence les contributions apportées par les découvertes du Moyen-Âge, les discontinuistes mettent plutôt l'accent sur les ruptures survenues lors de ce qu'ils qualifient de révolutions scientifiques. Je ne souhaite pas ici aborder l'aspect scientifique de ce débat, qui dépasserait d'ailleurs mes compétences. Par ailleurs, en évoquant ce débat dans un contexte où j'ai souligné le rôle de l'identité du chercheur, je ne veux pas non plus suggérer que l'on puisse réduire ces aspects complexes à de simples convictions personnelles. Il serait trop facile de vouloir faire dériver ce débat d'une simple apologie de la part de Duhem, catholique croyant, de la continuité de la tradition ou, inversement, d'un plaidoyer pour la modernité à partir des convictions personnelles de Koyré ou Kuhn. Cela étant dit, je me demande cependant, pour les raisons esquissées ci-dessus, si les divergences d'interprétation dans l'histoire des sciences de la nature ne sont pas aussi inévitables que celles qui émergent dans toute autre branche de l'histoire. Je me demande si toute enquête historique qui s'enchevêtre avec les motifs de l'identité humaine ne rencontre pas nécessairement le dilemme signalé par Jacob Burckhardt dans l'introduction à son ouvrage *Die Cultur der Renaissance in Italien*, dilemme qui relève de tout sauf de la partialité intentionnelle ou de l'arbitraire :

> «Dans le vaste océan sur lequel nous nous aventurons, multiples sont les directions et les chemins possibles. Et les mêmes études qui nous ont servi pour ce travail pourraient facilement, en d'autre mains, recevoir non seulement une analyse et une application complètement différentes, mais conduire en même temps à des résultats essentiellement divergents. En effet, l'importance du thème est telle, qu'il fait appel à un renouveau de l'investigation, et peut être étudié avec profit à partir des points de vue les plus variés.»[13]

NOTES

[1] Thomas Kuhn, *La structure des révolutions scientifiques*, Paris, Flammarion, 1983, p. 10-11.
[2] *Ibid.*, p. 11.
[3] *Ibid.*, p. 35-36 (traduction modifiée).
[4] Henry Thomas Buckle, *History of Civilization in England*, London, Parker, 1858, p. 5.
[5] Johann Gustav Droysen, «Erhebung der Geschichte zum Rang einer Wissenschaft», in *Historik. Vorlesungen über Enzyklopädie und Methodologie der Geschichte*, Munich, Oldenbourg, 1977, p. 392.
[6] *Ibid.*, p. 325.
[7] *Ibid.*, p. 328.
[8] Friedrich Meinecke, «Johann Gustav Droysen, sein Briefwechsel und sein Geschichtsschreibung», in *Historische Zeitschrift*, 141 (1930), p. 258.
[9] Fernand Braudel, Foreword, T. Stoianovich, *French Historical Method. The Annales Paradigm*, Ithaca, Cornell, 1976, p. 10-12.
[10] Fernand Braudel, *La Méditerranée et le monde méditerranéen à l'époque de Philippe II*, tome II, Paris, A. Colin, 1949, p. 223.
[11] Fernand Braudel, *Ecrits sur l'histoire*, Paris, Flammarion, 1966, p. 298.
[12] M. Clavelin, «Le débat Koyré-Duhem, hier et aujourd'hui», *History and Technology*, vol. 4, n° 1-4 (1987); A. Brenner, *Pierre Duhem. Science et réalité*, Paris, Vrin, 1989.
[13] J. Burckhardt, *Die Kultur der Renaissance in Italien. Ein Versuch, Gesammelte Werke*, vol. 3, Basel, Schwabe, 1955, p. 1.

8.
La science prosaïque de Bruno Latour

James Robert Brown
Université de Toronto

Le fait le plus gênant, à propos des faits, c'est l'étymologie du mot *fait*. Le latin *facere* signifie faire ou construire. Bruno Latour, comme beaucoup d'autres philosophes qui se plaisent à jouer avec l'histoire du mot, pense que les faits sont *faits* par nous : ils sont socialement construits. Grâce à l'ouvrage que Latour a écrit en collaboration avec Steve Woolgar, *Laboratory Life : The Social Construction of Scientific Facts*) (dorénavant *LL*)[1], ce point de vue a acquis une certaine vraisemblance. Ce livre se présente sous forme d'« étude sur le terrain » d'un « anthropologue de laboratoire ». Terrain insolite pour un anthropologue, dira-t-on; cependant Latour y justifie aisément sa présence : « Nous avons une connaissance passablement détaillée des mythes et des rites de circoncision de tribus exotiques, et pourtant nous ignorons à peu près tout des détails correspondants dans la vie des tribus scientifiques. » (*LL*, 17)

LL nous raconte une histoire étonnante sur la création/découverte du « TRF» (« Thyrotropin Releasing Factor »). L'opinion reçue (fût-elle découverte ou invention) est qu'il s'agit d'une substance produite en quantité infime par l'hypothalamus et qui joue un rôle majeur dans le système endocrinien, comme déclencheur de la sécrétion hypophysaire de l'hormone thyréostimuline. Celle-ci, à son tour, commande l'activité de la glande thyroïde qui sert à réguler la croissance, la maturation, et le métabolisme.

La recherche sur le TRF est due à Andrew Schally et Roger Guillemin, travaillant indépendamment l'un de l'autre. Elle leur a valu un prix Nobel partagé en 1977 en tant que co-découvreurs, quoique chacun récusât les prétentions de l'autre. La quantité de travail manuel que demanda l'isolement du TRF a de quoi laisser rêveur. Guillemin, par exemple, a fait expédier cinq cents tonnes de cerveaux de porc à son laboratoire au Texas; quant à Schally, il réquisitionna une quantité semblable de cerveaux de mouton. Pourtant, dans les deux cas, la quantité de TRF dégagée a été infime.

Le manque d'une quantité respectable de l'hormone pose un problème d'identification. Comme l'existence de la substance en question est quelque peu précaire, toute épreuve destinée à indiquer sa présence est hautement problématique. C'est sur cette considération que reposent, en plus grande partie, les assertions philosophiques de Latour au sujet des faits. Prenons en exemple le cas de l'or. Nous en avons beaucoup : on peut le voir, n'importe qui sait le reconnaître, des échantillons-étalons ne manquent pas. Pour nous protéger de la confusion possible avec la pyrite de fer, on a mis au point des essais. Comment savons-nous que tel ou tel essai est valable? C'est simple : on utilise des échantillons-étalons d'or et de pyrite. Un essai est valable dans la mesure où il est capable de les départager.

Mais cette méthode ne peut s'appliquer dans le cas du TRF. Nous manquons tout simplement d'échantillons-étalons capables de calibrer nos essais. On a bien mis au point des titrages biochimiques, mais sans échantillons-étalons de TRF, il est impossible d'en vérifier la validité. Autrement dit, il n'y a pas moyen de s'assurer que le résultat du titrage biologique soit véritablement «conforme aux faits». Le «fait» dont il s'agit est celui-ci : *il y a dans l'hypothalamus une substance qui déclenche l'émission de thyréostimuline par l'hypophyse et sa structure chimique est pyroGlu-His-Pro-NH2.*

L'*existence du fait* en question repose sur la *reconnaissance d'un certain titrage* : les deux vont de pair. Du moins, c'est là l'argument de *LL*. Voici la formule précise de Latour et Woolgar : «Sans un titrage, on ne peut affirmer l'existence d'une substance. [Without a bioessay a substance could not be said to exist.]» (*LL*, 64) Ils n'offrent aucun argument indépendant pour cette affirmation, qui semble apparemment évidente à tout «anthropologue de laboratoire»[2]. Et il leur semble également évident que puisque il n'y a aucun essai direct qui permette de mettre le titrage lui-même à l'épreuve, un essai ne saurait être adopté que par suite de négotiations *sociales*. Schématisons :

Le TRF existe si, et seulement si, le titrage B est adopté.
B est adopté à la suite de négotiations sociales
DONC, le TRF n'est pas découvert : c'est une construction sociale.

L'argument est intéressant, et le récit sur lequel il repose est suffisamment saisissant pour rendre la conclusion vraisemblable. Mais un peu de réflexion permet de constater que ni l'une ni l'autre des prémisses n'est acceptable. La première implique que l'or n'existait pas avant qu'un certain titrage ou essai ne le décèle. Bien entendu, les théories qui lient les faits à tel ou tel titrage appartiennent à une longue tradition. Mais toute version vraisemblable de cette doctrine doit être capable de distinguer la vérité de ce que l'on croit provisoirement être la vérité. (On fait ordinairement appel à une notion de vérification «à la limite idéale.») Mais le rapport suggéré dans *LL* entre le fait et le titrage est bien trop sommaire pour être crédible.

Peut-être mon interprétation de ce que disent Latour et Woolgar manque-t-elle de générosité. Rappelons leur formule : «Sans un titrage, on ne peut affirmer l'existence d'une substance.» Faut-il entendre, tout simplement, que sans un titrage nous ne sommes pas en mesure d'*affirmer* que la substance existe? Mais alors la question reste ouverte, si oui ou non la substance dont il s'agit (l'or, ou le TRF) existe effectivement. Par conséquent, les faits ne sont pas nécessairement constructions de la société, contrairement à ce qu'affirme *LL*. Cette interprétation rivale des faits n'a, bien sûr, rien de passionnant : mais il se trouve qu'elle est juste quand même.

Qu'en est-il de la seconde prémisse de l'argument? La façon dont *LL* voit les choses rappelle le «réseau de croyances» évoqué par W.O. Quine. Les propositions sont liées entre elles en un réseau. Certains des liens qui les unissent sont forts, d'autres sont faibles, mais en tous cas le réseau est immense. Encore une fois, au premier abord, le tableau peint par Latour est vraisemblable : nos croyances à propos de n'importe quelle substance sont intimement liées aux méthodes de titrage que nous avons adoptées. Les sociologues de la science se montrent souvent particulièrement sensibles à cet aspect systématique des croyances scientifiques, et adeptes à rendre manifestes les multiples complexités de nos réseaux de croyances. (Les philosophes, par contre, ont tendance à se contenter, en guise d'illustrations, de contes de fées étriqués.) Mais quand il s'agit d'en tirer la morale, les sociologues de la science deviennent soudain étrangement simplistes. Le réseau de Latour, par exemple, ne consiste qu'en deux propositions : «Ceci est du TRF», et «Ceci est un titrage valable». Ces deux propositions sont entièrement solidaires.

Cette affirmation simpliste est facilement contournable. Dans le titrage effectivement adopté, on utilise des rats plutôt que des souris parce qu'on a des raisons de croire que les souris ont des thyroïdes plus sensibles; on se sert de mâles plutôt que de femelles parce que le cycle reproductif des femelles pourrait entraîner des complications; on se sert de rats de 80 jours parce que c'est l'âge où l'hypophyse contient le plus de thyréostimuline; etc. Il est vrai que ces considérations ne sont guère concluantes, mais l'important est qu'elles constituent des raisons *indépendantes* de penser que le titrage en question est le bon pour déceler le TRF. Ian Hacking (sur qui je m'appuie ici) s'est entretenu des complications des titrages de TRF. Selon lui, le nombre de variables impliquées est «époustouflant» (1988, 283) et nous donne un motif de sympathiser — du moins au premier abord, sinon définitivement — avec Latour et Woolgar. Je préfère, quant à moi, retrouver dans cette masse même de complications la multitude de liens qui caractérise notre réseau d'ensemble. Il ne s'agit pas ici d'un petit cercle qui ne comprend que deux propositions solidaires : nous avons un réseau infiniment plus vaste, et le titrage s'appuie sur une multitude de fils de grande portée[3].

Peut-être le fait que les rats ont des thyroïdes plus sensibles que les souris n'est-il que construction de la société : encore n'a-t-il pas été construit par l'équipe qui se penche sur le TRF. Pour les membres de cette dernière, c'est plutôt une contrainte externe. La thèse que le titrage est adopté à la suite de constructions de la société est beaucoup plus difficile à soutenir. Dès le moment où nous acceptons que les gens travaillent à partir de faits *qui ne sont pas construits par eux-mêmes*, nous ferions mieux d'admettre la possibilité que les gens doivent parfois travailler avec des faits qui ne sont *pas construits du tout*.

Le thème de la constitution sociale des faits revient dans toutes les œuvres de Latour. Son ouvrage plus récent, *Science in Action* (dorénavant *SA*) ajoute à la création des faits un élément temporel. «En elle-même, une phrase donnée n'exprime ni fait, ni fiction : ce sont les autres, plus tard, qui la constituent comme vraie ou fausse.» (*SA*, 25) Cette audacieuse affirmation est dignifiée du titre de «Premier Principe : le destin des faits, comme celui des machines, est entre les mains des usagers ultérieurs; leurs caractéristiques sont donc la conséquence et non la cause de l'action collective» (*SA*, 258). Il semblerait donc que le jeu des acteurs de l'Histoire compte pour bien moins que celui de leurs spectateurs. C'est le spectateur d'aujourd'hui qui insuffle un sens à l'action de naguère. On voudrait bien savoir combien de temps il faut attendre avant que ce sens ne devienne effectif : combien de temps faut-il pour qu'un fait devienne un fait? Quelques minutes? Quelques années? Les affirmations de Copernic, semble-t-il, n'étaient ni vraies ni fausses au XVIe siècle, c'est Newton et d'autres au XVIIe siècle qui les ont rendues vraies. Mais était-ce là la fin de l'affaire? Ou bien est-ce qu'Einstein et nous autres au XXe siècle les aurions à nouveau rendues fausses? On pourrait se poser la même question à propos de Newton et Einstein eux-mêmes. Mais quel est ce pouvoir remarquable, que Newton n'avait qu'à moitié, puisqu'il lui permettait de rendre vraies les affirmations de Copernic, mais pas les siennes propres?

L'argumentation de Latour à l'appui de la thèse que «rien n'est vrai ni faux jusqu'à plus tard», c'est simplement le phénomène du *changement de croyances*, qui ne suffit nullement à prouver ce que Latour avance à propos du statut ontologique profond des faits. Que les gens changent d'avis, cela n'infirme pas les faits. Sans sembler s'en rendre compte, Latour décrit tout simplement (d'une façon souvent habile et passionnante, il faut bien le dire) ce que d'autres philosophes appelleraient une théorie cohérentiste de la justification. Il ne faut pas confondre celle-ci avec une théorie sociale de la vérité. Latour serait plus crédible — mais moins original — s'il disait que les scientifiques qui viennent plus tard fixent les théories de ceux qui les ont précédés. C'est Newton qui a rendu Kepler crédible; c'est Euler qui a fixé Newton.

La plus grande faiblesse de cet ouvrage, c'est son incapacité systématique à saisir la subtilité des arguments sur lesquels s'appuie toute théorie digne de ce nom. Les réflexions dont Latour nous fait part à propos de l'argument d'autorité, par exemple, sont plutôt naïves. Il fait remarquer que les philosophes et les scientifiques le réprouvent; cependant, d'après lui, l'argument d'autorité est aussi répandu qu'efficace. Il considère les citations et renvois, par exemple, comme des procédés purement rhétoriques :

«L'effet des citations et renvois sur la force persuasive ne se limite pas au 'prestige' ou au 'bluff'. Un exposé qui n'a pas de renvois ressemble à un enfant qui se promène sans escorte dans une grande ville inconnue : perdu, solitaire, il peut lui arriver n'importe quoi. Au contraire, attaquer un exposé lourd de renvois veut dire que l'assaillant doit affaiblir chacun des travaux cités : tout au moins, c'est ce qui le menace, tandis que pour qui s'attaque à un exposé tout nu le lecteur et l'auteur sont face à face, ils pèsent le même poids.» (*SA*, 33)

Voilà bien une vue absurdement cynique sur ce que la plupart d'entre nous appellerions ordinairement le rassemblement des preuves. Elle est d'ailleurs contredite, de manière frappante, par certains résultats expérimentaux particulièrement intéressants qui découlent effectivement du domaine sociologique, mais qui vont à l'encontre de la thèse de Latour. En effet, c'est un phénomène fort bien documenté que les exposés de physique contiennent moins de citations que ceux des sciences sociales :

ce qui, bien entendu, renverserait l'ordre d'autorité tel qu'il est habituellement conçu.

Mais il y a plus. Les citations en elles-mêmes ne prouvent rien. Si, dans le présent essai, j'ajoutais 150 renvois aux travaux d'Einstein, cela ne ferait pas le moindre effet. L'invocation d'une autorité doit être intégrée de façon convaincante : je suis tenu de justifier le lien que j'établis entre mes conclusions et les travaux que je cite. Il se pourrait, par exemple, qu'une conclusion nouvelle puisse être tirée à partir de travaux antérieurs.

Cependant Latour ne veut rien savoir de tout cela. Dans *Les Microbes : Guerre et Paix* suivi de *Irréductions* (dorénavant *MGP*), il déclare : «Il n'y a jamais eu de déduction» (*MGP*, 197). Il s'explique :

«'Raisonner' est le terme donné à un travail... par lequel se répartissent l'Entente et la Discorde entre les phrases; cela est affaire de goût et de dégoût, de métier et de savoir-faire, de haine et de classe. On insulte, on tend le menton, on fait la moue, on tape sur la table, on a la chair de poule, on serre les fesses, on est enthousiasmé, on crache, on soupire, on rêve... Qui raisonne?» (*MGP*, 201)

Dans la première partie de *MGP*, Latour trace de manière fort intéressante l'influence de Pasteur (et de la coterie, d'abord peu nombreuse, de ses disciples) sur les hygiénistes. Ces derniers constituent un groupe important de gens qui se préoccupaient de propreté, qui voulaient renverser le cours de la dégénérescence physique et morale de la population, et particulièrement des pauvres. Les hygiénistes ne favorisaient aucune théorie particulière sur les causes et la nature de la maladie, et n'avaient nullement été impressionnés par les idées de «contagion» qui avaient eu cours avant Pasteur.

Ce qui intéresse particulièrement Latour, c'est de mettre en valeur la façon dont les succès d'un «mouvement social de régénération» tout entier ont fini par être attribués à un seul homme : Pasteur.

«Où allait le mouvement hygiéniste sans Pasteur et les siens? Dans sa propre direction. Sans microbe, sans vaccin, sans même de doctrine de la contagion ou de la variation de virulence, il était possible de faire tout ce qui fut fait : assainir les villes, creuser les égoûts, exiger de l'eau, la lumière, l'air et le feu... Le point d'appui fourni par la bactériologie ne doit pas faire oublier que l'immense mouvement social était en marche pour ce mélange d'urbanisme, de défense du consommateur, d'écologie dirait-on aujourd'hui, de défense du cadre de vie et de moralisation que résume le mot *hygiène*.» (*MGP*, 29)

Le débat doit rester sans issue, du moins dans une certaine mesure; car la question plus large des relations entre la médecine et l'hygiène demeure controversée. La thèse principale de Latour est que les découvertes de Pasteur «sont devenues probantes parce que les hygiénistes les ont crues et ont forcé tous les autres à les *réaliser.*» (*MGP*, 62). Cela nous ramène, bien sûr, à la question des faits. Les microbes existaient-ils avant Pasteur? Les a-t-il découverts? Existent-ils véritablement? Tout acteur au théatre de la chimie est «défini par une liste d'actions» :

«L'objet n'a pas d'autres bords, en plus de ces épreuves... Cette définition de l'acteur est évidente, mais elle risque de nous amener à un problème difficile. Le microbe existait-il avant Pasteur? Du point de vue pratique — je dis bien pratique et non 'théorique' — il faut bien reconnaître que non.» (*MGP*, 89)

Donc, les microbes n'existent pas vraiment — du moins pas au sens pratique (ce qui veut dire exactment quoi? Latour ne nous le dit pas). Mais existent-ils dans quelque autre sens? Il semble que Latour veuille dire Non — mais il est loin d'être clair.

«Une fois que l'on a stabilisé l'appareil statistique qui révèle le danger du charbon et l'efficacité du vaccin, ... une fois que Pasteur a relié sa bactéridie à chacun des tours que faisait aussi le 'charbon', alors, et alors seulement, la double impression se met en place : le microbe *a été découvert* et le vaccin se diffuse *partout*. Je pourrais dire que Pasteur a 'vraiment enfin découvert' la vérité du microbe, mais le mot 'vrai' n'ajouterait rien, sinon de la confusion.» (*MGP*, 104-5)

Une des caractéristiques les plus notoires de Latour est la position centrale qu'occupent pour lui le texte, les mots, et plus généralement les inscriptions. On trouve déjà ce thème dans *LL*, et l'influence herméneutique ne perd rien de son importance dans les deux ouvrages suivants, *SA* et *MGP*. Au lieu d'être une façon d'enregistrer les données et de communiquer nos pensées et nos théories, les textes eux-mêmes sont érigés en vedette du processus scientifique.

«Derrière les textes, [les scientifiques] ont mobilisé des inscriptions (c'est-à-dire, encore des textes) ainsi que d'énormes et coûteux instruments permettant d'obtenir ces inscriptions. Mais il y a autre chose, quelque chose qui résiste aux épreuves de forces qui ont lieu derrière les instruments, quelque chose que j'appellerai provisoirement *un nouvel objet.*» (*SA*, 87)

Cette référence à un « objet » signifie-t-elle que Latour reconnaît que tous ces textes pourrait se *rapporter* à autre chose, à quelque chose qui demeure en dehors du texte ? Se pourrait-il qu'il s'agisse du monde ? Hélas, non. « Ce qui compte pour nous, c'est de comprendre le nouvel objet juste à l'instant de son émergence. Dans le laboratoire, le nouvel objet est une liste de résultats écrits d'essais. » (*SA*, 87) Encore dans le même sens :

« On ne pense pas ; on n'a pas d'idées. *On écrit*, activité aussi concrète que l'art d'élever des bœufs, ... dans certains *lieux*, plus rares que les succursales des grandes chaînes commerciales, en manipulant certaines *inscriptions*, arrachées par la question à certaines choses ou à d'autres écrits ; en *parlant* à d'autres gens, qui, eux aussi, inscrivent, parlent et sont en résidence dans ces lieux rares ; *convaincus* ou non à l'aide de ces inscriptions, qu'on fait parler, qu'on fait écrire, et qu'on fait lire. » (*MGP* 246)

Les anthropologues ordinaires font une distinction entre ce que les indigènes font et ce qu'ils disent faire. Ce qu'ils disent faire est traité comme une donnée utile pertinente, mais n'est certainement pas pris au mot. Latour refuse, lui aussi, de prendre la science au mot.

« Nous ne considérons pas la supériorité apparente en matière technique des membres de notre laboratoire comme probante... Ceci équivaut au refus de l'anthropologue de s'incliner devant le savoir du sorcier indigène... Nous n'avons aucune raison *a priori* de supposer que la pratique du scientifique soit plus rationnelle que celle d'un autre. » (*LL*, 291)

Si nous demandons aux scientifiques ce qu'ils font, leurs réponses seront du genre suivant : « je détermine le moment magnétique de l'électron », « j'essaie de renormaliser ma théorie quantique de la gravitation », « je détermine les effets du TRF sur le métabolisme des rats », etc. De manière générale, ils seront sans doute disposés à dire qu'ils essayent de comprendre comment fonctionnent les choses. Est-ce là l'interprétation que nos anthropologues du laboratoire, malgré leur agnosticisme initial, finissent par adopter ? Pas du tout. Suivant Latour, les scientifiques ont « perfectionné d'impressionnantes techniques pour ériger des mécanismes capable de fixer dans leur travaux les images, les traces ou les inscriptions les plus insaisissables, ainsi que l'art de la persuasion... Ils sont si habiles, poursuit-il, qu'ils parviennent à convaincre les autres non pas qu'ils sont en passe de se laisser convaincre, mais qu'ils suivent tout simplement une ligne cohérente d'interprétation des données existantes. » (*LL* 691)

Le but que se fixe tout scientifique n'est donc pas de découvrir les faits, mais de *faire de la prose*. Les mots, les tables, les diagrammes, les tracés et autres inscriptions sont le produit principal de tout laboratoire. Ces inscriptions n'enregistrent ni ne reflètent les données; dans un certain sens ce sont elles qui sont les données, la matière première à travailler. Cette analyse toute *prosaïque* de la science donne un sens tout nouveau à la maxime : «Publier ou périr». Bien entendu, notre anthropologue a tout à fait raison de rester sur ses gardes envers le récit que fait le scientifique de ses propres activités. Toute autre attitude entraînerait une pétition de principe. Mais on peut aussi errer dans le sens contraire. S'il ne faut pas prendre le scientifique au mot, celui-ci n'en a peut-être pas moins finalement raison; il faut admettre la possibilité d'un tel verdict. Lorsqu'il décrit son chantier de travail, Latour parle de lui-même à la troisième personne :

«L'anthropologue se sent justifié d'avoir maintenu sa perspective anthropologique malgré le charme envoûtant de ses informateurs. Ils prétendent n'être que des scientifiques qui découvrent les faits; lui s'entête à soutenir qu'ils sont en réalité écrivains et lecteurs dont le métier est de convaincre et de se faire convaincre. Au premier abord, cette attitude a pu sembler douteuse ou même absurde, mais à l'heure actuelle elle semble beaucoup plus raisonnable. Le problème pour les participants était de convaincre les lecteurs d'exposés (et des diagrammes et dessins attenants) qu'il s'agissait de faits réels. Dans ce but, on avait saigné et décapité des rats, écorché des grenouilles, consommé des produits chimiques, dépensé du temps, fait et défait des carrières, et fabriqué et accumulé au laboratoire des instruments à inscriptions. Grâce à son obstination constante, notre observateur anthropologue a échappé à la tentation de se laisser convaincre par les faits. Au lieu de cela, il a pu dépeindre l'activité du laboratoire comme une gestion de la persuasion à travers l'inscription littéraire.» (*LL*, 88)

Certes, on ne peut qu'admirer une obstination si ferme, et s'émerveiller d'un tel pouvoir de résistance.

L'élément persuasif dans le processus scientifique n'a rien à voir avec les «preuves» ou la «raison» : il est en grande mesure politique. Les négotiations entre les scientifiques créent des alliances, etc., que Latour qualifie de «machiavéliques» :

«... La stratégie d'ensemble est facile à saisir : faire subir ce qu'il faut à la littérature existante pour la rendre aussi utile que possible aux thèses que l'on va avancer. La règle du jeu est simple : affaiblir ses ennemis, paralyser ceux qu'on ne peut affaiblir..., aider ses alliés s'ils sont attaqués, assurer des moyens de communications sûrs avec ceux qui fournissent des instruments indiscutables..., forcer ses ennemis à se battre entre eux... si on n'est pas sûr de gagner, faire mine de modestie. Ce sont là en effet de bien simples préceptes, qui appartiennent à la plus vieille politique.» (*SA*, 38)

Les faits deviennt des faits lorsque plusieurs groupes dont les intérêts se recoupent, s'appuient mutuellement.

«Franz Boas, l'anthropologue Américain, est en bataille rangée contre les partisans de l'eugénisme... Supposons maintenant qu'une jeune anthropologue démontre que, du moins dans une certaine île de Samoa, la biologie n'est pas en cause dans la crise des adolescentes, parce que le déterminisme culturel est trop puissant. Boas ne s'intéressera-t-il pas au rapport de [Margaret] Mead? Chaque fois que les partisans de l'eugénisme critiquent son déterminisme culturel, Boas va atteler sa position menacée à la contre-preuve fournie par Mead. Mais chaque fois que Boas et d'autres anthropologues font cela, ils transforment encore un peu le conte de Mead en fait.» (*SA*, 109)

Trouver un motif d'ordre social pour une opinion scientifique, c'est là une manœuvre normale pour un sociologue de la science. Dans *LL*, Latour la décrit d'une façon particulièrement intrigante. «Qu'est-ce qui conduit les scientifiques, demandent Latour et Woolgar, à ériger des instruments à inscription, à écrire des exposés, à construire des objets, et à se ranger à une opinion plutôt qu'une autre?» (*LL*, 189) La réponse qu'ils donnent semble entièrement raisonnable : les scientifiques désirent la renommée parmi leur pairs, ils veulent qu'on les crédite de leurs travaux. Latour et Woolgar font beaucoup de cas de cette notion de «crédit».

«Il serait faux de considérer la récompense comme le but ultime de toute activité scientifique. En fait, la récompense n'est qu'une petite portion d'un large cycle d'investissement de crédit. La chose essentielle dans ce cycle est le gain de crédit qui permet le réinvestissement dans le but de nouveaux gains à l'avenir. Par conséquent, il n'y a pas d'objectif ultime de l'investissement scientifique sinon le redéploiement perpétuel de ressources accumulées. C'est dans ce sens que nous pouvons assimiler le crédit des scientifiques à un cycle d'investissement de capital.» (*LL*, 198)

L'analogie est frappante. Il y a en effet une forte ressemblance entre le réinvestissement du capital et la croissance du crédit d'un scientifique. Mais Latour en fait trop de cas. Le capital, après tout, n'est pas toujours réinvesti : il y en a qu'on empoche pour acheter le nécessaire à la vie, ou encore le plaisir. Mais là n'est pas l'important. Est-ce que les capitalistes ne font que faire de l'argent? Ceux qui ont le plus de succès en font beaucoup, mais ils font aussi autre chose. Ils fabriquent des objets. Et ne font-ils pas de l'argent précisément parce qu'ils fabriquent des objets? Beaucoup d'objets fabriqués sont, bien entendu, plutôt bêtes et inutiles : on les vend à l'aide de publicité mendatrice plutôt qu'à cause de leur valeur propre. En revanche, beaucoup d'objets de fabrication, tels que mon ordinateur, livrent tout ce qu'ils promettent. C'est pour cela qu'en l'achetant j'ai fait gagner quelqu'un. Sans vouloir — loin de là — me poser en défenseur ni de la justice ni de l'efficacité du capitalisme en tant qu'institution sociale, il me semble évident qu'il y a des capitalistes qui font de l'argent parce qu'ils fabriquent des choses utiles. Si nous adoptons l'analogie proposée par Latour et Woolgar, comment nier que certains scientifiques — pas tous, bien sûr! — reçoivent leur crédit parce qu'ils fabriquent de bonnes théories?

Il y a des moments où Latour semble tourner le dos au tableau de la science qui se base sur la notion d'intérêt — du moins pour autant que les intérêts en question se rapportent à la société. La raison principale qui le pousse à s'opposer aux explications qui se fondent sur l'intérêt est que la science, parfois, «révolutionne la conception même de la société.» (*MGP*, 45)

«Dès les premières pages de ce livre [*SA*] le lecteur a sans doute remarqué l'absence choquante des entités qui constituent traditionnellement la Société, une absence peut-être encore plus choquante que l'entrée en scène tardive de la Nature... pas un mot encore sur les classes sociales, sur le capitalisme, pas la moindre discussion de la culture... Je me propose de suivre les scientifiques et les ingénieurs à leur travail, et il s'avère qu'ils *ne savent rien de ce dont la société est faite*, pas plus qu'ils n'en savaient d'emblée sur la nature de la Nature. C'est parce qu'ils ne savent rien ni de l'une ni de l'autre qu'ils se préoccupent tant de *mettre à l'essai* de nouveaux rapports, de créer un monde intérieur qui sera le lieu de leurs travaux, à destituer certains intérêts, à négocier des faits, à brouiller les groupements et à recruter de nouveaux alliés.» (*SA*, 142)

Personne, même le rationaliste le plus endurci (à commencer par moi-même) n'oserait nier que beaucoup de science a été motivée pas certains intérêts sociaux[4]. La remarque de Latour repose sur son opinion que la société est le *résultat* et non la cause de la solution d'une dispute. Mais ceci n'est que simple confusion. Ce que Latour aurait du dire, c'est que la société *antérieure* joue un rôle dans la formation de résultats et de disputes, qui jouent, à leur tour, un rôle dans la constitution de la société *ultérieure*[5].

Cependant, les observations de Latour ne sont pas sans perspicacité. Latour a ses doutes quant au «programme fort» de David Bloor (1976). Il veut adopter le principe dit «de symétrie» et trouver moyen de le généraliser[6]. Voilà en effet qui pourrait améliorer les choses. Car le programme fort, sous sa forme actuelle, fait figurer la science comme une sorte de nuage d'épiphénomènes qui flottent au dessus du monde véritable, qui est le monde social. Aux mains de Latour, la société perd ce statut privilégié.

Pourtant, à d'autres moments, ce sont des explications fondées banalement sur l'intérêt que Latour semble vouloir avancer, comme si c'était là le moteur de la science.

«Ou bien les médecins peuvent utiliser ce qui se passe à l'Institut Pasteur pour faire avancer leurs intérêts, ou bien ils ne le peuvent pas. S'ils le peuvent, tout argument, *aussi révolutionnaire qu'il soit*, sera compris, saisi, déplacé et utilisé en un rien de temps... Mais s'ils ne le peuvent pas, aucun argument, *si utile et si important qu'il soit*, ne pourra être compris ou appliqué même après un siècle.» [*MGP*, 134].

Malgré la promesse d'une analyse nouvelle et perfectionnée de la science, nous retrouvons les mêmes vieux modèles d'explication : les gens croient ce qu'ils croient à cause de facteurs sociaux. Vers le début de *MGP*, on peut lire l'affirmation intrigante que les perspectives rationalistes et sociologiques sont à rejeter les unes comme les autres (*MGP*, 11-12); et dans la deuxième partie du même ouvrage, on lit l'énoncé audacieux que voici : «Aucune chose n'est par elle-même, réductible ou irréductible à aucune autre.» (*MGP*, 177) Tout compte fait, cependant, il s'agit du vieux cliché usé des intérêts sociaux qui font tourner le monde de la science.

Pourquoi tant de sociologues de la science trouvent-ils que l'explication rationnelle manque de vraisemblance? Les sociologue de la science, de Bloor à Latour en passant par Barnes et Collins, semblent trouver hautement problématiques les notions de «raison», «preuve», et autres. Ils s'expliquent rarement de façon claire, mais je soupçonne fort qu'ils considèrent ce genre d'entités comme inacceptables par principe. Latour, par exemple, apparente sa propre interprétation de la science à un paradigme de «traduction», qu'il oppose au paradigme de «diffusion» (*SA*, 133, 134). Ce qu'il dit de ce dernier est instructif :

«Si l'on avait, pour expliquer la 'diffusion' des idées pastoriennes, la seule force de Pasteur et de ses collaborateurs, celles-ci ne seraient jamais sorties des murs du laboratoire de l'Ecole Normale et même... n'y seraient jamais *entrées*. Une idée, même géniale, même salvatrice, ne se déplace jamais seule. Il faut une force qui vienne la chercher, s'en empare pour ses propres motifs, la déplace et, peut-être, la trahisse.» (*MGP*, 21)

Les capacités causatrices de la raison se trouvent ridiculisées :

«Quand nous parvenons à la 'pensée', les plus sceptiques perdent tout esprit critique. Il la font voyager 'en double' sur de grandes distances et instantanément, comme une vulgaire sorcière. Je ne connais personne qui ne soit pas crédule dès qu'on parle des idées.» (*MGP*, 246)

L'attitude qui anime ces remarques, c'est la conviction qu'une idée, une raison, une preuve, ne sont pas d'étoffe à faire se passer quelque chose. Elles sont plutôt une sorte d'ombres, causées par la matière solide du monde, mais incapables en elles-mêmes de provoquer quoi que ce soit. En particulier, aucune idée d'un Pasteur ne saurait mobiliser des millions de gens : seule une force sociale aurait ce pouvoir.

Tout cela trahit, à mon avis, une confusion entre les raisons et les causes. Ce sujet jouit d'une longue et complexe histoire, que je ne tenterai pas de reprendre ici. Il faut me contenter d'affirmer dogmatiquement que *toute raison est une cause*[7]. Le tableau rationaliste de la science ne néglige pas le moins du monde les causes : il fait plutôt appel à un type spécial de causes : les raisons. Une fois ceci admis, le grand vent sociologiste tombe à peu près au calme plat.

Je ne m'attarde pas sur la question des raisons et des causes; pourtant la question joue un grand rôle dans la littérature de la sociologie de la science. Je soupçonne que le rejet implicite de la thèse que les raisons sont des causes est lié à ce qu'il faut bien appeler une *méthodologie du comportement*. La pensée, l'intention, le raisonnement, et autres processus mentaux sont escamotés ou même rejetés entièrement dans le cadre de l'investigation de la science. Les actes et les paroles publiques, les inscriptions physiques, sont les uniques objets qui figurent parmi les données de l'anthropologue de laboratoire. Une méthodologie à ce point appauvrie mène à une psychologie désespérément inadéquate; de même, dans l'étude du laboratoire, une telle méthodologie mène à un tableau du fonctionnement de la science non moins défectueux.

Les arguments de Latour sont souvent mal conçus et visent à côté de la question. Si ses conclusions entraînaient la conviction, ils auraient l'effet de saper l'autorité de la science. On ne peut s'empêcher de se demander si ce n'est pas là précisément leur but. Latour finit par sortir de son rôle d'anthropologue du laboratoire, et nous offre son commentaire sur le sens large de la science, et particulièrement la science contemporaine, telle qu'elle se montre dans son œuvre. Il s'en prend à la raison frauduleuse.

« C'est à ce point que les chemins des montreurs de microbes et ceux des gens comme moi *se séparent*... Nous n'avons plus à nous battre contre les microbes, mais contre les infortunes de la raison, et cela aussi fait pleurer. C'est pourquoi il nous faut d'autres preuves, d'autres acteurs, d'autres chemins et c'est pourquoi nous *discutons* ces chercheurs. C'est parce que nous avons d'autres intérêts et suivons d'autres chemins que nous trouvons inacceptable, intolérable, immoral même, le mythe de la raison et de la science. Nous ne sommes plus, hélas, à la fin du XIXe siècle, le plus beau des siècles, mais à la fin du XXe, et la source majeure de pathologie et de mortalité est la raison elle-même, ses pompes, ses œuvres et ses armements. » (*MGP*, 165-6)

Mais au jeu de l'indignation morale, on peut s'y mettre à deux. Il y a quelques années, la petite vérole a été entièrement extirpée de la terre entière. Jour heureux : et pourtant Latour trouve la science « inacceptable ». Il y quelques mois, on a découvert le gène responsable de la fibrose cystique : cela épargnera des souffrances terribles à des enfants et à leurs parents : et pourtant Latour trouve la science « intolérable ». On travaille fiévreusement à trouver un remède ou un vaccin contre le SIDA. Si l'on réussit, on sauvera la vie à des millions d'êtres humains. Et pourtant Latour trouve la science « immorale ». « Mon récit, écrit Latour, ne paraîtra convaincant que s'il permet au lecteur d'aller plus vite là où il souhaitait déjà se rendre. » (*MGP*, 165) Confidence non sans candeur. Mais pourquoi rejoindre de tels lecteurs sur le chemin de l'enfer ? Il y de meilleures façons de voir la science.

Sans doute Latour ne croit-il pas vraiment ce qu'il dit. Il songe sans doute à certaines parties de la science qui méritent pleinement son verdict. Il s'est passé bien trop de fois que la science a été utilisée pour des fins sociales pernicieuses, et l'on pourrait aisément en venir à considérer la science elle même comme l'ennemi, comme « inacceptable, intolérable », voire « immorale ». En revanche, Latour est naïf s'il croit que ces tristes vérités ne s'appliquent qu'au XXe siècle : au XIXe (« le plus beau des siècles »), les exemples les plus monstrueux se bousculent : théories de l'hystérie, de la race et de l'intelligence, phrénologie, Darwinisme social, pour n'en nommer que quelques-uns.

Mais ce n'est pas pour autant qu'il faille se vouer au Luddisme scientifique. Bien au contraire : ce qu'il faut, c'est une analyse de la science critique et sélective. La condamnation en vrac ne vaut pas mieux que l'idolatrie, et n'est pas moins bêtement naïve que le scientisme. Pour souligner le contraste avec Latour, je voudrais attirer l'attention sur une critique récente de la science du bord féministe. Celle-ci mettra en valeur le fait qu'une méthodologie de la science relativement conservatrice est tout à fait capable de fournir de puissantes armes critiques contre certaines prétentions de la science.

Science as Social Knowledge, de Helen Longino (dorénavant *SSK*), se propose de réconcilier «l'objectivité de la science avec sa construction sociale et culturelle». (*SSK*, ix) Tout en admettant que la science est bourrée de valeurs, Longino fait la distinction entre l'*autonomie* et l'*intégrité* de la science. La science n'est, bien sûr, pas autonome : elle est sans cesse sujette à des influences externes. Mais Longino refuse aussi la notion de science «quitte de valeurs» dans un autre sens. D'après elle, l'influence des «valeurs contextuelles» sur l'observation, le raisonnement, la construction de théories, etc., est tout aussi puissante que celle des facteurs externes sur bon nombre des buts de la science. Il est important de démêler laquelle de ces valeurs influe sur quoi et quand.

Le tableau que dresse Longino comprend deux éléments principaux. L'un concerne l'objectivité : «Il y a des barèmes d'acceptabilité rationnelle qui sont indépendants d'intérêts et de valeurs particuliers, mais la satisfaction de tels barèmes par une théorie ou une hypothèse ne garantit pas que la théorie ou l'hypothèse soit quitte de valeurs ou d'intérêts.» (*SSK*, 12) Je n'entrerai pas dans les détails des principes méthodologiques que propose Longino. Il suffit de dire qu'ils comprennent plusieurs ingrédients courants. Par exemple : les données doivent être identifiées indépendamment de toute théorie; il y a un pas à franchir entre les données et la théorie; par conséquent, les données appuient une théorie (sans garantie), mais ne l'appuient que relativement à un contexte de suppositions d'arrière-plan.

Qu'il existe un tel pas à franchir, et que les suppositions d'arrière-plan soient nécessaires au raisonnement scientifique, amène Longino au deuxième ingrédient principal de la méthodologie courante. Il s'agit de l'importance d'une interrogation inlassable sur les valeurs recelées par les suppositions d'arrière plan. Les valeurs ne sont souvent visibles que par voie de contraste. «Jusqu'au moment où l'on dispose d'alternatives, les suppositions d'une communauté sont transparentes [c'est à dire invisibles] aux yeux de leurs adhérents.» (*SSK*, 80)

« Plus sont nombreux les points de vue compris dans une communauté, plus il sera probable que les pratiques scientifiques seront objectives, c'est-à-dire qu'elles résulteront des descriptions et des explications de processus naturels qui sont de plus en plus fiables, dans le sens qu'ils seront d'autant moins sujets aux préférences idiosyncratiques et subjectives de membres de la communauté. » (*SSK*, 60)

Grâce à la contextualisation des preuves, Longino nous permet d'interpréter les actes de scientifiques rivaux comme étant également rationnels. « Du moment où l'on se rend au fait que la validité d'une preuve est toujours déterminée par des suppositions d'arrière-plan, dit-elle, il est facile de constater qu'il serait possible de donner une description neutre d'un certain état de choses, sans qu'on s'accorde sur les hypothèses auxquelles il fournit un appui. On ne peut aussi facilement constater que les deux parties ne laissent pas pour autant d'être rationnelles. » (*SSK*, 60).

La relativisation des preuves pose pourtant un problème. Amène-t-elle forcément une relativisation de tout savoir ? Longino ne le croit pas.

« Aussi longtemps que les suppositions d'arrière-plan peuvent être explicitées et assujetties au jugement critique de la communauté scientifique, elles peuvent être défendues, modifiées, ou abandonnées en fonction d'une telle critique. Pourvu qu'une telle réaction soit possible, l'intégration d'une hypothèse au canon scientifique peut se passer sans qu'elle dépende des préférences subjectives d'aucun individu. » (*SSK*, 74)

Ces considérations peuvent porter sur des exemples particuliers, comme par exemple les théories érigées à propos de l'évolution humaine, dont Longino traite en assez grand détail. (Je m'appuie sur son exposé dans ce qui suit.) La quête des origines des êtres humains — sur le plan anatomique aussi bien que social — a des ramifications sociales importantes. Elle contribue à l'image que nous nous faisons de notre espèce, et joue par conséquent un rôle important dans la détermination de la vie politique et sociale.

Une des hypothèses les mieux connues dans le domaine des origines humaines est celle de « l'homme chasseur ». L'évolution des outils, dans cette optique, résulte directement de la chasse par les hommes. Quand on se sert d'outils pour tuer les animaux et pour menacer ou même tuer d'autres humains, la dent canine (qui avait auparavant joué un rôle capital dans l'agression) perd son importance, et on peut alors s'attendre, par exemple, à ce que la sélection naturelle favorise le fonctionnement des molaires. Ainsi la physiologie humaine serait liée au comportement des mâles. L'agressivité des mâles, c'est-à-dire le comportement en situation de chasse, est liée à l'intelligence, c'est-à-dire la fabrication d'outils. On remarquera que dans ce scénario les femmes ne jouent aucun rôle dans l'évolution.

Mais ce n'est pas là la seule façon possible de concevoir nos origines. Une hypothèse de cru plus récent est celle de la «femme cueilleuse». Suivant cette hypothèse, l'évolution des outils est fonction du comportement des femmes. A mesure que les humains délaissaient les forêts fécondes pour les moins fécondes savanes, il devenait de plus en plus urgent de pouvoir récolter la nourriture sur un territoire étendu. De plus, les contraintes qui pèsent sur les femmes sont plus lourdes que celles des hommes, puisqu'elles sont obligées de nourrir leurs petits aussi bien qu'elles-mêmes. Par conséquent l'innovation en matière d'outil a surtout été l'affaire des femmes. Pourquoi, d'après ce récit, les mâles auraient-ils perdu leurs dents canines? La réponse tient à la sélection sexuelle : les femelles préféraient les mâles les plus sociables, les moins aptes à dénuder leurs crocs et à donner d'autres signes d'agressivité.

Ainsi donc, suivant l'hypothèse de la «femme cueilleuse», notre évolution anatomique et sociale est fondée sur les activités des femmes. Dans cette optique, c'est surtout aux efforts de nos ancêtres femelles que nous devons d'être ce que nous sommes aujourd'hui.

Les preuves amenées à l'appui d'un côté ou de l'autre de ce débat font appel, entre autres, aux fossiles, aux objets que l'on considère comme des outils, au comportement des primates actuels, et aux activités des sociétés de chasseurs-cueilleurs qui subsistent encore aujourd'hui. Chacun de ces indices, bien sûr, pose des problèmes. Pour commencer, les fossiles sont rares, et n'en trouve guère qu'en menus fragments; certains outils, comme les bâtons de bois, n'auront pas duré aussi longtemps que ceux qui sont en pierre, ce qui faussera matériellement l'échantillon d'objets façonnés dont nous disposons. Par ailleurs, il est souvent peu évident qu'un soi-disant outil ait véritablement servi à chasser un animal et à le préparer pour la cuisson plutôt qu'à apprêter des plantes pour la consommation. Enfin, les conclusions qu'on tire sur la nature de nos ancêtres d'il y a deux ou douze millions d'années à partir du comportement des chasseurs-cueilleurs contemporains représente un saut d'une envergure dont seul un Kierkegaard pourrait ne pas s'angoisser.

Aucune de ces considérations ne peut être écartée a priori; chacune fournit un indice, mais un indice bien faible. Nous sommes ici en présence d'un cas de sous-détermination : les preuves ne suffisent tout simplement pas à déterminer laquelle de deux hypothèses rivales est la bonne. Cependant, il n'est pas si important que nous puissions ou que nous ne puissions pas trouver la bonne théorie. La morale de cet exemple, c'est qu'il montre comment les valeurs peuvent influencer nos décisions. Si l'on est déjà disposé à croire que les mâles sont les inventeurs des outils, alors on verra dans un caillou taillé une arme de chasse. Ce dernier deviendra alors un indice probant en faveur de l'hypothèse «homme-chasseur» sur l'origine humaine. En revanche, une féministe aura plutôt tendance à voir dans un outil supposé un instrument à apprêter la nourriture. D'après cette interprétation, l'outil devient une preuve à l'appui de la version «femme cueilleuse» de notre évolution.

Nous pouvons espérer, avec Longino, qu'«avec le temps, un récit moins axé sur la primauté d'un sexe sur l'autre remplacera un jour l'une et l'autre de ces versions rivales.» (*SSK*, 111). Ce ne sera jamais, cependant, un récit quitte de valeurs. Les valeurs joueront toujours un rôle dans toute théorie scientifique : ce qui compte, c'est de s'en rendre clairement compte et de faire ressortir explicitement les valeurs en question. Le grand mérite de la théorie «femme cueilleuse» est que son existence même a rendu manifeste l'androcentrisme de la théorie antérieure de l'homme chasseur. Jusqu'à ce qu'on dispose d'une contre-proposition, les «preuves» de l'hypothèse homme-chasseur étaient «tributaires de suppositions sexistes ancrées dans notre culture». (*SSK*, 111)

Il n'y rien de mal en principe à ce que des valeurs se fassent sentir dans la science. Ces valeurs, après tout, sont peut-être les bonnes, et même si elles ne le sont pas, la théorie est peut-être vraie quand même. Ce qu'il faut rejeter, c'est l'idée que les faits dictent tout seuls les théories — ils ne le font pas sans l'aide d'importants facteurs auxiliaires. Et nous contribuons au progrès scientifique quand nous prenons conscience de la nature de ces facteurs auxiliaires.

Il y a bien des différences entre Latour et Longino en tant que critiques de la science, mais les diffèrences les plus importantes relèvent de l'étendue plutôt que de la sévérité de leurs critiques. «Si l'on veut qu'une contre-idéologie contribue à réformer la science, dit Longino, il faut qu'elle porte sur un domaine précis de la recherche.» (*SSK*, 187). Latour, en revanche, cherche à noircir la science d'un coup de pinceau si large qu'il ne reste rien qui vaille la peine d'être regardé. Longino fait entrevoir la promesse d'une science meilleure; Latour ne nous offre que le cynisme[8].

Bibliographie des ouvrages cités

Barnes, B., *About Science*, Oxford, Blackwell, 1985.

Bloor, D., *Knowledge and Social Imagery*, London, Routledge and Kegan Paul, 1976.

Brown, J.R., *The Rational and the Social*, London, Routledge, 1989.

Collins, H., *Changing Order : Replication and Induction in Scientific Practice*, London, Sage, 1985.

Ian Hacking, I., «The Participant Irrealist at Large in the Laboratory», *British Journal for the Philosophy of Science*, 1988.

Latour, B., *Science in Action : How to Follow Scientists and Engineers Through Society*, Cambridge, MA, Harvard University Press, 1987.

Latour, B., *The Pasteurization of France*, translated by A. Sheridan and J. Law from *Les Microbes : Guerre et Paix suivi de Irréductions*, Paris, 1984, Cambridge, MA, Harvard University Press, 1988.

Latour, B., Steve Woolgar, *Laboratory Life : The Social Construction of Scientific Facts*, London, Sage, 1979.

Longino, H., *Science as Social Knowledge*, Princeton, Princeton University Press, 1989.

NOTES

[1] Le titre de la nouvelle édition paraît sans le mot «social», qui pouvait paraître pléonastique.

[2] Harry Collins, par exemple, adopte le même point de vue sur la science : l'existence des faits et l'adoption d'instruments vont de pair.

[3] Brian Baigrie (communication particulière) a justement fait remarquer qu'un tel réseau comprend bien plus que des propositions. C'est vrai. Il n'en est pas moins vrai que dans le cas en question le réseau de propositions ou autres demeure minuscule.

[4] Voir Brown (1989) pour une discussion sur diverses façons dont les facteurs sociaux peuvent influencer le contenu de la science.

[5] Il est intéressant de se pencher sur la relation entre la dissémination des croyances dans la communeauté scientifique, et dans la société en général. Brian Baigrie (communication particulière) a fait la remarque suivante : «Il y a chez Latour un amalgame de deux scénarios distincts : le processus par lequel les croyances sont certifiées par la communauté des scientifiques, et celui qui les dissémine plus largement dans le public. La question est de savoir pourquoi et comment l'avis des experts est repris par le public; mais Latour confond cette première question avec une autre : *Pourquoi les croyances acceptées du grand public semblent-elles provenir d'une communauté restreinte d'experts?* Cette deuxième question lui paraît fondamentale, et c'est pourquoi il suppose que ce qui est valable pour une communauté tout entière est aussi valable pour des groupes spécialisés. Dans cette optique, il n'y a ni diversité ni véritable expertise. Il n'y a que la dissémination du savoir.»

[6] Le principe de symétrie de Bloor revendique le même type d'explication pour toute croyance, qu'elle soit vraie ou fausse, rationnelle ou irrationnelle, etc. Voir Bloor (1975, 5), et, pour une critique, Brown (1989, ch. 2).

[7] La défense classique de cette affirmation se trouve chez Donald Davidson, « Actions, Reasons and Causes » (1963). Une brève discussion de la question se rapportant au programme fort se trouve dans Brown (1989, 24 et suiv.).

[8] Mes remerciements à Brian Baigrie et Kathleen Okruhlik pour leurs commentaires sur une précédente version de cet exposé, et à Ian Hacking pour plusieurs conversations au sujet de Latour.

9.
La rationalité scientifique, un réexamen*

Mahasweta Chaudhury
Université de Calcutta

INTRODUCTION

Récemment, c'est devenu une mode philosophique de prendre un point de vue sociologique/relativiste pour évaluer la science et ses activités. La position elle-même n'est pas inacceptable mais différentes variétés de celle-ci ont un point en commun : être axé sur le point de vue de la science comme entreprise rationnelle. La tradition s'est instaurée par « la révolution scientifique » de Kuhn et encouragée et élaborée par Feyerabend et ses instrumentalistes/relativistes de tous bords.

Dans cet article, j'essaierai de rétablir la vision traditionnelle de la science comme activité pré-éminemment rationnelle en examinant et finalement en rejetant des visions alternatives qui sont très populaires. Actuellement, la rationalité de la science comprend des concepts complexes et variés tels que le but de la science, etc. Amener tous ces domaines dans la limite de cette discussion serait une tâche prodigieuse. De plus, une enquête sur toutes les approches différentes qui ébranlent cette thèse serait, une fois de plus, une tâche difficile, non parce que leurs arguments seraient redoutables mais parce que la littérature récente est surchargée par ce genre de travail.

Donc, dans un premier temps, je rappellerai le point de vue traditionnel, et ensuite j'examinerai quelques autres points de vue sur la science provenant de publications récentes. Le premier sera le point de vue antiméthode de Feyerabend (Kuhn sera discuté ensuite), et, après un court exposé, je débattrai du fait que malgré sa grande revendication d'anarchisme, Feyerabend ne pouvait pas complètement se passer de la notion de rationalité.

La thèse récente de Hempel sur le point de vue instrumentaliste de la rationalité scientifique sera analysée ensuite, et finalement rejetée parce qu'insuffisante pour un compte rendu satisfaisant d'un choix de théorie.

Le débat de David Bloor et Larry Laudan sur la nature de la croyance scientifique nous donnera un modèle typique du compte rendu relativiste/sociologique, d'une part, et le concept rationaliste (quoique Laudan soit une sorte d'instrumentaliste) de la science comme une poursuite progressive de résolutions de problèmes, d'autre part. La réfutation du relativisme épistémologique de Kuhn par Laudan sera ensuite discutée pour préparer le chemin pour un compte rendu positif de la rationalité scientifique.

Pour terminer, je débattrai pour la défense d'une position qui reconnaisse la science comme activité pré-éminemment épistémique, or, pour son objectif épistémique, la notion de rationalité en fait partie. De plus, la connaissance de l'entreprise rationnelle exige aussi une notion de vérité ou, du moins, un semblant de vérité. Le cliché «la science vise la vérité» n'est pas complètement vide. Il peut être complété d'une manière satisfaisante avec la notion de la science comme activité qui se sert de la vérité et qui préserve la vérité. La thèse récente de I. Niniluoto sur la ressemblance de la vérité est une de ces démarches possibles.

I.

> «Ce n'est pas ce que l'homme de science croit qui le distingue, mais comment et pourquoi il le croit. Ce qu'il croit est basé sur des preuves, non pas sur *l'autorité* ou *l'intuition.*»
>
> Bertrand Russell

Lorsque quelqu'un est initié à la tradition de la science ou de la philosophie, on lui conseille de ne rien accepter comme vrai sans raisons. La différence entre une perspective prosaïque et une perspective rationnelle ou scientifique/philosophique consiste dans le fait que la première croit quelque chose sans avoir de bonnes raisons ou avec des raisons extra-logiques, tandis que la dernière cherche de bonnes raisons. La première est que la connaissance est une croyance vraie (*belief*), mais que toutes les vraies convictions ne sont pas connaissance. Pour être considérées comme connaissance, les croyances doivent aussi être soutenues par de bonnes *raisons*. Maintenant, on peut se disputer sur ce qui constitue une bonne raison, mais non pas sur le fait qu'on en ait besoin ou pas. Depuis le temps d'Aristote, on voit la science comme une enquête, enquête sur la nature physique, le règne humain et animal, les sphères célestes et ainsi de suite. Pourquoi ? Sûrement, pour l'information, la connaissance des relations complexes entre les aspects différents de la nature et de l'homme. La science est fondamentalement un corps organisé, systématique, de connaissances, possédant une méthode spéciale parce qu'elle est vouée seulement aux preuves et aux raisons. Cette méthode spéciale trace une ligne de démarcation entre la science et la métaphysique, les contes de fées et autres entreprises ; car la science déclare ses résultats vérifiables, tandis que d'autres entreprises ne le font pas. Donc, la science est considérée comme étant la quintessence de la rationalité ; c'est, en gros, le point de vue traditionnel de la science en tant qu'activité *rationnelle*.

Récemment, K. Popper a été le champion d'un tel point de vue[1]. Ses exclamations euphoriques sur l'image de la science comme objective, se développant, et progressive avec le but de découvrir la vérité (quoiqu'on ne sache pas ce qu'est la vérité) ont provoqué les critiques de différents philosophes qui n'ont pas obligatoirement beaucoup de choses en commun. L'usage de termes comme 'progrès', 'développement', 'objectif' a été critiqué comme l'utilisation de 'mots à succès'[2]. Malgré l'idéalisation excessive de la science par Popper, le principe de son compte rendu de la science peut être justifié, bien qu'on puisse rejeter ou modifier quelques-uns de ses arguments secondaires et quelques-unes de ses thèses mineures. Pour lui, le vrai souci de l'épistémologie est de rendre compte de la connaissance scientifique, et le but principal de la philosophie n'est pas tellement de distinguer la science de la non-science mais le rationnel de l'irrationnel. La méthode de la science est la méthode de la conjecture et de la réfutation. Les théories sont des tentatives pour évaluer la vérité avec des tests *sévères*, conçus par le scientifique pour les réfuter. La méthode de la science est rationnelle parce qu'elle est une méthode *critique* qui s'ouvre toujours aux critiques et à la « falsification ». Qu'on puisse vérifier des théories rend la méthode scientifique rationnelle et fait que la science est la quintessence de la rationalité à cause de sa vulnérabilité constante aux épreuves et aux réfutations.

La méthode de la falsification qui est celle de Popper rencontre beaucoup de problèmes (qu'on n'a pas le temps de discuter ici) et on ne trouve pas d'autre argument clair pour soutenir la science comme rationnelle que de la faire référer au caractère falsifiable (et on peut aussi en douter) des théories qui font partie du domaine de la connaissance objective.

Le «programme méthodologique de recherche» modifié, propre à Lakatos[3], est une tentative d'améliorer le programme de falsification de Popper en faisant appel à l'histoire. Les principaux points de départ consistent, pour citer l'histoire, en ce que :

(i) Les théories ne sont pas aussi facilement et aussi vite réfutées que la méthode de Popper (Lakatos appelle cette nécessité «rationalité instantanée») le nécessite.

(ii) Un programme de recherche n'est pas aussi simpliste qu'une seule théorie, mais c'est une «série de théories».

(iii) Une théorie falsifiée peut continuer à faire partie du corps scientifique longtemps après avoir été réfutée; par exemple, il a fallu cinquante ans après sa falsification pour que la théorie de Newton soit évacuée.

(iv) Une théorie falsifiée peut revenir, donc la falsification est un examen concluant pour une théorie.

Malgré les petites différences, le programme méthodologique de recherche de Lakatos considère aussi la science comme un programme rationnel et une poursuite progressive vers un certain but — le but d'un contenu plus informatif, celui d'une falsifiabilité et donc de plus de rationalité.

Généralement on dit[4] que la plupart des Popperiens sont des moralistes épistémologiques, et qu'ils ont une orientation vers une science plus normative que naturaliste. Contrairement à eux, Kuhn ne fait pas la distinction entre la raison et la non-raison, parce que sa méthodologie ne le détermine pas comme le modèle des Popperiens qui est orienté vers un but. S'il y a des révolutions, remarque Lakatos, «alors le développement de la connaissance est insuffisamment déterminé par les 'règles de raison'; il est donc ouvert aux 'maniaques religieux' pour justifier leur irrationalisme en indiquant son existence dans la science elle-même»[5]. Selon Lakatos : «la croyance est peut-être une faiblesse biologique regrettablement inévitable, destinée à être contrôlée par la critique mais l'engagement est, pour Popper, carrément un crime»[6]. Pour Popper, l'engagement est une forme d'irrationalité et la *critique* est rationnelle. Mais Kuhn pense autrement. Quoique Lakatos cède plus à Kuhn que ne le fait Popper, le vide empirique de leur critique, pensent certains, est similaire. C'est évident d'après l'aveu de Lakatos : «mon concept d'un programme de recherche peut être interprété comme une reconstruction 'tiers-mondiste', objective, du concept de paradigme psycho-sociologique de Kuhn»[7]. Le développement de la science dans le tiers-monde n'est pas un développement de la science actuelle, mais un développement d'une histoire de la science «rationnellement reconstruite». Parce que c'est une histoire rationnellement reconstruite, elle reste immunisée contre les conclusions de l'histoire actuelle. Que cela soit vrai ou pas, le compte rendu popperien de la science ne rend pas compte de la rationalité de la question souvent soulevée par les sociologues de la science : est-ce que la véritable science est rationnelle? L'indifférence flagrante de Popper en ce qui concerne ce problème ennuie ses critiques. Je reviendrai à cette question dans la dernière partie de cette discussion et je me tourne maintenant vers le point de vue qui s'oppose à la thèse : la science est rationnelle.

II.

> «Le seul principe qui ne gêne pas le progrès, c'est que tout est possible.» («anything goes»)
>
> Paul Feyerabend

Feyerabend est étiqueté comme un épistémologue athée, un anarchiste méthodologique. Dans *Contre la méthode*, ses accès émotionnels donnent une image de la science et de la communauté scientifique comme guidée par des normes irrationalistes. Il renie violemment qu'il y ait ou qu'il y ait jamais eu une méthode scientifique objective. En outre, il déclare que, si un progrès est visible dans la science, c'est le résultat de scientifiques qui ont transgressé toutes règles convenables de la rationalité. Lui-même se sert de méthodes propagandistes (avec lesquelles il caractérise les scientifiques qui ont du succès) pour miner notre confiance dans «l'objectivité». Originellement disciple de Popper, Feyerabend s'est ensuite retourné contre toutes les doctrines qui étaient bien connues de lui : l'objectivité et la rationalité de la connaissance, la vérité comme but de la science, l'attitude critique plutôt qu'engageante envers les scientifiques; en somme, tout ce que représente Popper. Bien sûr, l'assaut de Feyerabend a une force thérapeutique en nous faisant réexaminer la vision de la science idéalisée du philosophe du point de vue du praticien.

Le point de départ raisonnable de Feyerabend est que «la prolifération des théories est avantageuse pour la science tandis que l'uniformité 'diminue' ses capacités critiques». L'uniformité apparente qu'on trouve dans la recherche scientifique est le produit d'une conspiration idéologique qui est religieusement conservée dans l'institutionnalisation de la science. La science d'aujourd'hui fonctionne, d'après lui, de la même manière que l'église d'antan, les hommes en blouses blanches étant les porte-paroles d'une autorité absolue et incontestable. L'histoire révèle que le « tout est possible » (*anything goes*) est la seule méthodologie pour la science. Aucun épisode de la science réelle n'est suffisamment simple pour bien correspondre à aucune des méthodologies conventionnelles. Donc, il a toujours été d'usage d'affronter les faits inopportuns en les ignorant, en les justifiant d'une manière flagrante *ad hoc* ou même en les cachant derrière un rideau de rhétorique. Pour donner un exemple, Feyerabend parle de la défense, par Galilée, de l'astronomie copernicienne. Galilée a montré avec un téléscope que la lune avait des montagnes et que leur hauteur pouvait être estimée par la longueur de leurs ombres. En le faisant, il espérait réfuter l'idée aristotélicienne que les corps célestes étaient tous des sphères de cristal pafaites, mais, pourtant, au temps de Galilée, les téléscopes étaient d'une qualité extrêmement médiocre et les énormes inexactitudes de ses dessins pouvaient se voir facilement. Galilée n'a pas donné de raisons théoriques, dit Feyerabend, pour que la supériorité des observations téléscopiques sur l'observation des cieux soit acceptée, et Feyerabend affirme que la seule raison de Galilée pour les préférer était qu'elles avaient tendance à confirmer Copernic. Bref, d'après la lecture de Feyerabend, Galilée prévalait sur ses critiques, en vertu d'une propagande astucieuse.

Le penchant de Feyerabend pour la position de Lakatos vient de ce qu'il prétend qu'elle n'est que de l'anarchisme déguisé. En manquant de définir une limite de temps après laquelle un programme de recherche doit être abandonné, Lakatos semble avouer qu'il n'y a pas de moyen rationnel par lequel un scientifique puisse se consacrer à un programme ou à un autre. La méthodologie de Lakatos, du point de vue de Feyerabend, semble très sophistiquée (peut-être parce qu'il épouse la prolifération des théories, ce qui plaît à Feyerabend) ; mais cependant, quand on la dépouille, elle se révèle ne pas être une méthodologie du tout. Pourtant, Feyerabend l'accueille parce que, pour lui, la science devrait, elle aussi, être évaluée selon ses propres mérites, et elle n'est sûrement pas la « meilleure » idéologie à suivre. De plus, le but de la science n'est pas la « vérité » ou un idéal cognitif, mais devrait être le bonheur humain.

L'exposé ci-dessus est un résumé approximatif du modèle anarchiste de la tradition scientifique de Feyerabend. Je vais maintenant brièvement le contester par le fait que, malgré tout son vacarme, la non-méthode de Feyerabend n'est pas entièrement irrationaliste. Autrement dit, sa thèse serait trivialement fausse, si mes interprétations n'étaient pas valides[8].

Premièrement, voyons la question du choix de la théorie rationnelle, telle qu'on la trouve chez Lakatos et Kuhn. Quelque peu reconstruit, l'argument de Feyerabend est qu'aucun compte rendu satisfaisant du choix de la théorie rationnelle ne peut être trouvé dans le cadre des théories de Lakatos ou de Kuhn. La façon dont Kuhn aborde la question ne réussit pas, parce que, quelle que soit la classe de valeurs qu'on spécifie, on trouve des scientifiques qui ne sont pas d'accord et des non-scientifiques qui le sont. Par exemple, philosophes et gangsters d'Oxford, d'après Kuhn, semblent partager les valeurs qui caractérisent la communauté pertinente, au moins autant que les scientifiques[9]. L'approche de Lakatos ne réussit pas parce qu'elle concède l'acceptation de règles qui sont soit vides de sens soit arbitraires. Elles sont vides de sens, si elles permettent aux scientifiques d'attendre aussi longtemps qu'ils voudront dans l'espérance qu'un programme dépérissant reviendra à la mode; et elles sont arbitraires, si elles sont combinées avec une limite de temps. Comme le remarque Feyerabend : «... s'il vous est permis d'attendre, pourquoi ne pas attendre un peu plus?»[10].

Dans le même esprit, il a nié la distinction entre le contexte de la découverte et celui de la justification. Cette distinction entraîne une distinction entre les raisons scientifiques et non-scientifiques. Mais l'inverse n'est pas vrai; on peut maintenir la dernière distinction sans accepter la distinction entre le contexte de la découverte et le contexte de la justification. Popper et Lakatos maintiennent les deux distinctions; Kuhn distingue seulement entre raison scientifique et raison non-scientifique; et, pour Feyerabend, pas une seule de ces distinctions n'a un rôle décisif dans notre compréhension de la science.

Tout ce qu'on a dit jusqu'ici sur la rationalité n'entraîne pas que l'acceptation de la théorie soit un problème essentiellement rationnel. La seule chose qu'on ne puisse plus maintenir est que la science soit guidée par une sorte de rationalité distinctive. On ne dit pas non plus que la science n'est gouvernée par *aucune raison*. Quoique Feyerabend ne le dise jamais explicitement, il semble qu'il pense que la science soit aussi dirigée par la raison ordinaire. Qu'il argumente seulement contre l'idée d'une nature distinctive de la rationalité, cela se trouve indiqué par sa façon de traiter Galilée. Ses éloges de Galilée semblent naître seulement du fait que Galilée avait le bon sens (la raison ordinaire) de violer les règles importantes de la méthode scientifique[11] et l'originalité de la soutenir avec des arguments subtils et d'une grande portée[12]. De plus, il ne faut pas oublier que *Contre la méthode* est, au fond, un traîté de la méthode. «Le but, dit-il, consiste seulement en règles méthodologiques et en ce que la 'liberté'... veuille dire la liberté vis-à-vis de telles règles.»[13] Une troisième indication de mon assertion se trouve en relation avec la réponse de Lakatos à l'allégation que ses règles sont arbitraires. En réponse à ses arguments de défense, Feyerabend n'indique pas simplement qu'en faisant appel au sens commun on «quitte le domaine de la rationalité comme défini par les critères de (Lakatos)»[14]. Il remarque aussi, dans une veine plus positive, que le soutien d'un programme dégénéré peut être «parfaitement rationnel *d'après d'autres critères*, par exemple, d'après les critères du bon sens»[15].

Finalement, la discussion de Feyerabend sur l'incommensurabilité suggère aussi un engagement envers la «raison ordinaire». Pour Feyerabend, les théories incommensurables sont des théories tellement différentes qu'on peut dire que les relations logiques d'usage (inclusion, exclusion, chevauchement) ne tiennent pas entre elles[16]. On ne peut pas les comparer avec des «classes de contenu»[17], et elles sont donc au-delà «des critères familiers de la comparaison». Cela veut dire que les théories incommensurables ne peuvent être comparées avec un appel aux critères méthodologiques qui s'appliquent dans *tous* les cas; mais cela ne veut pas dire qu'elles ne peuvent pas être comparées du tout. «Les jugements esthétiques, de goût..., éléments qui ne sont pas complètement au-delà de l'argument»[18], peuvent tous avoir un rôle. Je crois qu'il est maintenant suffisamment clair, d'après les arguments et les références textuelles citées jusqu'ici, que Feyerabend remplace simplement la raison scientifique par la raison ordinaire.

Je pense que la position de Feyerabend est mieux examinée par quelqu'un qui la voit «comme une tentative de montrer que les théories de la rationalité qui existent ne sont pas tout à fait bonnes et qu'il faut les rajuster ou les changer pour expliquer pourquoi la science fonctionne comme elle le fait»[19]. En effet, le marteau de Feyerabend accuse plus la nature sacrosainte de la rationalité scientifique (et les scientifiques) qu'un concept plus général de la rationalité. Un dernier point, avant de fermer la discussion sur Feyerabend, que le but de la science soit le bonheur humain, ceci seul ne peut pas nous empêcher de maintenir que la science a aussi un but cognitif.

Le compte rendu instrumentaliste de la rationalité scientifique de Hempel

On peut se demander pourquoi, à cette étape, je ne choisis pas la position kuhnienne habituelle qui attribue la non-rationalité à l'entreprise scientifique. Dans la section suivante, par rapport à la controverse entre Bloor et Laudan, la position kuhnienne joue un rôle important et a été assujettie à d'énormes objections, voire complètement rejetée. Donc, je me tourne d'abord vers Hempel. Pour Hempel, « un mode de procédure ou une règle qui appelle cette procédure peut sûrement être rationnelle ou irrationnelle relativement seulement au but que la procédure devrait atteindre »[20]. La rationalité de la science, d'après ce point de vue, dépend exclusivement de l'efficacité instrumentale des activités de la science dans l'atteinte des buts de la science.

« (Si) une théorie méthodologique de la science proposée doit nous fournir un compte rendu de l'enquête scientifique comme une recherche rationnelle, il faudra qu'elle spécifie certains buts de l'enquête scientifique aussi bien que des principes méthodologiques observés dans leur recherche. Finalement, il faudra qu'elle expose la rationalité instrumentale des principes en relation aux buts. Seulement dans la mesure où ceci peut se faire, apparaît viable la conception de la science comme modèle de la rationalité. »[21].

Sur ce point de vue, la rationalité de la science est une rationalité « moyens/fin » instrumentale : étant donné la finalité de la science, celle-ci est rationnelle dans la mesure où sa méthodologie aide à garantir sa finalité[22]. Au cours d'un débat récent, Kuhn et W. Salmon étaient d'accord avec Hempel sur le fait que la rationalité de la science doit être fonction de la capacité des principes méthodologiques de la science d'atteindre ses buts[23].

Ce genre d'opinion semble dépendre lourdement de la détermination des buts de l'enquête scientifique. Hempel donne deux genres de buts :

(i) « Il est très répandu de considérer la science comme formulant une vision du monde de plus en plus compréhensive et systématiquement organisée, qui est *explicative* et *prédictive* »[24].

(ii) ... « La science veut établir des systèmes de connaissance empirique de plus en plus compréhensifs et exacts. »[25].

On remarque que les genres de but décrits sont différents : (i) souligne l'efficacité, pas la vérisimilitude (la ressemblance avec la vérité) ; tandis que (ii) parle de la vérité comme but de la science.

D'autres philosophes ont proposé des thèses très différentes au sujet des buts de l'enquête scientifique : la résolution des problèmes, l'accomplissement de la compréphension, le progrès du contrôle humain sur la nature, etc. Puisque des buts différents amènent des jugements différents concernant procédures et normes scientifiques, il est nécessaire, pour établir la rationalité de la science, d'établir en premier lieu les buts de la science. Si ces buts doivent être rationnels pour rendre l'enquête scientifique rationnelle — en plus de sa règle et de ses procédures pour être efficace — la notion instrumentaliste de la rationalité comme proposée par Hempel n'atteint pas cet idéal. Être efficace peut être instrumentalement nécessaire (on peut même en douter) pour qu'un but soit rationnel, mais il n'est pas suffisant de le rendre tel, parce qu'il a besoin non seulement des moyens mais aussi de la *fin* pour être rationnel. Prenez n'importe quel exemple d'une notion ordinaire. Supposons que j'aie la conviction (irrationnelle) que le but de la vie d'un enseignant est d'être populaire parmi les étudiants. Avec ce but en vue, mes actions — par exemple, fournir toutes sortes de suggestions et questions aux étudiants avant les examens, leur apprendre seulement les sujets très faciles et qu'on trouvera sûrement aux examens, et frayer avec eux — m'aideront sûrement à vite atteindre mon but. Les moyens sont efficaces pour la réalisation de mon but, mais l'action n'est sûrement pas rationnelle comme le but ne l'est pas.

La nécessité de prendre en compte la rationalité des fins est pourtant problématique parce qu'elle semble défier la théorie de la décision qui requiert que la rationalité de l'action soit une question seulement de moyens et pas de fins. Contrairement à la tradition de la théorie de la décision, la notion de rationalité des moyens étant partiellement dépendante de la rationalité des fins, elle peut s'appliquer d'une façon cohérente aux questions de fins aussi bien qu'aux questions concernant les moyens pour ces fins.

Donc, l'analyse de la rationalité de la science de Hempel n'est pas satisfaisante. Je dis pas satisfaisante principalement à cause de trois difficultés :

(1) Son interprétation de la rationalité comme efficacité n'est pas bonne.

(2) La rationalité de la science n'est pas, comme le présume Hempel, la rationalité de l'enquête scientifique mais aussi les résultats d'une telle enquête, comme les conditions requises, les théories et les hypothèses. Un compte rendu de la rationalité de la science devrait s'adresser à la rationalité de la croyance scientifique aussi bien que la précédente.

(3) Hempel rejette (*contre* Carnap et beaucoup d'autres) que les principes méthodologiques pour l'évaluation de la crédibilité rationnelle de l'hypothèse doivent tenir bon *a priori*. Il dit que «la conception de la pérennité pour tous les critères concernant la théorie rationnelle du choix serait abandonnée»[26].

Le critère de la rationalité dépend du genre de la vision du monde qui «règne dans ce temps». Bien sûr, «quelques» critères sont relatifs au temps, mais les révolutions dans la science n'auraient jamais été possibles si les grands scientifiques s'étaient fiés seulement à la vision du monde qui «régnait à ce moment-là». Je vais revenir à ces questions plus tard, mais maintenant j'expose la solution présentée par David Bloor et contrastée avec le modèle de la rationalité scientifique de Laudan — un problème mieux connu dans les cercles philosophiques sous le nom de «débat Bloor-Laudan».

Le débat «programme fort» de Bloor et ses faiblesses

Le soi-disant «programme fort» est le programme proposé par D. Bloor[27] qui empêche l'appel aux normes de la rationalité dans l'explication des croyances. La première doctrine de Bloor est qu'il faut donner des explications causales aux états de croyance; la seconde : que la sociologie de la connaissance devrait être «impartiale en ce qui concerne la vérité et la fausseté, la rationalité et l'irrationalité, le succès ou l'échec»; sa troisième doctrine : le principe de symétrie, qui stipule que le sociologue doit évoquer «les mêmes genres de cause» en expliquant pourquoi quelqu'un se tient à une croyance particulière, quelle que soit la position de cette croyance en ce qui concerne ces dichotomies (de vérité, fausseté, etc.).

Laudan trouve que la dernière doctrine est la plus discutable du programme de Bloor, et se plaint que ce dernier manque de spécifier des critères pour qu'on puisse considérer que des causes soient du même genre[28]. On trouve aussi le principe de causalité, i.e. la première doctrine qui soit problématique et que Laudan trouve «inoffensive». Laudan semble inclure des raisons comme cause, mais Bloor ne le fait pas[29]. Laudan maintient que Bloor devrait nous fournir une taxonomie des genres de cause, sans laquelle il est impossible de distinguer que les raisons d'un agent pour sa conviction et sa situation socio-économique appartiennent à la même catégorie de cause. C'est ce qui rendrait la thèse de «symétrie» de Bloor «non-discutable». En réponse à Laudan, Bloor fait la distinction entre les causes rationnelles et irrationnelles, mais il veut qu'on comprenne que le principe de symétrie règle les appels non pas à toutes «causes rationnelles» mais seulement au rationnel d'un type particulier. Il fait aussi la distinction entre un concept descriptif de la rationalité naturelle et un concept évaluatif de la rationalité normative. «La rationalité naturelle se réfère aux propensions de raisonnement typiquement humains; la rationalité normative se réfère aux modèles d'inférence qui sont estimés ou sanctionnés. La première se réfère aux questions de faits psychologiques, l'autre aux critères ou normes partagés.»[30]

Cependant, Bloor ne pense pas que cela mène à une répudiation du postulat de symétrie[31], qui demande des histoires causales identiques pour des comportements différents. Bloor semble, donc, enlever la rationalité du nexus causal. Les raisons des croyances d'un individu ne peuvent pas être les causes de cette croyance, parce que les normes de rationalité qui lient les raisons de cette croyance ne sont pas des principes causals.

Il est donc difficile de voir comment un tel programme pourrait marcher. Si les normes sont enlevés du monde, que reste-t-il à expliquer pour un sociologue?

Bloor essaie d'éviter ce problème en remplaçant la sociologie de la connaissance par la sociologie de la croyance. Il semble plus facile d'attribuer une croyance que la connaissance à un individu, car la croyance ne nécessite apparemment pas de norme; parce qu'on peut définir les croyances en termes de critères de comportement quand on détermine si un agent a une croyance particulière. Cependant, l'attribution de croyances scientifiques (théories), y compris les croyances sur le contenu des théories scientifiques, croyances de vérités logiques ou mathématiques, ne serait pas possible de la même façon. Dans ces cas, le critère de comportement pour l'assertion d'une croyance théorique d'un agent doit contenir le comportement linguistique, qui est sûrement gouverné par des normes ou critères partagés. Si on enlevait de tels critères de valeurs de son ontologie descriptive, il serait impossible de caractériser le comportement linguistique des agents. Bloor fait une telle distinction, mais il pense qu'attribuer les croyances irrationnelles aux causes, et les croyances rationnelles aux raisons, viole la thèse de symétrie, parce que les valeurs, normes et raisons ont un statut ontologique différent de celui de la nature.

On peut souscrire à l'objection faite par Laudan à la thèse de la symétrie concernant la véritable pratique scientifique. Il maintient qu'on peut prendre aussi bien des principes chimiques que des principes physiques pour expliquer la panne due à la rouille d'une machine à calculer, mais seulement les principes physiques pour expliquer son fonctionnement rationnel normal. Donc, le principe de symétrie de Bloor n'est pas descriptif de la pratique actuelle même dans les sciences[32]. Tout le monde sera d'accord que, lorsque Bloor explique les croyances des scientifiques avec des explications causales, vides de toute référence à la rationalité, il devrait fournir au moins un critère pour l'explication causale. Sinon, ce serait banal. Bien sûr, le progrès de la science est loin d'être naturel, mais il est redevable aux traditions du discours critique[33]. Personne ne nie que, quand on examine la décision d'un scientifique de poursuivre un programme de recherche spécifique, on ne donne qu'une explication partielle; une explication plus complète doit, en effet, comprendre les conditions sociales, politico-économiques et même psychologiques dans lesquelles on trouve le scientifique y faisant son choix rationnel. Elle devrait aussi comprendre un principe général que, quand un scientifique peut faire un choix rationnel, il suivra un programme de recherche progressif[34]. L'efficacité d'un programme de recherche est mesuré non seulement selon le nombre et l'importance de ses applications mais aussi selon sa capacité d'éviter les inconsistances, ambiguïtés, anomalies et surcharges de questions, en donnant à toutes ces dernières un poids négatif. Le point de vue de Laudan implique que les principes de rationalité soient normatifs, tandis que les lois causales sont descriptives. Et maintenant le sociologue pourrait répondre que pour ses besoins, on peut traiter le *principe de la rationalité* comme descriptif, c'est-à-dire qu'on peut le voir comme décrivant les normes qui sont actuellement opérationnels dans la société. Laudan modifie son opinion qu'un historien de la science est au même niveau qu'un sociologue pour prendre «la norme ou le critère dominant», opératif dans un temps ou un lieu particulier, en jugeant les croyances d'autres sociétés ou de différentes périodes. Cette concession peut amoindrir l'objection de Bloor «qu'adhérer à un ensemble de critères n'a aucun rôle à jouer dans son explication»[35]. Mais un sociologue de la connaissance ne trouvera peut-être pas cette explication convaincante, parce que son univers est normativement vide. Bloor maintient qu'il faudrait combiner un nombre de disciplines telles que la biologie et la psychologie avec la sociologie pour une compréhension complète de tous les aspects d'une activité telle que la science. Encore l'argument manque-t-il de perspicacité; il oublie le fait que celles-ci sont peut-être nécessaires (on peut aussi en douter) mais pas suffisantes pour comprendre le caractère progressif des croyances scientifiques en tant que libre choix rationnel. Autrement dit, la rationalité de la décision est une cause de cette décision dans le sens qu'elle est nécessaire en la circonstance. Suivre le dicton du «programme fort» plutôt que de laisser des critères de rationalité jouer un rôle dans l'explication des actions des autres serait contraire à l'intuition de notre compréhension du comportement des autres. Un sociologue de la connaissance peut aussi dire que la rationalité elle-même est un fait social qui se distingue de société en société. Mais ce semble être une supposition gratuite. Si les faits biologiques et psychologiques peuvent être semblables dans des sociétés différentes, pourquoi la rationalité en tant que fait social ne serait-elle pas la même?

Maintenant, peut-être les sociologues se sentiront-ils menacés (s'ils ont dû renoncer au principe de symétrie) par la suggestion qu'ils devraient s'en tenir à expliquer les fautes, à savoir que « la sociologie de la connaissance est la sociologie de l'erreur » et que « la logique, la rationalité et la vérité semblent être leur propre explication ». Cette peur n'aurait pas de base si, comme le suggère Laudan, le sociologue considérait que la raison et la rationalité étaient des causes possibles de la croyance. Les plus grands obstacles avec lesquels le programme de Bloor était confronté sont les pensées (croyances) logique et mathématique. Bien sûr, on peut faire appel aux mathématiques alternatives pour justifier les programmes de recherche rivaux de Lakatos. Mais, même si on accorde que le changement de paradigme est un phénomène social, il nous reste toujours le problème de lui trouver une cause sociale. Personne ne nie qu'une communauté de mathématiciens et de scientifiques ne soit une institution sociale, mais on peut comprendre la rationalité d'un choix parmi des programmes de recherche concurrents, selon son efficacité pour résoudre les problèmes (comme le dit Laudan) avec moins d'ambiguïté et plus de testabilité (comme le dit Popper). Plus ces valeurs seront importantes, plus la valeur de rationalité du programme qui les remplit sera importante. Une seule chose peut sauver le programme fort de Bloor d'un écroulement total ; à savoir, s'il inclut la raison dans un univers libre de valeurs et qu'il en fasse une partie de l'explication sociale avec le principe de rationalité.

En concluant cette partie, je dois admettre la pertinence de l'angoisse de Bloor à propos d'une explication causale. Il est vrai que même si on considère les activités scientifiques comme un libre choix rationnel (non « causé »), il y a d'autres genres de contraintes qui déterminent les croyances et les questions d'un scientifique. Dans la science, on répond à une situation intellectuelle qui est donnée ; bref, la science a une logique interne qui affirme la pertinence de certaines hypothèses[36], la Révolution copernicienne était la *raison d'être* d'un « siècle de génie ». Ces scientifiques étaient contraints dans le sens où ils avaient un seul problème exceptionnel : le besoin extrême de remplacer la théorie héliocentrique par une physique adéquate. Parmi les deux tentatives offertes, à savoir la théorie des tourbillons de Descartes et la théorie de l'attraction de la gravitation universelle de Newton, la dernière théorie a gagné parce qu'elle résolvait plus de problèmes et qu'elle était alignée sur la théorie copernicienne. Quoiqu'on puisse répondre de diverses façons aux questions de la science, il n'y a que peu de façons d'y répondre[37]. La logique interne de la science est telle que les scientifiques sont contraints d'une manière plus fondamentale. Non seulement on leur lègue un état du problème, sa structure impose des restrictions sévères aux réponses que les scientifiques peuvent lui faire. Mais ces restrictions ne sont pas extra logiques comme le revendiquent les sociologues de la science.

Cette discussion ne sera pas complète sans une référence au modèle kuhnien de la recherche basée sur un paradigme qui attribue la *non rationalité* (sinon l'irrationalité) au choix d'une théorie scientifique. Je ne ferai pas un exposé sur la vision de Kuhn (on la connaît déjà tellement bien), mais je démontrerai ses restrictions par rapport au modèle réticulé de la rationalité de Laudan.

Le relativisme épistémologique de Kuhn contre le modèle réticulé de la rationalité scientifique de Laudan

Le genre de relativisme épistémologique que la vision de Kuhn semble épouser maintient que, quoiqu'il y ait de typiquement bonnes raisons pour le changement de théorie dans la science, il y a souvent d'aussi bonnes raisons d'adhérer à l'autre théorie. La thèse d'un tel «relativisme modéré»[38] est que le changement scientifique est typiquement sous-déterminé par de bonnes raisons. Elle prépare le chemin pour un «relativisme sociologique qui maintient que l'explication du développement ou l'accord scientifique nécessite un élément sociologique inéliminable pour expliquer pourquoi les scientifiques sont d'accord pour faire des changements de théories qui sont sous-déterminés par les bonnes raisons qui leur sont favorables». Laudan nomme de telles situations des cas de «déterminations locales», et rejette le rapport du «relativisme modéré» à une conception satisfaisante de la rationalité scientifique. Il le fait[39] en disséquant l'image holistique du changement scientifique.

Laudan classe quatre genres d'arguments chez Kuhn pour la défense de la thèse de la détermination locale, dont pas un seul n'est acceptable. Les arguments sont les suivants :

(1) l'ambiguïté des arguments de critères partagés;

(2) l'argument de l'inconsistance intérieure;

(3) l'argument des critères changeants;

(4) l'argument de l'importance du problème.

Je discuterai brièvement ces arguments et leurs insuffisances en suivant partiellement la ligne de Laudan et partiellement la mienne. Bien sûr, elles se chevauchent souvent.

(1) Ceci semble impliquer que les scientifiques peuvent souvent interpréter des règles méthodologiques pour «rationaliser» leurs propres préférences paradigmatiques. Ils peuvent le faire parce que de telles règles sont souvent ambiguës et «imprécises». Donc, il semble que

Kuhn veuille réduire l'importance des règles méthodologiques et des critères dans le choix scientifique. Il aime aussi injecter des facteurs psychologiques dans le choix. «Je maintiens toujours, dit Kuhn, que les algorithmes d'un individu sont tous fondamentalement différents en vertu des considérations *subjectives* avec lesquels chaque (scientifique) doit compléter un critère objectif avant de faire des computations.»[40]. À cause d'un manque de place, il n'est pas possible de réfuter ce point de vue d'une façon plus détaillée. Mais on peut déjà dire que, quoique certaines règles ne soient pas suffisamment décisives, il y en a beaucoup qui peuvent clairement indiquer les conditions auxquelles doit satisfaire une théorie. Je rappelle le dicton de Popper : «Plus une théorie est recommandée et précise, plus sa rationalité (falsifiabilité) aura de la valeur en tant que théorie scientifique.»

(2) Par «inconsistance collective des règles», Kuhn veut dire que les scientifiques qui partagent les mêmes critères finissent souvent par choisir deux théories rivales (et donc, incompatibles), parce que beaucoup de critères méthodologiques tirent dans des directions différentes et les scientifiques peuvent prendre la direction qui leur plaît. Kuhn affirme (d'après une poignée de cas *actuels*) plus fortement que telle est la nature de n'importe quel ensemble de règles ou de critères que n'importe quel groupe de scientifiques raisonnables pourraient accepter. Prenons pour exemple la théorie des tourbillons de mouvement de Descartes. C'est l'exemple extrême d'une image, non seulement fausse mais impossible, de la réalité, mais il n'y a pas d'inconsistance intérieure. L'espace est étendu dans l'univers cartésien; donc, un mécanisme constant de «poussée» est supposé afin d'expliquer le mouvement dans un univers sans espace vide.

(3) Cet argument maintient qu'avec un changement de paradigme, il y a «des changements dans les critères qui gouvernent les problèmes, les concepts et les explications permises»[41]. Cela encore mène à des conséquences sérieuses. Si Kuhn a raison, des scientifiques adhérant à des paradigmes rivaux ne peuvent jamais atteindre un consensus, parce qu'ils se servent de critères d'évaluation qui sont différents. Le mérite de Laudan est qu'il réfute cette irrésolubilité des problèmes scientifiques en introduisant un mécanisme de «changement par bribes», qui ne présume pas qu'un désaccord factuel ne puisse être résolu qu'avec des règles méthodologiques, et que toute dispute au niveau qui précède ne puisse être résolue qu'à un niveau axiologique plus élevé. Le changement de son modèle (voir le diagramme qui suit) peut arriver à n'importe quelle étape, résolvant ainsi un problème. La justification peut descendre aussi bien que monter. Je reviendrai à ce modèle plus tard.

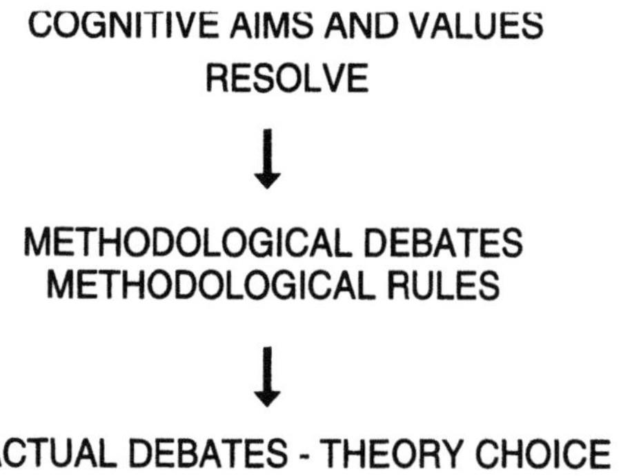

POPPER-HEMPEL HEIRARCHICAL MODEL OF SCIENTIFIC DEBATE

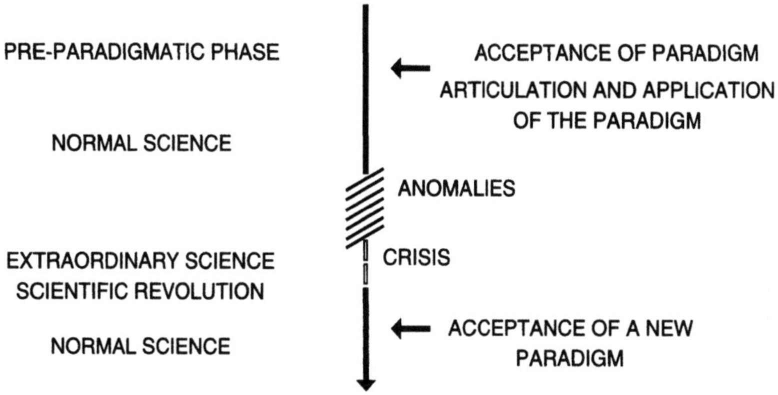

KUHN'S MODEL OF SCIENTIFIC CHANGE

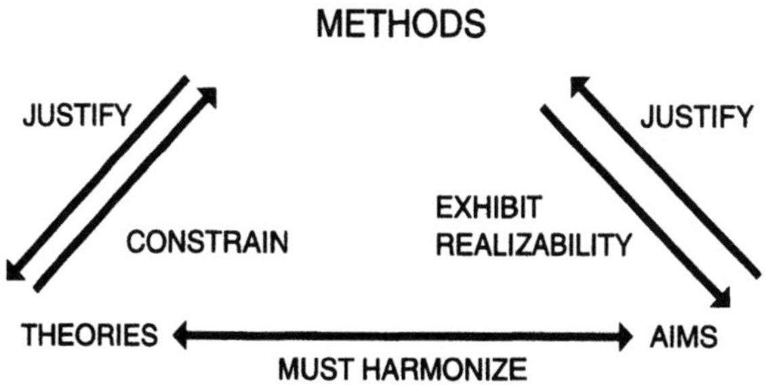

TRIADIC NETWORK OF JUSTIFICATION IN LAUDAN'S RETICULATIONAL MODEL

(4) Kuhn exprime le problème de la manière suivante : «Les controverses scientifiques entre les partisans de paradigmes rivaux entraînent la question : Quel *problème* est-il plus pertinent de résoudre ?»[42] Il croit que les partisans de différents paradigmes ne sont souvent pas d'accord sur le problème qu'il est le plus important de résoudre. Comme le dit Laudan, «il faut le disséquer» (ce point) à un niveau plus élémentaire[43].

Maintenant Kuhn semble avoir raison. Il y a différentes raisons pour lesquelles un scientifique peut trouver un problème important — des raisons économiques et sociales, la curiosité personnelle. Beaucoup d'autres raisons peuvent motiver un scientifique vers un problème particulier. Mais ces significations d'importance n'ont aucune «signification épistémique ou probatoire» particulière. Aussi Popper pense-t-il que ces considérations n'ont aucun rapport avec un choix de théorie. Il appelle cette analyse «psychologique». La thèse de Kuhn serait vraisemblablement qu'il n'y a pas de façon rationnelle pour décider l'assignation de poids épistémique. Donc on ne peut pas dire de quel scientifique la revendication épistémique est la plus importante par le choix de ses problèmes particuliers : mais c'est faux. La fonction primaire de l'épistémologie scientifique est d'enquêter et d'évaluer l'importance relative des différents problèmes scientifiques. Il est vrai qu'un problème reste parfois obscur à cause d'un manque de théorie pour l'évaluer. Mais la «raison même d'une théorie de l'évidence est de désubjectiver l'attribution d'une signification évidente», en indiquant le genre de raisons qu'on peut légitimement donner pour attacher un degré particulier d'importance épistémique à un cas de confirmation ou de réfutation[44]. Comme je l'ai déjà suggéré dans la première partie, la revendication de (connaissance) résolution d'un problème avec une théorie ne peut être établie que quand elle fournit suffisamment d'évidence (ou de raisons). Les raisons d'une préférence épistémique sont entièrement indépendantes de tous facteurs socio-psychologiques.

L'attribution d'importance à un certain problème ne peut être dite rationnelle que quand elle démontre «qu'il y a des motifs méthodologiques et épistémologiques viables pour attribuer ce degré d'importance plutôt qu'un autre»[45].

Kuhn et Doppelt, son ardent défenseur, avancent une autre thèse : pendant tout changement de paradigme, on trouve toujours des cas de «perte épistémique». Donc, on ne peut pas dire qu'une théorie soit «meilleure» ou que la science progresse. Leur exemple préféré est la théorie daltonienne. Il est vrai que la chimie prédaltonienne de la théorie phlogistique et la théorie d'affinité élective ont répondu à beaucoup de questions et ont résolu beaucoup de problèmes que les chimistes daltoniens du dix-neuvième siècle ne pouvaient expliquer.

D'autre part, la chimie daltonienne peut éclaircir beaucoup de questions ou de problèmes que la théorie précédente ne pouvait pas expliquer. Kuhn conclut que les partisans des nouveaux et des vieux paradigmes seront nécessairement incapables de bien évaluer les paradigmes des uns et des autres. Cet argument est faux. La conclusion de Kuhn ne s'ensuit pas de la prémisse de la «perte» ou du «gain» épistémique. Laudan pense que la thèse Kuhn-Doppelt provient d'une fausse supposition. La supposition est que «la centralité d'un problème sur notre agenda explicatif entraîne nécessairement qu'on attribue un degré plus élevé de poids épistémique ou probatoire à ce problème...»[46]. Le plus probant des poids épistémiques est attaché aux observations d'un scientifique qui constituent des examens «sévères» pour une théorie. Un examen conçu par un scientifique atteint l'importance non pas en résolvant des problèmes, mais quand il implique des prédictions «surprenantes» de la théorie. Contrairement à ce que pense Kuhn, la plupart des théories impliquent qu'on ne doive pas leur accorder le crédit sur la base de la résolution des problèmes pour la résolution desquels elles ont été conçues, mais parce qu'elles corroborent de nouvelles prévisions. C'est ce que Popper appelle la «valeur extra-corrobative» d'une théorie. Mais Kuhn et Doppelt ont la vue courte en oubliant cet aspect épistémique important de l'évaluation de la théorie et ils échouent à donner un compte rendu suffisant du choix de la théorie en termes extra-sociologiques.

Quoique Laudan rejette le compte rendu relativiste du (changement et) de la rationalité scientifique, il n'accepte pas non plus entièrement ce qu'il appelle «le modèle hiérarchique de la rationalité». Les concepts-clés dont il se sert pour montrer la différence de son modèle sont «consensus» et «dissensus», ce qui correspond à peu près à la «science normale» et à la «période de crise» de Kuhn.

Laudan prétend que le modèle hiérarchique (Popper, Hempel) et le modèle relativiste donnent des comptes rendus peu plausibles des buts de la science. Le modèle hiérarchique rend la possibilité d'un consensus rationnel dépendante de la supposition gratuite de buts scientifiques fixés, universels et immuables. Le relativisme, par contre, reconnaît que le désaccord (et le changement) scientifique influence les buts mêmes de la science, mais il conclut, d'une façon peu plausible, du fait d'une «valeur dissensus» concernant les buts en faveur d'une impossibilité de consensus rationnel sur les buts dans la science. Du point de vue de Laudan, les deux positions obscurcissent la nature du raisonnement scientifique par rapport aux buts et critères scientifiques dans lesquels un (ou plusieurs) de ces éléments est rationnellement révisé pour mieux accommoder ou augmenter la crédibilité épistémique de tout autres choses acceptées par la science du jour — ses théories, ses méthodes, ses techniques, ses critères, etc.[47]. Tel est, en gros, le Modèle de Réticulation de Laudan.

La perspicacité principale de Laudan dans ce contexte est que la crédibilité épistémique dans la science ne descend pas seulement des buts aux règles méthodologiques et de ces règles aux croyances empiriques, comme le soutiennent les modèles hiérarchiques[48]. Au contraire, des théories bien implantées de croyances peuvent aussi fournir de bonnes raisons pour l'acceptation (ou le refus) des critères méthodologiques et aussi des buts scientifiques de premier ordre. Cela arrive, par exemple, quand les buts ou critères méthodologiques acceptés par les scientifiques, soit (a) manquent, à maintes reprises, de générer des théories qui pourraient les satisfaire, soit (b) sont à la fin inconséquentes sur les théories actuellement développées et acceptées par les scientifiques. Dans de tels cas, les croyances scientifiques substantielles acceptées par les scientifiques fournissent de bonnes raisons pour rejeter ou modifier leurs buts ou leurs règles méthodologiques, de nouveaux buts ou critères, ou priorités entre eux, deviennent rationnels pour accepter par suite des théories qui jouissent de la plus grande crédibilité parmi les scientifiques d'un même temps.

Dans ce contexte, il n'est ni possible ni nécessaire de donner un compte rendu critique du modèle de Laudan (ce qui nécessiterait une dissertation entière). Mais il semble que, puisqu'il n'accepte ni que les buts ou idéaux scientifiques soient fixés (dans les cas où il croit que le modèle hiérarchique est suffisant), ni qu'un but certain fasse partie intégrante de l'acceptation d'un paradigme (comme le présume Kuhn), il nécessite un compte rendu indépendant de la rationalité de certains buts scientifiques. Il semble présumer la rationalité de l'accord sur des buts scientifiques. Ceci est indiqué quand il revendique que l'épistémologie scientifique, bien comprise, est une « discipline empirique » qui nécessite une « théorie naturaliste » de la connaissance scientifique. Mais l'épistémologie scientifique ne peut pas être conçue en tant que discipline empirique, puisque Laudan reconnaît lui-même que les buts scientifiques subissent changements, conflits, désagréments. En fait, il affronte le défi kuhnien de montrer comment un changement dans les buts et les valeurs scientifiques fondamentaux peut être rationnel. La question-clé porte sur ce que doit montrer toute conception du changement scientifique rationnel à propos de ce changement pour établir sa rationalité. Le compte rendu de Laudan sur la rationalité gradualiste scientifique est insuffisant, sauf s'il y implante une théorie de la rationalité. Ce qui pourrait l'amener à faire une concession importante au type kuhnien du «relativisme modéré».

III.

Selon la formule de Karl Popper : «C'est la méthode de la science, la méthode de notre discussion critique, qui rend possible la transcendance de nos structures, non seulement celles acquises avec la culture mais celles qui nous sont innées.»[49]

Cette déclaration de Popper a reçu beaucoup de contestations de divers points de vue, qu'on peut appeler généralement «historistes». La philosophie de la science contemporaine est harcelée par des controverses infinies en ce qui concerne le problème de la rationalité de la science. La quantité de littérature sur le sujet est indicative de la crise. Une partie du problème se trouve, je pense, dans une sorte de confusion sur certaines questions concernant le problème (comme je l'ai déjà indiqué dans la première partie). Afin de démêler l'affaire, je vais poser deux questions, dont je dois à Herbert Seigel la formulation sinon l'interprétation. La principale est : Qu'est-ce qui constitue la rationalité de la science? Et l'autre est : Est-ce que la science est, en fait, rationnelle?

La question du premier genre est une question normative qui appelle critères, normes et règles méthodologiques, tandis que la deuxième question est une question clairement empirique à laquelle il faut répondre avec des facteurs historiques, sociologiques, extra-logiques. Dès qu'on clarifie ces deux questions, on voit que tous les débats et que toutes les disputes scientifiques sont des débats sur le genre des évidences, des raisons et des critères. Un daltonien et un pré-daltonien, qui se disputent sur l'importance d'une mesure de poids surprenante pendant la combustion, contestent seulement les raisons ou l'évidence de l'autre mais pas la rationalité de la science elle-même.

Le débat scientifique implique un débat sur les raisons suffisantes et opportunes de tenir à une théorie plutôt qu'à une autre. La tempête philosophique déclenchée par Kuhn est attisée par Feyerabend; et beaucoup d'autres semblent troubler notre vision de ce problème fondamental. Ils ont raison dans leur intuition que la prolifération de théories est plus désirable que l'unanimité. Mais la prolifération elle-même n'entraîne pas qu'elles soient toutes également rationnelles. La plupart des participants dans un débat entre théories rivales revendiquent le fait que leurs points de vue sont basés sur un terrain plus ferme, parce que l'acquisition de la croyance est scientifique, i.e. leurs croyances sont acquises avec une meilleure méthode. La méthode scientifique est la méthode de l'engagement à la seule évidence de la raison — telle que la testabilité, l'objectivité, etc. — garantie par les règles méthodologiques. L'évidence est conceptuellement liée à l'hypothèse *h* de telle façon qu'elle justifie notre croyance, notre acceptation et notre poursuite de *h*. Ainsi, l'évidence et la raison sont conceptuellement liées comme la rationalité est liée à la science. Par conséquent, la méthode scientifique *ne* fait *qu'*assurer la rationalité de la science, et ne spécifie pas les constituants de la rationalité *per se*.

La seconde question soulève un problème empirique, et peut aussi entraîner un débat dépendant du critère qu'on choisit. Mais la confusion entre ces deux questions vient de la tradition d'une surenchère portant sur le compte rendu historique déclaré par Kuhn (Polanyi est un nom qu'on oublie souvent dans ce contexte, mais lui aussi propose ce genre d'explication). Leur témoin principal est l'histoire. Ils prouvent l'insuffisance du compte rendu du progrès scientifique en montrant une analyse négative de la méthode d'induction énumérative, ou l'accroissement graduel, etc. Le pilier principal du pouvoir de l'histoire est triple :

- les théories sont incommensurables;
- les théories sont sous-déterminées par des évidences qui leur sont favorables;
- il y a perte épistémique dans le changement de théorie.

Comme le dit Kuhn, on ne trouve pas «un algorithme capable de dicter un choix rationnel unanime»[50]. En effet, on n'en trouve pas parce qu'on n'a pas besoin d'une précision à ce degré; un accord rationnel est possible avec l'appréciation de divers critères d'évaluation. Même si on accorde à Kuhn et à ses disciples que jusqu'ici toutes les tentatives n'ont pas réussi à donner un compte rendu épistémologique suffisant de la science, ce genre d'analyse négative peut accroître seulement la non-rationalité des croyances scientifiques (théories), non pas celle de l'enquête scientifique. C'est peut-être dans ce sens que Carnap épouse la pérennité des critères du choix de la théorie (ce que Hempel rejette). L'engagement ou le soutien manifeste est indépendant du temps, tandis que les principes particuliers d'évidences/raisons sont relatifs au temps.

NOTES

* Une partie de cette recherche et de la rédaction de cet article a été rendue possible par l'attribution d'une Bourse Résidentielle à Lucknow par le Conseil Indien des Recherches Philosophiques.

N.B. Cet article a d'abord paru en langue anglaise sous le titre «Scientific Rationality -A Rethinking», dans *Journal of Indian Council of Philosophical Research*, volume VII, Number 1, Sept-Déc. 1989, p. 99-119.

La publication de la traduction a été autorisée le 10 avril 1991 par le directeur de la revue, Daya Krishna de Calcutta (Inde). Pour des raisons éditoriales, nous avons dû écourter ce texte.

[1] *Cf.* K. Popper, *The logic of Scientific Discovery*, 1959; *Conjonctures and Refutations*, 1963; *Objective Knowledge*, 1972.

[2] *Cf.* Chap. I in D.C. Stove, *Popper and After*, 1982.

[3] I. Lakatos, «Methodological Research Programme», in Lakatos and Musgrave (eds), *Criticism and Growth of Knowledge*, London, 1970.

[4] Pour une telle critique, voir sec. 3-4 in B. Bernstein, *T.S. Kuhn and Social Science*, 1982.

[5] I. Lakatos, *op. cit.*, p. 59.

[6] I. Lakatos, *op. cit.*, p. 92.

[7] I. Lakatos, *op. cit.*, p. 179.

[8] P. Heirgreaves sur *Against Method* in *Telos* (printemps 1976, p. 224).

[9] P. Feyerabend, «Consolation for the Specialist», in Lakatos and Musgrave (eds), *Criticism and Growth of Knowledge*, p. 200.

[10] *Ibid.*, p. 215.

[11] P. Feyerabend, *Against Method*, 1970, p. 112.

[12] *Ibid.*, Appendice 2.

[13] *Ibid.*, p. 87.

[14] *Ibid.*, p. 199.

[15] *Ibid.*, p. 199.

[16] *Ibid.*, p. 223.

[17] P. Feyerabend, «Consolation for the Specialist», in Lakatos and Musgrave (eds), *Criticism and Growth of Knowledge*, p. 227.

[18] *Ibid.*, p. 219.

[19] T.S. Kuhn, «Reflection on My Critics», *ibid.*, p. 264.

[20] C.G. Hempel, «Scientific Rationality : Analytic vs Pragmatic Perspectives», in T.G. Gereats (ed.), *Rationality Today*, 1979, p. 51.

[21] *Ibid.*, p. 58.

[22] L. Laudan assume cette conception de la rationalité instrumentale, bien qu'il diffère de Hempel sur le but de la science.

[23] *Cf.* W.C. Salmon, Carl G. Hempel, «The Rationality of Science», in *Journal of Philosophy*, 80, 1983, p. 555-62. T.S. Kuhn, «Rationality and Theory-Choice», in *Journal of Philosophy*, 80, 1983, p. 563-71; *cf.* Hempel, «The Philosophy of G.G. Hempel», in *Journal of Philosophy*, 80, 1983.

[24] C.G. Hempel, «Valuation and Objectivity», in Cohen and Laudan (eds), *Physics, Philosophy and Psychoanalysis*, 1983, p. 91.

[25] C.G. Hempel, *op. cit.*, 1979, p. 51.

[26] *Ibid.*

[27] D. Bloor, in *Knowledge and Social Imagery*, London, 1976 and «The Strengths of the Strong Programme», in *Philosophy of the Social Sciences*, 11, 1981.

[28] L. Laudan, «The Pseudo-Science of Science?», in *Philosophy of the Social Sciences*, 11, 1981, and «More on Bloor», in *Philosophy of the Social Sciences*, 12, 1982.
[29] D. Bloor, «The Strengths of the Strong Programme», *op. cit.*, 1981.
[30] D. Bloor, *op. cit.*, 1981, p. 207.
[31] D. Bloor, *op. cit.*, 1981, p. 208.
[32] L. Laudan, «More on Bloor», *op. cit.*, p. 73.
[33] L. Boon, sur *Knowledge and Social Imagery*, in *British Journal for the Philosophy of Science*,30, 1979.
[34] Laudan, *Progress and Its Problems*, 1977, p. 187.
[35] D. Bloor, *op. cit.*, 1981, p. 210.
[36] A. Koyré, *Newtonian Studies*, 1965.
[37] *Cf.* J.N. Hattiangadi, «A Methodology without Methodological Rules», in *British Journal for the Philosophy of Science*, 1982.
[38] G. Doppelt, «Kuhn's Epistemological Relativism», in Meiland and M. Krausz (eds), *Relativism, Cognitive and Moral.*
[39] L. Laudan, *Science and Values*, Berkeley, 1984. Le chapitre 4 de ce livre a ce titre.
[40] T.S. Kuhn, *The Essential Tension*, Chicago, 1977, p. 329.
[41] *Ibid.*, p. 325.
[42] T.S. Kuhn, *The Structure of Scientific Revolution*, 1962, p. 110.
[43] L. Laudan, *Science and Values*, p. 97.
[44] *Ibid.*, p. 98.
[45] *Ibid.*, p. 99.
[46] L. Laudan, *op. cit.*, p. 100.
[47] *Cf.* L. Laudan, chap. 5 de *Science and Values.*
[48] *Ibid.*, p. 62-63.
[49] K. Popper, «The Myth of the Framework», in Eugene Freeman (ed.), *The Abdication of Philosophy and the Public Good*, 1976.
[50] T.S. Kuhn, *The Essential Tension.*

10. L'idéologie des sexes dans les sciences biologiques

Kathleen Okruhlik
Département de philosophie
University of Western Ontario

La critique féministe de la science offre un terrain fertile pour l'étude des différentes manières dont le contexte social peut influencer le contenu de la science. Le débat qu'a soulevé cette question a mis en présence des chercheurs en science sociale aussi bien que des philosophes comme moi-même. Les travaux récents sur les préjugés sexistes et androcentriques dans le domaine scientifique posent une question difficile pour la philosophie de la science : comment les idées courantes sur la rationalité scientifique devraient-elles faire face aux preuves grandissantes tendant à démontrer que le développement de plusieurs domaines scientifiques a été fortement marqué par l'idéologie des sexes ?

Les critiques féministes de la biologie ont été particulièrement significatives dans la lutte politique pour l'égalité des sexes, parce que des arguments déterministes biologiques sont souvent cités pour « expliquer » l'oppression des femmes. Ce genre d'argument explique, soi-disant, qu'il est « naturel » que les femmes soient subordonnées aux hommes, que les hommes soient plus intelligents et plus agressifs, que le destin des femmes soit au foyer, et que les hommes soient portés au viol. Les gènes, les hormones, et les mécanismes de la sélection naturelle sont invoqués comme causes déterminantes de cet ordre naturel, qui garantissent que toute tentative d'amener une société plus juste et plus égalitaire sera inutile, ou risque même d'avoir l'effet contraire.

Les critiques de la biologie sont aussi importantes du point de vue *épistémologique*, à cause de la situation de la biologie par rapport à la physique d'une part, et des sciences sociales de l'autre. Les philosophes de la science ont tendance à écarter d'emblée les critiques féministes des sciences sociales, sous prétexte que les sciences sociales ne sont pas des sciences véritables, et que donc les critiques féministes, si efficaces qu'elles soient, ne nous apprennent rien sur la science véritable. En revanche, il n'est pas si facile de stigmatiser la biologie comme pseudo-science : ainsi la critique prend plus de poids dans ce domaine. Néanmoins, la biologie n'est toujours pas la physique : le vrai défi reste donc à relever. Si les critiques de la biologie sont probantes, les philosophes de la science ne feront qu'en conclure que la biologie est dans un pauvre état, sans mettre en cause la science en général.

Cet état de choses est contrariant, car les théories biologiques en question sont puissantes et dangereuses, précisément parce qu'elles sont généralement considérées comme scientifiques, publiées dans les revues scientifiques, et enseignées dans les facultés de science. On comprendra que les théoriciennes féministes, tout en déplorant le réductionisme, se sentent tenues de soutenir que toute science est nécessairement sexiste et androcentrique, et qu'on finira par démontrer que la physique elle-même souffre des mêmes préventions sexistes que la biologie. En effet, cette façon de penser peut paraître la seule qui permette de tenir compte du sexisme profond de la science. En fait, à mon avis, c'est là un raisonnement qu'il faut rejeter : j'en viendrai sous peu à mes raisons.

Tout d'abord, j'aimerais brièvement passer en revue certains exemples typiques de la critique féministe de la biologie. J'ai en vue deux objectifs : d'abord, cela nous fournira un stock d'exemples autour desquels mener le débat; d'autre part, cela nous donnera l'occasion de voir comment certaines thèses philosophiques courantes peuvent éclaircir la discussion.

Voyons d'abord un article récent sur «l'importance de la critique féministe pour la cytologie contemporaine», par le Groupe d'Études de Biologie et Sexualité au collège Swarthmore[1]. Dans cet article, il est question de certaines entraves à la recherche qui dérivent de la survivance de paradigmes désuets concernant la relation de l'œuf et du spermatozoïde dans la reproduction. Le paradigme «Belle-au-Bois-Dormant et Prince Charmant» aurait aveuglé les chercheurs au point de se méprendre sur certains faits de la reproduction humaine. L'œuf et le spermatozoïde se sont vus octroyer des fonctions à l'image des rôles traditionnels féminins et masculins, c'est-à-dire respectivement passif et actif. L'œuf attend passivement pendant que le spermatozoïde se bat héroïquement à remonter le courant et à combattre le milieu hostile de l'utérus; il courtise l'œuf, et (en cas de succès) le pénètre, à l'exclusion désormais de tout rival. Le seul rôle de l'œuf, dans cette épopée, est de choisir le rival qui triomphera.

L'idée que le spermatozoïde réveille l'œuf qui somnole est apparue dès 1795 et demeure influente jusqu'à présent. Mais les dix dernières années ont été témoin de l'élaboration de conceptions rivales, qui attribuent à l'œuf une participation fort énergique au processus de fertilisation. Le microscope électronique révèle qu'il ne s'agit pas simplement pour le spermatozoïde de se creuser un passage vers l'intérieur de l'œuf, comme on l'avait toujours cru. C'est bien plutôt l'œuf qui agence la poussée de villosités sur la surface cellulaire, pour *saisir* le spermatozoïde et le faire lentement rentrer. Ce phénomène avait pu être observé dès 1895, époque où furent publiées les premières photographies de la fertilisation chez l'oursin; mais jusqu'à récemment, on n'y avait jamais prêté attention. Ce qui compte pour mon propos, ce n'est pas que la nouvelle théorie soit vraie ou fausse (elle est encore controversée); c'est plutôt le fait que son existence même met en relief les présomptions douteuses du paradigme courant. Elle illustre la façon dont une présomption théorique existante dicte les questions qu'on se pose, les hypothèses sur lesquelles on se penche, et même les données qu'on se permet d'écarter comme sans valeur de preuve. Souvent, de telles considérations sont reléguées au «contexte de la découverte», que l'on dit sans rapport épistémologique avec le contenu véritable de la science. Nous reviendrons sur ce point. Mais voyons d'abord quelques cas où il ne s'agit pas de la force de preuve de certaines données, mais de l'interprétation qu'on leur donne suivant ses engagements théoriques.

Plusieurs critiques féministes de la primatologie et de la sociobiologie ont porté sur le fait que le combat des mâles, la compétition entre mâles, et le don d'invention des mâles sont présentés comme étant à la base de l'évolution humaine. Certains passages de l'œuvre de Darwin, cités par Ruth Hubbard et d'autres critiques, attribuent le développement évolutif humain presque exclusivement à l'activité des mâles.

> «[Les mâles] ont dû défendre leurs femelles ainsi que leurs petits contre des ennemis de toutes sortes; ils ont dû aussi chasser pour leur subsistence à tous. Mais éviter ou attaquer ses ennemis, capturer des bêtes sauvages, et fabriquer des armes, tout cela appelle des facultés mentales supérieures, notamment l'observation, la raison, et l'invention, c'est-à-dire l'imagination. Ces facultés auront donc été mises continuellement à l'épreuve et sélectionnées pendant la vie des hommes adultes.»

«C'est ainsi, conclut cet auteur, que l'homme a finalement acquis sa supériorité sur la femme», et c'est chose heureuse que les hommes transmettent leurs caractéristiques à leurs filles aussi bien qu'à leurs fils, «autrement il est probable que l'homme serait devenu mentalement supérieur à la femme tout comme le plumage ornemental du paon l'emporte sur celui de la paonne.»[2]

L'influence des préjugés de Darwin ne s'est pas limitée à la seule théorie de l'évolution, puisque beaucoup d'autres domaines font appel à cette dernière comme hypothèse auxiliaire. Prenons par exemple le cas de l'anthropologie. Si l'on maintient que l'homme-chasseur est le principal responsable du développement humain, on interprètera l'histoire des fossiles à la lumière des modifications du comportement des mâles. Ceci est clairement démontré par Helen Longino et Ruth Doell dans leur important article de 1893[3], qui trace l'influence du préjugé andocentrique sur l'explication du développement des outils fondé sur l'idée de l'homme-chasseur. Les travaux récents, en revanche, démontrent que 80 pour cent de la nourriture des sociétés dites «de cueillette et de chasse» provenaient de la cueillette des femmes. Si l'on part de cette hypothèse, les mêmes données prennent un sens tout différent. Longino et Doell résument ainsi la situation :

> «À l'encontre [du récit androcentrique], le récit gynocentrique explique le développement des outils en fonction du comportement des femmes. La grossesse, l'allaitement, et, plus tard, la nécessité de nourrir les enfants dans la savane, imposent aux femmes des besoins de nutrition bien plus sévères qu'aux hommes. Alors que les théoriciens qui se basent sur l'idée de l'homme-chasseur s'intéressent surtout aux outils de pierre, celles qui se basent sur l'idée de la femme-cueilleuse considèrent que le développement des outils a eu lieu beaucoup plus tôt et que les matériaux utilisés étaient des objets organiques tels que bâtons ou roseaux. Ces dernières considèrent que ce sont les femmes plutôt que les hommes qui ont le plus contribué aux innovations au cours du développement des caractéristiques 'humaines' telles que l'intelligence et la faculté d'adaptation. De ce point de vue, ce serait les femmes qui auraient inventé l'usage des outils pour se défendre contre les prédateurs pendant la cueillette, et qui auraient façonné les objets qui servaient à creuser, à transporter la nourriture, et à la cuisson.»

Ici encore, ce n'est pas la vérité de l'hypothèse gynocentrique qui importe, mais bien plutôt la démonstration qu'elle apporte des préjugés androcentriques qui colorent les interprétations habituelles des données de l'anthropologie.

Dans certains autres cas, il semble que ni le bagage théorique tiré de l'observation ni la sous-détermination de la théorie par les données ne sauraient jeter de lumière sur la pratique scientifique. Dans ces cas, c'est plutôt à la thèse de Duhem-Quine qu'il faudrait faire appel. Certaines hypothèses semblent avoir le don de survivre à une preuve contraire après l'autre, grâce à des accommodements toujours situés ailleurs dans le système des croyances en question. Je pense ici en particulier à certaines thèses neuro-anatomiques récemment avancées, qui sont censées expliquer des différences d'intelligence entre hommes et femmes, et plus précisément une soi-disant supériorité des hommes dans les domaines mathématique et spatial. Anne Fausto-Sterling, dans son livre sur les «Mythes des différences des sexes»[4] a fait le tour de ces théories; les exemples qui suivent sont tirés de son livre.

On a proposé les hypothèses suivantes : que l'intelligence spatiale est liée au chromosome X, et serait par conséquent plus répandue chez les mâles que chez les femelles; qu'un dosage plus élevé d'androgène dans le fœtus améliore l'intelligence; qu'un dosage moins élevé d'estrogène amène une capacité supérieure chez l'homme pour les tâches de «restructuration». D'aucuns ont maintenu que les cerveaux de femmes sont plus fortement différenciés latéralement, et que c'est cette plus forte latéralisation qui gêne les fonctions spatiales. D'autres soutiennent que les cerveaux femelles sont *moins* fortement latéralisés que les cerveaux mâles et que c'est au contraire cette moins forte latéralisation qui gêne les fonctions spatiales. D'autres encore ont tenté de protéger l'hypothèse d'une capacité spatiale liée au chromosome X contre les preuves contraires en avançant l'idée que le gène responsable ne peut être activé qu'en présence de testostérone. D'autres encore ont prétendu que les mâles sont plus intelligents parce qu'ils ont plus d'acide urique dans le corps que les femmes.

Aucune de ces hypothèses n'a reçu de preuve suffisante, et la plupart semblent avoir été clairement réfutées. Ce qui nous intéresse particulièrement ici, c'est le fait que l'élément-clé du réseau théorique que la plupart des chercheurs ont le plus de mal à abandonner face à des preuves contraires, c'est la présomption qu'il *doit* y avoir quelque raison *biologique* pour l'infériorité intellectuelle des femmes.

On a comparé cette situation aux efforts bien connus qu'avait dépensés la craniométrie du XIXe siècle pour expliquer l'infériorité de l'intelligence féminine. L'hypothèse liant l'intelligence au simple volume du cerveau s'écrasait sur le phénomène de l'éléphant (pourquoi, si la grandeur absolue des cerveaux est la mesure de l'intelligence, les éléphants ne sont-ils pas plus intelligents que les humains?). On a donc proposé une mesure basée sur proportion entre le poids du cerveau et celui du corps : mais comme cette mesure aurait favorisé les femmes, elle fut vite abandonnée. Les oiseaux, à leur tour, réfutaient l'hypothèse qu'il s'agissait de la proportion entre les os de la face et ceux du crâne.

On proposa alors que l'intelligence supérieure est liée aux lobes frontaux : ceux des hommes sont plus importants, alors que les lobes pariétaux sont plus développés chez les femmes. Mais cette idée fut aussi vite abandonnée lorsqu'il fut démontré que les lobes pariétaux sont davantage impliqués dans l'intelligence. On proposa donc de réviser les données pour prouver qu'*en réalité*, les femmes, en fin de compte, ont les lobes pariétaux *moins* développés... Et j'en passe sur cette triste histoire. Ce qu'il fallait à tout prix ne pas mettre en question, c'était la présomption de base que les femmes sont biologiquement moins intelligentes que les hommes. On ne s'étonnera pas si les critiques féministes décèlent le même schéma dans le débat contemporain concernant les sexes et les capacités mathématiques.

On vient de voir dans plusieurs exemples comment certaines thèses philosophiques assez courantes — le bagage théorique tiré de l'observation, la sous-détermination de la théorie par les données, et la thèse de Duhem-Quine — nous permettent de comprendre comment l'idéologie des différences de sexe s'infiltre un peu partout dans la biologie. Dans tous ces cas, on est tenté de dire que certaines valeurs externes à la science y ont été importées. Cependant, ces valeurs n'y sont qu'implicites : souvent, elles ne deviennent visibles qu'à la lumière d'une hypothèse rivale influencée par d'autres valeurs.

Il en est autrement dans la dernière série de cas sur lesquels je veux attirer l'attention dans ce bref aperçu. Il s'agit des sciences médicales. Là, les valeurs sont souvent tout à fait explicites. Lorsqu'il s'agit de juger qui est en bonne santé et qui est malade, quels types de corps sont désirables et lesquels ne le sont pas, les notions invoquées sont explicitement normatives. La porte est ouverte à de nouvelles catégories de préjugés sur le sexes — des catégories différentes de celles que nous avons déjà passées en revue. Une de ces catégories comprend les types idéaux qu'on propose aux hommes et aux femmes. On dit que ces types idéaux sont « complémentaires », mais en réalité, il n'y a jamais que le type masculin qui soit pleinement *humain*. Une deuxième catégorie est représentée par les cas où on proclame une norme unique pour hommes et femmes, mais où cette norme est en fait une norme masculine et non humaine.

Voici un bel exemple historique du problème de la « complémentarité », mis en valeur dans l'excellent livre de Londa Schiebinger qui s'adresse à la question « l'esprit n'est-il pas sexué ? »[5] Schiebinger documente les changements qui se sont produits dans la façon de représenter l'anatomie masculine et féminine au XVIIIe siècle, période où l'on s'efforçait consciemment de comprendre les différences entre les sexes en fonction de l'anatomie. Si on pouvait prouver que les différences en question provenaient de l'*ossature même* de l'organisme, de son infrastructure, alors on disposerait d'une explication moderne et scientifique de ces différences, et il ne serait plus nécessaire de s'en fier à Aristote ou Galien.

Auparavant, le squelette n'était pas sexué : on avait représenté les squelettes masculins et féminins de la même façon. Parfois, le sexe du squelette n'était pas identifié; parfois, on le représentait vu de devant comme étant celui d'un homme, et vu de dos comme étant celui d'une femme. Mais tout cela changea entre 1730 et 1790.

«Le matérialisme du siècle amenait les anatomistes à se pencher d'abord sur le squelette comme la partie la plus solide du corps et la mieux capable de fournir un plan de base pour le corps tout entier et de donner une direction 'certaine et naturelle' aux muscles et autres parties du corps qui s'y rattachent. Si des différences entre les sexes pouvaient être décelées déjà au niveau du squelette, alors la différence entre les sexes ne dépendrait plus de degrés de chaleur différents (comme le pensaient les anciens); elle ne serait pas non plus affaire d'une simple adjonction d'organes sexuels à un corps neutre (comme l'avait pensé Vesale). On verrait plutôt la sexualité s'insérer dans chaque muscle, chaque veine, et chaque organe, qui tous sont attachés au squelette et moulés par lui.»[6]

L'homme idéal et la femme idéale qui résultent de cette perspective sont bien différents l'un de l'autre. Le squelette mâle est caractérisé par une grande tête et de fortes épaules; son analogue animal est le cheval, qui paraît parfois à l'arrière-plan des dessins de squelettes mâles. Le squelette femelle a un large bassin, un coup long et élégant, et une tête plutôt petite. Elle ressemble assez à l'autruche, dont l'image décorait parfois son portrait. On préférait les squelettes qui se rapprochaient le plus de ces idéaux de masculinité et de féminité aux dessins qui auraient été plus strictement réalistes. Notons qu'une façon de mettre en valeur la grandeur du bassin pelvique et la petite dimension de la tête consiste à représenter la cage thoracique comme étant très étroite. Fausto-Sterling fait remarquer qu'il ne s'agissait ici pas que d'idéologie. Il est probable, en effet, que certains des cadavres sur lesquels se basaient les dessins avaient eu la cage thoracique comprimée par l'usage prolongé du corset. En effet, Ruth Hubbard[7] et d'autres ont raison de dire qu'il ne faut pas considérer le corps comme une simple infrastructure par dessus laquelle vient s'agglutiner une couche socio-culturelle de masculinité ou féminité. Le sexe lui-même, et non seule son interprétation culturelle, est en partie construction sociale. Même les données dites «purement physiques» comme la taille, la densité de l'ossature, et la musculature sont en large partie déterminées par des pratiques culturelles.

Le cas du squelette illustre le type de cas où la norme masculine et la norme féminine sont dites complémentaires, mais où le mâle est traité comme plus pleinement humain. Peut-être faut-il nous ranger à l'avis que la menstruation, la grossesse et la parturition sont considérées comme des maladies ou des urgences médicales parce qu'il s'agit là de conditions dont ne «souffre» jamais l'être humain bien portant idéal, c'est-à-dire le mâle.

Dans un livre en cours intitulé *All about Eve*, Elizabeth Lloyd aborde le développement des conceptions de l'orgasme chez la femme. Elle cite un exemple frappant d'une norme masculine qui se prétend humaine. Plusieurs sociobiologistes, pour appuyer leurs récits d'origine, ont cité des statistiques détaillées sur la nature, la durée, la fréquence, et la capacité de récupération de l'orgasme. En poursuivant leurs renvois, Lloyd a découvert que ces données, qu'on invoquait dans le but d'expliquer l'origine de l'orgasme chez la femelle, concernaient en fait l'orgasme chez le mâle. Le tour de passe-passe était joué grâce à un vocabulaire où il n'était question que de «sujets» neutres, mais jamais de mâles!

Voici achevé notre rapide tour de reconnaissance chez les plus influents critiques féministes de la biologie. Que faut-il en dire? La question m'intéresse particulièrement sous deux optiques :

(1) Dans la littérature féministe, la question qui a dominé le débat ces dernières années est la suivante : les exemples cités sont-ils des cas de «science mal conduite», ou faut-il les voir comme des preuves que la science elle-même est intrinsèquement et irrémédiablement androcentrique?

(2) En philosophie de la science, la question bien trop souvent posée a été celle-ci : En quoi tout cela concerne-t-il la philosophie de la science?

Ces deux questions sont liées, et je veux les traiter ensemble. En ce qui concerne la première, la taxinomie triadique de Sandra Harding a été particulièrement remarquée. Harding propose qu'on puisse se retrouver dans la diversité déroutante des critiques en les rangeant en trois catégories : l'empirisme féministe, l'épistémologie orientée et le féminisme post-moderne[8].

Le diagnostic de *l'empirisme féministe* concernant les exemples ci-dessus, c'est que la science a trahi ses propres principes. Les préjugés sexistes ont empêché l'application rigoureuse de la méthode scientifique; mais si les règles de la science avaient été fidèlement suivies, ces épisodes auraient pu être évités. Pour l'empirisme féministe, le point de vue du chercheur est épistémologiquement à côté de la question. Si un certain point de vue entraîne un préjugé, celui-ci sera éliminé automatiquement par l'application des règles objectives de la science.

C'est précisément là ce que nient les défendeurs de *l'épistémologie orientée*. Celles-ci sont d'avis au contraire que la justification d'une prétention à la connaissance dépend de la situation du sujet. De même que l'esclave de Hegel était en mesure d'en savoir plus que son maître, ainsi les femmes (ou les féministes) jouissent d'un avantage épistémologique sur les hommes (ou les non-féministes). D'après l'épistémologie orientée, une science fondée du point de vue des femmes serait une meilleure science. Pourtant, une telle science demeurerait une science «héritière des vieilles formes», dans ce sens que son projet consiste à donner une image épistémologiquement *plus correcte* de la réalité.

Ce point de vue a été l'objet de plusieurs critiques. La plus sévère s'appuie sur l'existence d'une multitude de points de vue épistémiques, dont aucun n'est essentiel à toutes les femmes (ou à toutes les féministes). Le point de vue d'une femme africaine hétérosexuelle, par exemple, serait sans doute bien différent d'une lesbienne blanche du Manitoba. Comment donc privilégier un point de vue par rapport aux autres lorsqu'on cherche une représentation objective de la réalité?

C'est ce problème qui a amené certaines théoriciennes à adopter ce que Harding appelle le *féminisme post-moderne*. Celui-ci consiste à abandonner tout à fait la poursuite de l'objectivité, et à accepter en revanche l'existence d'une pluralité irréductible de récits, au choix. Dans cette optique, les féministes post-modernes renoncent une fois pour toutes à la notion d'une méthode qui nous permette de transcender les contraintes de la culture, de la localité ou de l'histoire.

La taxinomie de Harding a sans doute beaucoup contribué à faciliter l'analyse des engagements divers des critiques féministes. Cependant, je crains qu'elle n'ait aussi caché une voie prometteuse capable de tenir compte des façons dont les structures sociales — comme l'institution des genres masculin et féminin — touchent au contenu même de la science.

La philosophie de la science traditionnelle a toujours admis que les forces sociales et psychologiques (y compris le sexe) jouent un rôle dans la science. Mais ce rôle était considéré comme strictement limité, entièrement confiné dans le domaine du contexte de la découverte, ou encore à l'intérieur de ces épisodes dits «de science mal conduite» où les règles de la science se trouvaient clairement enfreintes en faveur d'autres intérêts. (L'affaire Lyssenko est ici un exemple typique.) Dans le contexte de la découverte ou de la formulation de nouvelles théories, dirait-on de ce point de vue traditionnel, il n'y a pas de règles. L'origine d'une hypothèse est épistémologiquement à côté de la question. Tout ce qui compte, c'est le contexte de la justification. Si un chercheur a été trouver son hypothèse dans le marc du thé, tant mieux pour lui si cette hypothèse se voit corroborée ou confirmée dans le contexte de la justification. C'est le tribunal de la nature qui doit juger une hypothèse : si elle s'en tire, on peut y croire avec justification, quelle que fût son origine. Selon cette façon de voir, les règles de la science jouent un rôle de filtre qui élimine toute contamination sociale, psychologique et politique au moment où une hypothèse passe du contexte de la découverte à celui de la justification.

C'est là une conception qui pouvait sembler logique dans la première partie de ce siècle, quand les modèles dont on disposait représentaient le processus d'évaluation des théories comme s'il impliquait une comparaison directe de l'hypothèse avec la nature. Mais cette façon de voir les choses n'a plus actuellement guère de sens. Car il n'est pas logique de priver le contexte de la découverte ou de la formulation des théories de toute signification épistémologique, alors que les modèles actuels de la sélection des théories la conçoivent comme irréductiblement *comparative*. C'est-à-dire que tout le monde reconnaît qu'on ne compare jamais une hypothèse directement avec la nature, comme si l'on espérait une réponse en oui ou en non. On ne la compare pas plus à toutes les hypothèses rivales possibles. On ne peut la comparer qu'à ses rivales existantes, c'est-à-dire d'autres hypothèses qui ont été élaborées pour rendre compte des données dans le même domaine, et qui sont suffisamment bien formulées pour qu'on puisse les mettre à l'épreuve. Suivant les discussions contemporaines, le tableau du choix théorique qui se dessine est le suivant :

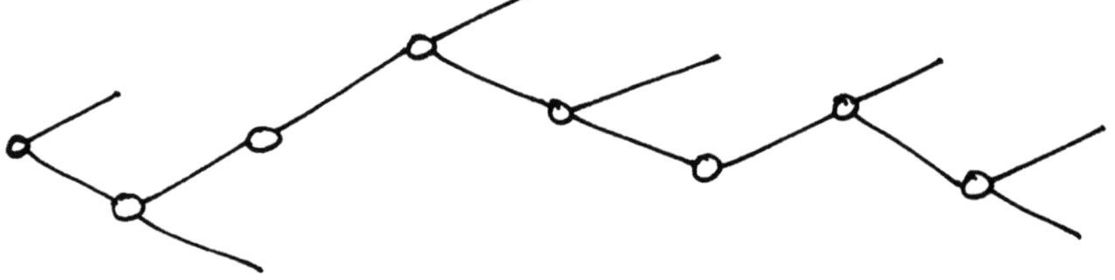

Chaque point nodal est censé représenter une décision que doit faire le scientifique entre des théories rivales. L'objectiviste en méthodologie maintient que la rationalité de la science est sauve, tant qu'on applique, à chaque point nodal, un mécanisme de sélection théorique adéquat. Peu lui importe l'origine du point nodal, pourvu qu'on y prenne la bonne décision. Sans doute trouvera-t-on des histoires intéressantes, d'ordre sociologique, autour de la genèse des différentes alternatives; mais les influences sociologiques sont effectivement interdites au contenu de la science par la méthode de décision qui opère au point nodal. Ce processus, par conséquent, nous permettra de décider d'une manière purement objective quelle théorie est préférable à ses rivales.

Mais d'après moi, ce procédé, même s'il opère parfaitement, n'isolera jamais le contenu de la science par rapport aux influences sociales, *dès le moment où l'on admet que ces influences portent sur la genèse des théories*. Si le choix entre hypothèses est irréductiblement comparatif, comme le conçoit le modèle actuellement favorisé, la méthode scientifique ne saurait garantir (même selon le scénario le plus optimiste) que la théorie qui en sort vainqueur soit vraie. On peut uniquement s'attendre à ce que la théorie en question soit épistémologiquement supérieure aux hypothèses actuellement en lice. Mais si toutes les hypothèses en lice ont été touchées par des facteurs sociaux, il n'y a rien dans tout ce processus qui puisse complètement «purifier» la théorie gagnante.

Supposons par exemple que le schéma ci-dessus représente l'histoire des théories du comportement féminin. Ces théories seront sans doute fort différentes les unes des autres; mais si elles ont toutes été produites par des hommes dans le contexte d'une culture profondément sexiste, il est bien probable qu'elles soient toutes contaminées par ce sexisme. Il n'y aura pas de théories candidates non sexistes. Donc celle qui sera sélectionnée par les règles du jugement scientifique ne sera que la meilleure parmi des rivales toutes sexistes. A ce moment-là, quelle que soit la rigueur avec laquelle on a appliqué les règles du jugement scientifique objectif dans le contexte de la justification, le *contenu* même de la science restera toujours sexiste. J'en tire la conclusion que la *conjonction* des anciennes idées sur la relation entre la découverte et la justification avec les nouveaux modèles de l'évaluation scientifique irréductiblement comparative n'est pas tenable.

Si j'ai raison jusqu'ici, il ne s'en suit pas nécessairement que la présence de l'androcentrisme et du sexisme dans la science ne rende impossible le choix rationnel entre les théories. Par contre, on peut effectivement conclure que la méthode scientifique, comme on la conçoit d'habitude, ne suffit pas *à elle seule* à éliminer de la science toute prévention sexiste ou androcentrique. Ce résultat nous laisse devant l'alternative suivante : nous pouvons, d'une part, nous contenter d'ambitions plus modestes quant à la portée de la rationalité, du moins comprises dans ce sens étroit de méthode scientifique dans le contexte de la justification; ou bien nous pouvons élargir notre conception de la rationalité en récupérant la signification épistémologique des facteurs sociaux et politiques qui influent sur la genèse de la théorie. Il faudra alors tâcher de tenir compte des diverses influences que peut avoir la situation du sujet sur la gamme d'hypothèses parmi lesquelles on fait rationnellement son choix. Bien évidemment, je préfère la deuxième voie.

Cependant, on objectera peut-être qu'étant donné le refus du réductionnisme dont se targuent beaucoup de critiques féministes, la réconciliation que je propose entre le programme féministe et les objectifs de la science est impossible. C'est là un argument qui sera sans force parmi ceux qui rejettent l'idéal d'une science unifiée. Mais il y en a d'autres, y compris moi-même, pour qui l'unité et la conciliation sont parmi les objectifs les plus importants de la science, et qui n'ont pas perdu l'espoir que l'unité se fonde sur une base physicaliste. La question est de savoir si ce réductionnisme dans un sens large (compris dans le sens de physicalisme) est en soi dangereux pour la philosophie féministe. Souvent, en effet, la rhétorique des débats sur la biologie, les sciences sociales, et notoirement la sociobiologie donne cette impression. Lorsque les féministes insistent sur l'importance de l'histoire et de la culture contemporaine à toute explication de la subordination de la femme (ou d'un groupe racial), on les accuse souvent d'avoir substitué un programme politique à la science proprement dite. Philip Kitcher a posé le problème avec justesse : «Nier que la biologie est la clé de l'explication du comportement humain et de la société, c'est risquer d'être accusé de se réfugier dans des notions non physiques telles que l'«esprit» ou la «volonté», ou de faire appel à une entité purement fictive, aux caractéristiques bizarres et mal définies, qu'on appelle 'la culture'»[9]. Autrement dit, on prétend que d'amener des considérations historiques et culturelles dans l'explication du comportement humain équivaut à ressusciter la force vitale ou l'*anima mundi* — c'est-à-dire à rebrousser chemin par rapport à la Révolution Scientifique.

Mais en fait, il n'en est rien. Dire que le comportement humain doit être compris en grande partie en fonction de l'histoire et de la culture contemporaine, ce n'est nullement ajouter une entité non-physique appelée «culture» à l'inventaire normal des forces. Cela ne nous engage pas à abandonner le physicalisme, mais bien seulement au principe que les caractéristiques d'un groupe ne peuvent pas être considérées comme de simples résultantes des caractéristiques individuelles. Il est vrai que ce principe contredit une conception de la relation entre la partie et le tout que nous avait léguée le dix-septième siècle; mais c'est là une conception à laquelle personne ne tient plus. Ce que nous ne sommes pas forcés d'abandonner, j'insiste là-dessus, c'est la poursuite d'une connaissance unifiée et objective de l'expérience humaine. Mais une telle connaissance ne sera jamais à notre portée à moins de larguer le réductionnisme grossier auquel, d'ailleurs, personne ne croit plus dans les autres domaines de la science.

Je conclus qu'il est possible de rendre justice à l'étendue et à la profondeur des présomptions sexistes en biologie sans pour cela sacrifier l'idéal scientifique traditionnel d'objectivité et de rationalité. Mais cela demande qu'on tienne compte de la structure sociale de la science. Le genre de cas qu'on a vus dans les premières pages de cet exposé nous montrent la nécessité d'en venir aux prises avec la façon dont les facteurs sociaux peuvent porter sur le progrès de la science, et illustrent comment certains outils pris au ban traditionnel de la science peuvent servir à éclaircir l'origine et la diversité des présomptions qui affligent la science. Ces outils ne seront cependant pas à la mesure de la tâche si on ne se débarrasse pas de certaines conceptions démodées et indéfendables du processus scientifique qui prétendent que l'emprise des facteurs sociaux se limite au contexte de la découverte. Si le grand courant de la philosophie de la science persiste à écarter la critique féministe, ce sera à ses risques et périls

NOTES

* Ce travail a été soutenu par une subvention du Conseil Canadien de la Recherche en Sciences Sociales et Humanités. Je tiens aussi à remercier J.R. Brown pour de fort utiles discussions.

[1] The Biology and Gender Study Group : «The Importance of Feminist Critiques for Contemporary Cell Biology», dans *Feminism and Science*, édité par Nancy Tuana, Bloomington, Indiana University Press, p. 172-187.

[2] Darwin, Charles (1871), *The Descent of Man*, cité par Ruth Hubbard (1979), «Have only men evolved?», dans *Women look at biology looking at women*, ed. par Ruth Hubbard, Mary Sue Henifin and Barbara Fried. Cambridge, MA, Schenkman.

[3] Longino, Helen, et Ruth Doell (1983), «Body, Bias, and Behavior : A comparative Analysis of Reasoning in Two Areas of Biological Science», *Signs*, n° 9, p. 206-227.

[4] Fausto-Sterling, Anne (1985), *Myths of Gender : Biological theories about women and men*, New York, Basic Books.
[5] Schiebinger, Londa (1989), *The Mind has no Sex? Women in the Origins of Modern Science*, Cambridge, MA, Harvard University Press.
[6] Schiebinger, ouvrage cité, p. 191.
[7] Hubbard, Ruth (1990), *The Politics of Women's Biology*, New Brunswick, NJ, Rutgers University Press.
[8] Harding, Sandra (1986), *The science question in feminism*, Ithaca, NY, Cornell University Press.
[9] Kitcher, Philip (1985), *Vaulting ambition : sociobiology and the Quest for Human Nature*, Cambridge, MA, MIT Press.

11.
Les recoins de la raison : vers une sociologie cognitive de la connaissance

Brian S. Baigrie*
Institute for History and Philosophy
of Science and Technology
University of Toronto, Toronto, Canada

I. INTRODUCTION

L'idée d'une sociologie cognitive de la connaissance n'est-elle qu'une fiction? Un conflit oppose les rationalistes et une école très en vue en sociologie de la connaissance, le soi disant «Strong Programme» défendu par Barnes et Bloor, à propos du rôle des facteurs non-cognitifs en sociologie de la connaissance. Cet article a pour but de proposer un compromis, qui reconnaît avec les rationalistes que l'inférence et la ratiocination jouent un rôle dans l'établissement de la croyance scientifique, mais, de concert avec le «Strong Programme», que les principes globaux de rationalité ne sont pas des facteurs susceptibles d'induire la croyance scientifique. Le compromis avancé dans cet article s'appuie sur l'idée que la raison est immanente à des communautés scientifiques données — que la raison est une sorte de pratique sociale qui ne contredit pas les activités actuelles des scientifiques, mais qui doit plutôt être conçue comme une représentation linguistique de la pratique telle qu'elle apparaît aux membres de communautés particulières.

Dans le débat qui persiste toujours entre les rationalistes et les défenseurs du «Strong Programme», l'attention a été portée sur *la cause ou l'établissement de la croyance scientifique*. Même si la façon dont la raison est à même d'induire la croyance est loin d'être claire, l'histoire des sciences recèle plusieurs cas du phénomène de la persuasion rationnelle et, en conséquence, supporte le point de vue rationaliste. Pour rendre plausible la sociologie cognitive ici décrite, un de ces cas sera étudié en détail, soit le rejet par Daniel Bernoulli de la théorie du vortex de Descartes au profit de la science newtonienne. Je prétends que la conversion de Bernoulli s'explique plutôt par sa prise de conscience du fait que les pratiques méthodologiques de Newton étaient un développement de ses propres pratiques cartésiennes, que par l'application de principes de rationalité assez abstraits.

2. L'AUTORITÉ DE LA RAISON

La discussion philosophique portant sur la connaissance scientifique a traditionnellement établi que les soi-disant facteurs sociaux ne sont pas des variables pertinentes dans l'équation épistémique. Cette supposition est basée sur une distinction, qui bénéficie toujours de l'appui de très nombreux philosophes, entre les *causes de la croyance* 'internes' et 'externes', où le terme 'internes' fait référence à un facteur 'scientifique' ou 'rationnel' et le terme 'externes', à tout autre facteur qui influence le contenu et l'orientation de la recherche scientifique. Selon cette approche rationaliste de la science, les facteurs 'rationnels' et 'sociaux' sont des *types* différents de facteurs dans l'établissement de la connaissance scientifique, les premiers faisant appel à des caractéristiques universelles de la rationalité humaine, alors que les seconds sont fondés, en principe, sur des caractéristiques particulières de sociétés données. Un ensemble de circonstances appropriées, comme un cadre communautaire et institutionnel voué à la rationalité, sont des ingrédients nécessaires à la production de la connaissance scientifique, mais la présence de tels facteurs ne conduit pas à elle seule à la connaissance scientifique (voir Fuller, 1988). Nous considérons souvent l'observatoire et le laboratoire comme des entrepôts de la connaissance scientifique, comme des usines épistémiques spécifiquement conçues à cette fin. Cependant, même si les scientifiques sont prêts à accepter comme connaissance les artéfacts issus de telles usines, selon cette approche rationaliste ces artéfacts sont assurément 'scientifiques' seulement lorsqu'ils font montre de leur caractère épistémologique. La pratique scientifique, y compris ces pratiques qui font appel aux habiletés complémentaires de centaines d'experts, ne produit au mieux que des *candidats à la croyance* qui doivent tout d'abord satisfaire aux exigences épistémologiques pour se mériter le titre honorifique de «connaissances» (voir Leplin, 1990)[1]. J'aborderai dans cette section une version de cette thèse : l'idée que les pratiques des scientifiques comprennent des standards rationnels qui transcendent les caprices du temps et du lieu.

L'idée fondamentale de cette thèse rationaliste a été élaborée, à la suite des célèbres *Principia* d'Isaac Newton (1687), par les stratèges qui planifièrent la victoire de la science newtonienne sur l'apriorisme de René Descartes. Dans les *Méditationes de prima philosophiae* (1641), Descartes a voulu montrer que la raison était indépendante des sens lorsqu'elle construit une science de la nature (voir Baigrie, 1991). La maxime de Thomas d'Aquin, *nihil in intellectu quod prius non fuerit in sensu*, a été attaquée par Descartes sur deux fronts : premièrement, il allégua que la raison fournit un critère épistémique pour évaluer la croyance et, deuxièmement, que notre raison, aidée seulement par l'intuition mathématique et le doute méthodologique de Descartes, est à même de produire elle aussi *quelques-uns* des nombreux candidats à la connaissance, c'est-à-dire les principes premiers qui sont la base des explications corpusculaires des phénomènes naturels des sections III et IV des *Principia philosophiae* (1644)[2] de Descartes. Bien que les défenseurs de Newton (Voltaire, Henry Pemberton, Colin Maclaurin, Condorcet) fussent conscients du rôle joué par les nouvelles structures institutionnelles, telle la Royal Society, dans l'émergence de la science newtonienne et que, dans une certaine mesure, ils étaient au courant que la fondation de la science moderne sur les ruines mêmes de la scolastique constituait un exploit social, ils crurent comme Descartes que la vraie *sciencia* se verrait attribuer un statut spécial en raison de la fiabilité universelle de ses méthodes de production, indépendantes du temps et du lieu, de la nature de l'investigation ou des intérêts des protagonistes (voir Baigrie, 1990). De concert avec les fondateurs de la science moderne, ceux qui se déclaraient les modernes de l'ère des Lumières portaient peu d'intérêt au rôle des facteurs sociaux dans le développement de la science moderne; en fait, dans la mesure où ils se sont intéressés aux facteurs sociaux, ils les dénigrèrent comme étant des sources d'irrationalité[3]. De plus, à la suite du philosophe anglais John Locke, ils ont soutenu que la règle de loi se limitait au domaine de l'expérience et qu'en conséquence, la tolérance devait prévaloir dans tout autre domaine, y compris celui de la raison humaine. Par conséquent, ils auraient dit comme Newton à propos d'un véritable système du monde : «*hypotheses non fingo*». A leurs yeux, un scientifique rationnel se devait de faire usage de sa raison pour évaluer les preuves issues de l'expérimentation et de l'observation, et non de proposer lui-même les candidats à la croyance.

Cette vision rationaliste de la connaissance implique qu'une croyance présumée rationnelle — comme la loi de la gravitation d'Isaac Newton — aurait pu être rendue valide à tout moment de l'histoire, même si la gravitation, conçue en termes mathématiques comme la force d'attraction entre deux corps, n'aurait pas pu être un candidat pour la connaissance avant l'époque de Newton (*cf.* Fuller, 1988, p. 151). Les philosophes d'orientation sociologique, qui associent la connaissance à un ensemble d'assertions qu'une communauté épistémique était prête à *considérer* comme connaissance à une certaine époque, commettent l'erreur de supposer que la validité de la loi de Newton, est essentiellement liée à ses origines dans l'Angleterre du XVIIe siècle. Ce qu'ils négligent, c'est que la loi de Newton était tout aussi valide avant sa découverte qu'après. Cette vision soulève la question compliquée des *sources* de la connaissance, mais il n'est pas important ici de savoir si ces standards nous sont connus, comme un platonicien l'estimerait, en vertu de la capacité de l'esprit à comprendre les universaux qui transcendent les caprices de la vie de tous les jours ou, comme Popper (1972) le fait valoir, parce que les standards qui servent de guide aux pratiques scientifiques rationnelles font partie d'une tradition critique qui coexiste avec nos traditions scientifiques[4]. Le point sur lequel je veux insister est plutôt qu'avec ces deux scénarios, ou qu'avec quelque autre qui soit teinté de la vision de la connaissance des Lumières, les standards d'une science valable ne sont pas *immanents* à une pratique scientifique concrète.

Cette représentation de la science comme un système de croyances contrôlé par un examen épistémologique en est venue à signifier diverses choses pour différentes personnes, mais grossièrement nous pouvons dire que cette image reflète la croyance que la science possède une technique (ou si vous préférez une méthode) pour évaluer objectivement ses produits qui fait en sorte que la communauté scientifique s'approche de ses fins (désignées comme connaissance, vérité, explication, prédiction, etc.). Cette image de la science n'élimine pas la possibilité que des facteurs sociaux ont pu jouer un rôle dans l'établissement de ce qui semble être les plus rationnelles des croyances; i.e. une croyance particulière, scientifique ou autre, peut être expliquée à la fois en termes rationnels et sociaux (*cf.* Goldman, 1987, p. 111). Ce que cette théorie présume, plutôt, c'est que *même si les facteurs sociaux (isolés ou combinés aux facteurs rationnels) expliquent la certification de la croyance scientifique, la valeur, l'acceptabilité ou les bases de la croyance sont fonction des standards qui sont ancrés dans les caractéristiques universelles de la rationalité humaine et, dans cette mesure, opposés en principe à des théories contextuelles qui exploitent diverses caractéristiques particulières de sociétés discrètes*. En acceptant comme la plupart des philosophes de considérer la science comme le paradigme même de l'activité rationnelle, nous devrions en conséquence rechercher partout où c'est possible des raisons comme les causes probables de la croyance scientifique. Seulement lorsque la rationalité fait défaut, devrions-nous nous tourner vers des causes sociales ou autres mécanismes apparentés (voir Laudan, 1977, p. 202).

Cette vision des Lumières est en accord avec un nombre croissant de preuves concernant l'évolution des standards méthodologiques (e.g.) la pratique scientifique n'est plus considérée aveuglément comme une garantie de vérité ou de succès, la conception de ce qui constitue un test adéquat pour une hypothèse au sein de la communauté scientifique a été remodelée au fur et à mesure que la science expérimentale est entrée en contact avec le domaine des sciences humaines, et ce qui constitue une observation, ou la détection d'un phénomène, ou encore une mesure, a été ajusté pour s'harmoniser avec les raffinements technologiques. Cette vision est de plus supportée par de nouvelles preuves de la disjonction des sciences; i.e. que des ressources théoriques et matérielles adéquates pour une niche scientifique donnée constituent une totalité justifiée d'elle-même. Elle met plutôt l'accent sur les principes profondément ancrés d'évidence et les buts sous-jacents qui survivent aux changements dans les pratiques localisées[5]. En fait, les rationalistes prétendent qu'un survol des trois cent ans écoulés depuis l'apparition de la théorie dynamique de Newton montre, qu'en dépit de changements plutôt rapides dans les pratiques méthodologiques à mesure que la science et la technologie sont devenues plus ou moins complètement intégrées, les scientifiques sont restés préoccupés par les lois de la nature, par la formulation mathématique d'une loi naturelle, par la légitimité de l'idéalisation, par le recours à l'expérience pour découvrir des phénomènes difficilement disponibles en nature et, sinon par la vérité, à tout le moins par la généralité. Les pratiques méthodologiques des scientifiques peuvent prendre racine dans des niches sociales bien définies, mais ces engagements profondément établis démontrent la persistance d'une rationalité qui n'est pas temporelle dans la nature, une qui supporte la conviction que l'évolution de la pratique scientifique est un processus par lequel les scientifiques deviennent plus éclairés à mesure qu'ils découvrent de nouvelles et meilleures façons de comprendre la nature.

3. LES RAISONS EN TANT QUE CAUSES

Nous pouvons distinguer au moins deux sens différents par lesquels le rationaliste soutient l'importance des raisons. Le premier est le fait que les raisons confèrent une *autorité cognitive* sur la croyance. Une large part de la satisfaction que l'on retire des raisons est due à l'idée qu'elles sont centrales à la justification traditionnellement associée à la croyance scientifique. C'est dans ce même esprit que Popper a déclaré «the right of reason and of empirical science to criticize, and to reject, any tradition, and any authority, as being bases on sheer unreason or prejudice or accident» (Popper, 1963, p. 6)[6]. L'autorité conférée à la raison s'explique lorsque l'on se tourne vers le deuxième sens par lequel le rationaliste considère les raisons comme importantes, nommément la croyance que les raisons sont *efficaces* pour créer la croyance. Le rationaliste chérit les supposées bonnes raisons parce qu'elles engendrent une croyance estimée, sinon une vraie croyance, au moins une croyance qui conduit à la vérité. Si nous sommes sceptiques à propos de la capacité de nos théories à deviner la vérité, des mesures moins risquées comme l'adéquation empirique (Van Fraassen, 1980) ou l'efficacité en matière de résolution de problèmes (Laudan, 1977) feront tout aussi bien l'affaire.

Laissant de côté l'épineuse question des limites de la connaissance humaine, à savoir si elle se limite aux phénomènes ou réussit à aller plus loin, l'apport de la théorie rationaliste est que les raisons causent ou alors fixent la croyance, à tout le moins la croyance rationnelle. Plus particulièrement, elle soutient qu'un agent rationnel est capable de spécifier des raisons — en relations avec ses buts et la connaissance commune — pour adopter une croyance plutôt que son refus. Une croyance est rationnelle ou irrationnelle si l'agent génère des raisons qui y conduisent et *montre que ces raisons étaient antérieures à l'adoption de la croyance en question.* Ceci est une *théorie causale de la rationalité*. Elle soutient que les raisons peuvent servir de causes de la croyance et le font. Elle repose sur un contraste putatif entre les croyances qui résultent d'un processus de ratiocination et de réflexion et celles qui n'en résultent pas. Elle souligne qu'il existe des mécanismes qui génèrent des croyances rationnelles qui ne sont pas impliqués dans la production de croyances irrationnelles. Je considère ceci comme étant le cœur des théories rationalistes contemporaines de la connaissance : la raison contribue à certifier la connaissance scientifique qui est *indépendante des nombreux facteurs contingents* qui jouent un rôle dans la production de la croyance scientifique. Descartes a pu être négligent en supposant que la raison fournissait des candidats à la connaissance, *mais, sur ce point, il avait raison de soutenir que la raison effectivement cause la croyance.*

C'est là une thèse extrêmement générale sur la raison et la croyance scientifique, qui est indépendante de toute interprétation spécifique de la rationalité scientifique. Etant donné que les rationalistes s'entendent fort peu entre eux (*cf.* J.R. Brown, 1989, p. 21), plusieurs rejetteront certainement cette analyse comme ne rendant pas justice à leurs idées ; en fait, certains s'opposeront même à l'idée que les raisons causent la croyance parce que c'est un principe à la base de plusieurs, sinon de toutes, les formes de rationalisme.

4. PERSUASION RATIONNELLE : L'EXEMPLE DE DANIEL BERNOULLI

Une des conditions des théories classiques de la connaissance est qu'un agent croie ou soutienne la croyance en question ; on peut affirmer qu'un agent « sait que x » seulement s'il « croit que x » également. Pour qu'une affirmation jouisse d'une autorité cognitive au sein d'une communauté épistémique (i.e. pour qu'elle soit justifiée en tant que connaissance), elle doit aussi être crue par les agents adéquats. Lorsque le rationaliste allègue que les raisons confèrent une justification à une affirmation, j'interpréterai donc cette affirmation comme étant justifiée pour cet individu qui la *croit* vraie. Dans mon évaluation de la théorie rationaliste de la connaissance, je mettrai l'emphase sur la thèse rationaliste qui stipule que les raisons fixent la croyance en un sens pour les individus bien pensant, un processus auquel je référerai par le terme persuasion rationnelle[7].

Les annales des sciences offrent d'abondantes illustrations *prima facie* de persuasion rationnelle. Un exemple frappant est le cas de Daniel Bernoulli (1700-1892), ce défenseur pour le moins convaincu de la théorie du vortex de Descartes qui répudia l'explication cartésienne de la gravité en termes d'impulsion ou de pression pour adopter l'ontologie newtonienne des forces agissant *in vacuo*[8]. Bernoulli révéla sa conversion dans une étude sur les marées qu'il proposa en 1740 à l'Académie Royale des Sciences. Il écrivit à ce sujet : « ... the attraction or mutual gravitation of the heavenly bodies and the earth ; this *incomprehensible and incontestable principle*, that the great Newton has so well established and that we can no longer hold in doubt. »[9]

Bernoulli s'est vu attribuer des prix par l'Académie à dix occasions différentes, pour ses contributions en mathématiques, en acoustique, en astronomie et en physique. En 1738, deux ans avant son passage aux théories newtoniennes, Bernoulli publia un article sur la théorie cinétique des gaz, qui établit que la loi de Boyle-Mariotte demandait des particules de taille infiniment petites en comparaison avec les espaces entre elles (voir Aiton, 1972, p. 176). Depuis un certain temps, les théoriciens du vortex s'étaient débattus pour recréer l'exploit des *principia* de Newton en reconciliant les relations de vitesses découlant des lois de Kepler sur le mouvement céleste et le mécanisme du vortex (*cf.* Baigrie, 1987). Bien que ces efforts aient été ingénieux, la densité du vortex cartésien a fini par engendrer un ensemble impossible de demandes : la matière du vortex se devait *à la fois* de transporter les corps célestes et de leur permettre de se comporter comme s'il n'y avait pas de résistance à leurs mouvements. Ce qui est frappant à propos de la contribution de Bernoulli à la théorie cinétique des gaz c'est qu'elle stipulât que l'éther était un médium extrêmement fin, ce qui, effectivement, *ouvrit la voie pour une explication de la gravité par contact.* Bien que ses travaux auraient pu mener à des développements dans la destinée de la théorie cartésienne, Bernoulli abandonna formellement ce point de vue en deux ans.

Cet épisode nous fournit l'exemple d'un scientifique qui identifia une façon de résoudre une anomalie qui affectait la communauté cartésienne pendant près de cinquante ans et qui, après deux ans, abandonna formellement ses idées directrices. Quelle en est l'explication? Ici, le rationaliste fera appel aux raisons comme mécanisme causal pertinent, mais on peut objecter que l'âge relativement avancé de Bernoulli (40 ans), l'intérêt de ses travaux sur le problème (cartésien) du mouvement des fluides et ses associations de longue date avec des cartésiens éminents, dont plusieurs étaient membres de sa famille immédiate, élimineraient toute hypothèse de conversion, aussi attrayante soit-elle.

A un niveau plus théorique, si on interprète 'raison' comme *un principe* (ou des principes) *abstrait* qui fournit une mesure de la rationalité de scientifiques *individuels*, il est difficile de voir comment la raison peut engendrer la croyance. Il est facile d'interpréter ma croyance non-scientifique que l'économie est au bord de la récession comme étant la cause de ma croyance en la montée du prix de l'or. Cependant, ces croyances sont manifestes, alors que les raisons invoquées par le rationaliste sont supposément sous-jacentes à la pratique scientifique qu'elles soutiennent. Nous pouvons, par exemple, exprimer ces raisons en termes généraux comme « une décision de ne rien accepter qui ne soit prouvé », mais resterons encore loin de montrer que les raisons sont des causes. La confiance en la preuve ne fonctionne pas méthodologiquement, à moins que nous spécifions ce que pour une chose être une preuve veut dire pour des scientifiques particuliers en un temps et un lieu donnés, dans lequel cas nous ne pourrons plus être à même de concevoir ces raisons comme des principes abstraits, à la manière du rationaliste. Notre tradition occidentale attache une grande importance aux principes, ou assertions qui sont tenues pour universellement valides peu importe le temps et le lieu, mais c'est seulement une grande difficulté que ces principes soient mis en relation avec des situations concrètes. Intérêt, motivation et facteurs personnels sont tous liés à l'évaluation des buts d'un individu et donc à l'évaluation de sa rationalité. Ces facteurs varient si dramatiquement, non seulement d'une époque à l'autre mais aussi entre scientifiques, que mettre en relief des conflits entre les exigences de la raison et le comportement scientifique est une tâche relativement simple[10]. Ce qui de loin peut sembler être un ensemble relativement stable d'issues méthodologiques et axiologiques tirées du noble domaine du rationalisme pourrait s'avérer être, à l'examen, un ensemble de pratiques localisées et sans rapport.

L'archi-rationaliste s'opposera sans doute à cette suggestion, mais ceci constitue, selon moi, la meilleure explication du caractère anémique croissant de la discussion sur la rationalité des dernières années, dans la mesure au moins où la pratique scientifique est concernée. Les historiens et les sociologues des sciences découvrant constamment de nouveaux détails sur la formulation des théories scientifiques et leur dissémination à une plus large communauté scientifique, la discussion philosophique sur la rationalité s'est affaiblie progressivement en tentant de réconcilier les respectables jugements des rationalistes et l'histoire des sciences. La conséquence est que les théories de la rationalité semblent moins aptes à remplir leur rôle traditionnel d'examiner les produits de la science.

Même en adoptant une conception minimale de la rationalité, comme la suggestion de Giere (1988, p. 9) que « there is only hypothetical rationality, which many rationalists, including me, would prefer to describe simply as 'effective foaldirected action'... », ce sera toujours difficilement relié à la conduite individuelle. Après tout, nous éviterions de qualifier de rationnel un agent qui développerait, de façon irresponsable mais efficace, une arme chimique visant à détruire un pays voisin. Si nous voulons soutenir que la rationalité confère une *justification* à un but, nous aurons apparemment d'abord à estimer la rationalité des buts de l'individu. Si une chose est claire, c'est bien que la rationalité est synonyme d'actions ou de *croyance valorisée*. Nous ne voudrions sûrement pas affirmer que les croyances de notre chimiste sont rationnelles en ce sens. Si nous interprétons la rationalité comme une manière d'expliquer la conduite individuelle, nous pouvons au mieux évaluer combien les méthodes de l'agent étaient appropriées pour atteindre ses buts, mais il est loin d'être clair que ceci produira une mesure de la rationalité de l'agent en tout sens normatif du terme[11].

Nous pourrions nous rabattre sur l'idée moins convaincante que la rationalité est une discussion de «normatively endorsable rationales available to prescribe or constrain courses of action in research, wether such action is generative or valuative of the products of research» (Leplin, 1990, p. 32). En d'autres mots, nous pourrions voir en la théorie de la rationalité une façon de concevoir l'histoire des sciences comme une entreprise rationnelle, sans soutenir pour autant la thèse voulant que de ce fait nous puissions mesurer la rationalité de scientifiques individuels, tel Bernoulli. Le problème de cette proposition peu convaincante, cependant, est qu'elle rend difficile de voir comment des raisons ou des principes abstraits peuvent être des facteurs causaux dans la certification de la croyance. Etablir des liens entre les 'rationales' et des pratiques de recherche concrètes suppose que d'une certaine façon le rationaliste interprète les raisons comme des composantes du comportement individuel. Ceci, en retour, oblige l'adhérent à une telle vue à s'attaquer à cette vexante question : Comment les raisons engendrent-elles la croyance?

5. LE «STRONG PROGRAMME» EN SOCIOLOGIE DE LA CONNAISSANCE

A ceux qui rejettent l'interprétation rationaliste de la science, reste l'option de nier simplement que les raisons sont un facteur dans l'établissement de la croyance. C'est la voie audacieuse adoptée en sociologie de la connaissance par les adhérents du «Strong Programme», ainsi nommé. Pour citer Barnes et Bloor, ses principaux ténors :

> ... there is no sense attached to the idea that some standards of beliefs are really rational as distinct from merely locally accepted as such. Because he thinks that there are no context-free or super-cultural norms of rationality he does not see rationally and irrationally held beliefs as making up two distinct and qualitatively different classes of thing. They do not fall into two different natural kinds which make different sorts of appeal to the human mind, or stant in a different relationship to reality, or depend for their credibility on different patterns of social relation... they are to be explained in the same way (Barnes et Bloor, p. 27-28).

Ce passage réaffirme les deux grands principes du «Strong Programme»; nommément, que la sociologie de la connaissance

(1) doit être causale (ou se pencher sur les conditions qui amènent la croyance) et (2) impartiale face à la vérité et la fausseté, la rationalité et l'irrationalité, le succès et l'échec. Cependant, ce passage introduit également un troisième critère, à savoir que, quelle que soit notre évaluation de la vérité, de la rationalité, ou du succès d'une croyance, toutes les croyances doivent s'expliquer «de la même façon». Ce qui motive le débat, c'est la supposition que la réflexion et l'inférence ne sont pas des mécanismes générant la croyance similaires aux intérêts, aux motivations et ainsi de suite; la réflexion et l'inférence sont des facteurs cognitifs qui sont donc, en principe, opposés aux facteurs non-cognitifs, depuis longtemps à l'avant-scène des explications sociologiques. Sur ce point, J.R. Brown a sans doute raison d'affirmer que :

> The spirit [behind the sociology of knowledge] is the firm belief that an idea, a reason, a piece of evidence, is not the sort of stuff that could make things happen. They are like shadows — caused by the real stuff of the work, but incapable of doing anything in their own right. In particular, no idea of Pasteur's could mobilize millions of people; only a social force could do that. (Brown 1990)

Même en s'opposant à la thèse rationaliste que la croyance scientifique est établie par des principes abstraits, on pourra toujours dire au nom du rationalisme que même les meilleurs écrits de sociologie semblent perdre de vue les *arguments* qui transparaissent non seulement dans les comptes-rendus conventionnels de la science, mais aussi dans les documents scientifiques. On rencontre dans la littérature des discussions portant sur des expressions comme 'signes d'une phrase' ou 'inscriptions', mais rien qui dénote le fait que certaines de ces 'inscriptions' soient utilisées par les scientifiques pour exprimer dans leur travail ou dans leur communauté des patrons cognitifs. Dans *Laboratory Life* (1979, p. 69-70), Latour et Woolgar affirment que les scientifiques

> appear to have developed considerable skills in setting up devices which can pin down elusive figures, traces, or inscriptions in their craftwork, and in the art of persuation. The latter skill enables them to convince others that what they do is important, that what they say in true, and that their proposals are worth funding. They are so skilled, indeed, that they manage to convince others not that they are being convinced but that they are simply following a consistent line of interpretation of the available evidence.

Ainsi donc ce passage interprète le laboratoire comme un *instrument rhétorique*, et la rationalité scientifique comme une forme de «persuasion through literary inscription» (1979, p. 88). Si la sociologie de la connaissance, comme Barnes le proclame, «must start with an appreciation of actors' normal practice... its inadequacies as they themselves define them... detailed and extensive insight into the actors' perspectives, their categories and typifications, the assumptions which mediate their responses, the models which organize their cognition, the rules they normally follow» (1974, p. 43), alors bon nombre d'écrits peuvent être vus comme une *projection de catégories et de typifications sociologiques* plutôt que comme le compte-rendu d'une communauté relativement séquestrée avec sa propre histoire, ses pratiques traditionnelles, ses réseaux avec d'autres communautés comme les communautés industrielle et académique, et ainsi de suite.

Les écrits sociologiques nous dépeignent la science comme étant une culture, sans toutefois préciser comment cette culture se distingue d'autres groupes sociaux. Il est juste que les rationalistes introduisent une asymétrie entre la croyance rationnelle et irrationnelle en conférant à la première un statut spécial. Toutefois, il n'y a rien dans la culture *per se* qui exige le même type d'explications pour tous les phénomènes sociaux, comme si les méthodes de production impliquées, disons, dans l'élaboration d'une carte du ciel astrologique, étaient les mêmes que celles nécessaires à produire une dynamique céleste. Un certain style de raisonnement faisant appel à une systématique déductive et une analyse mathématique, qui est absent en astrologie, joue un rôle primordial dans la dynamique céleste. Selon moi, c'est uniquement une extrême antipathie face aux vues rationalistes qui fait en sorte que l'opinion que reconnaître la présence de facteurs cognitifs en science crée une asymétrie dans leur sujet est largement répandue parmi les sociologues.

Il est tentant d'affirmer que toutes les croyances *per se*, sans parler du fait que certaines de ces croyances parviennent à réduire l'importance des barrières entre les contextes dont elles sont issues. Bien que nous soutenions que plusieurs de nos croyances, et particulièrement nos croyances à propos de la rationalité, sont valides pour tout individu peu importe le temps et le lieu, un contextualisme strict entraîne qu'elles sont purement des notions servant à légitimer, et peut-être rien de plus. Cette implication, qui rend compte de nos croyances, soulève sûrement des questions : après tout, nous soutenons que certaines croyances ont plus de valeur que d'autres et, plus encore, nous sommes frappés par l'origine extrasociale de certaines croyances. Même si nous nous méprenons, il peut être argumenté que toute analyse sociologique qui traite toutes les croyances symétriquement, et qui refuse toute viabilité aux méthodes communes par lesquelles nous distinguons le rationnel et l'irrationnel, rend mal comment la rationalité fonctionne dans le discours social ordinaire.

Brown soutient que la thèse de la symétrie trahit «a confusion about reasons and causes» et il oppose «dogmatiquement» que «*reasons are causes*» (1989, p. 3)[12]. Ce qu'il n'a évidemment pas pu voir, c'est que le partisan du « Strong Programme » et le rationaliste avancent des thèses similaires à propos de la rationalité. Ce qui est en effet symptomatique dans le débat entre le rationalisme et le « Strong Programme », c'est la présupposition que la raison est *opposée* à la pratique scientifique ; i.e. que la *raison se situe hors du système de la science*. Le rationaliste et le partisan du « Strong Programme » présument, tout comme leurs précurseurs de l'époque des Lumières, que la rationalité transcende les limites de la culture, que la raison s'oppose aux pratiques localisées. Cependant, ils tirent des conclusions radicalement différentes de cette présomption, le rationaliste supposant que la transcendence de la raison est ce qui confère une autorité à une croyance scientifique, et le défenseur du « Strong Programme » soutenant que tout ce qui est extérieur à la culture scientifique ne peut pas établir une croyance scientifique. Que la raison soit interprétée comme un bien universel qui légitime certaines croyances en tant que connaissances, ou qu'elle soit vue comme débordant le cadre de catégories sociologiques, a peu d'importance. Cette présupposition est pour chaque camp de ce débat une *source de dogmatisme*, et explique pourquoi plusieurs spécialistes deviennent de plus en plus las de débattre des questions qui traditionnellement étaient à l'avant-garde des études sur la science. Cette querelle est en fait un conflit interne sur l'*autorité* de la raison à partir d'une vision particulière, et selon moi trop étudiée, de la réflexion et l'inférence en science.

S'il y a confusion, selon moi ce n'est pas du tout à propos de raisons et de causes, mais plutôt à propos de la relation entre raison et pratique. En ce sens, le « Strong Programme » en sociologie de la connaissance a effectué une nette *reductio* sur le rationalisme en montrant, de façon plutôt convaincante, que si la raison est hors du système de la science, elle ne peut alors jouer aucun rôle dans l'établissement de la croyance scientifique. C'est là un argument plutôt fort, mais seulement si nous adoptons ce postulat critique à propos de la place de la raison en science. Je suggère que nous pouvons endosser pleinement la répudiation que Barnes fait de l'interprétation de la science des Lumières, que « there is no rationality criterion which globally contrains the operation of human reason, and which also discriminate existing belief systems, or their components, into rational and irrational groups » (Barnes, 1974, p. 41). Peu de philosophes s'inquiéteront d'apprendre que Voltaire et Condorcet avaient tort d'estimer que Newton donna à la science une forme qu'elle conserva par la suite. Nous n'avons pas à nous presser à supposer que nous avons de ce fait à abandonner la recherche d'une théorie de la science qui tient compte de la ratiocination et de l'inférence. Je pense en effet qu'il est toujours possible d'élaborer une théorie philosophiquement respectable de la croyance scientifique, qui *à la fois explique et légitime* la supposition des Lumières que les standards rationnels de la croyance sont en un sens des standards éternels, et qui soit également sociologiquement respectable.

6. RAISON ET PRATIQUE

Nous pourrions ici penser ne jamais trouver une façon de faire entrer les facteurs cognitifs dans l'établissement de la croyance. Même en rejetant la thèse archi-rationaliste voulant que les théories scientifiques bien fondées soient établies par des principes abstraits, on ne peut pour autant conclure que les scientifiques n'agissent pas parfois selon des 'raisons' antécédentes aux actions et aux croyances. Le fait qu'il semble y avoir plusieurs cas historiques où des scientifiques ont d'abord eu des croyances résultant de raisons antérieures semble indiquer qu'il y a dans le rationalisme un soupçon de vérité qu'il serait bon d'isoler et d'expliquer. Si nous tenons à donner un sens au phénomène historique de persuasion rationnelle, il me semble clair que nous devons l'accepter à première vue, au moins en premier lieu.

Notre tâche est de concilier deux aperçus. D'un côté, il y a des preuves de rationalité *prima facie* ou de l'apparente universalité de certains standards de rationalité. Bien que ces standards n'aient pas à être véritablement globaux, ils doivent apparaître comme des sortes de standards pouvant efficacement dissimuler leur origine sociale. Après tout, si ces standards présumés reflètent clairement les intérêts d'une tradition locale, ceci en soi garantirait leur répudiation en raison de l'absence de force normative. Le second aperçu est la maxime rationaliste que les croyances sur la rationalité — comme toutes les croyances — sont des produits sociaux et demandent donc une explication sociologique. Concéder que les croyances sur la rationalité soient des produits sociaux n'implique pas que leur crédibilité soit limitée à la tradition locale qui les a mises en avant en premier lieu.

En rejetant l'archi-rationalisme, nous avons simplement à abandonner la suggestion que les principes de rationalité ne sont pas des projections de la culture, tout comme nos autres croyances réelles, une suggestion que Barnes et Bloor (1982) ont justement attaquée parce qu'elle introduit une asymétrie entre les croyances qui sont prescrites par la voix de la raison et celles qui sont engendrées par la culture. Nous pouvons soutenir assez plausiblement, du moins en premier lieu, que les raisons sont *immanentes* à des groupes scientifiques concrets. Selon Quine (1969) et Feyerabend (1975), nous pouvons soutenir que les arguments, les raisons et leurs semblables sont des expressions formelles de pratiques concrètes de groupes spécifiques[13]. Plutôt que de regarder la raison comme des principes abstraits s'opposant à la pratique localisée, nous pouvons adopter le point de vue que la *raison est une pratique* ou à tout le moins que les inscriptions qui sont avancées comme raisons sont des représentations de la pratique comme elle apparaît aux membres d'un groupe. Le *Scholium Generale* de Newton n'est pas tant une présentation des raisons permettant à Newton d'avancer la science des *Principia* que, suivant cette vue, des propres pratiques de Newton telles qu'elles lui apparaissaient. Ce que nous avons à rejeter, c'est plutôt l'idée que les raisons sont hors du système scientifique.

Si nous concevons la science en termes de pratiques ou de procédés caractéristiques, la question se ramène à pourquoi un groupe accepterait les pratiques d'un autre groupe. Pourquoi, par exemple, les défenseurs des explications du vortex abandonneraient-ils leurs vues en faveur des forces newtoniennes agissant dans le vide? Kuhn (1970, p. 158) a essayé d'y répondre en faisant appel à une dérive artistique dans l'allégeance des scientifiques d'un paradigme à un nouveau. Le rationaliste essaie d'y répondre en faisant appel à de soi-disants facteurs universels et le «Strong Programme», par des intérêts sous-jacents. J'estime que ma réponse est davantage en harmonie avec une vision sociologique de la science en termes de pratiques culturelles, mais qu'elle est en même temps en accord avec l'idée que l'inférence et la ratiocination jouent un rôle dans l'établissement de la croyance scientifique. Ma proposition est que les pratiques de Newton sont devenues aux yeux des cartésiens des extensions de leurs propres pratiques ou des développements de la science cartésienne. Cependant, si nous allons en détails dans les idées directrices des cartésiens, ma thèse paraîtra manifestement absurde. Après tout, on objectera que, dès 1750, environ les cartésiens ont été forcés d'abandonner leur mécanisme central de l'impulsion, d'abandonner les lois de l'impact de Descartes, de reconsidérer la place de Dieu dans la philosophie de la nature, et ainsi de suite. Je suis d'accord avec ces faits. Néanmoins, ma position est que, dans une large mesure, les cartésiens en sont venus à adopter la science newtonienne parce que les déclarations méthodologiques de Newton les ont convaincus que la science newtonienne était un développement de la science cartésienne.

7. LA CRÉATION DE L'ATTRACTION NEWTONIENNE

La philosophie de la nature de Newton est une cristallisation de ses propres pratiques méthodologiques, ou à tout le moins une discussion de ces pratiques telles qu'elles apparaissaiient à Newton; dans cette mesure, il s'agit d'une discussion très *dynamique* que nous pouvons retracer à travers les trois éditions des *Principia* qu'il supervisa et les éditions de *Optiks* parues de son vivant. Le développement de la philosophie de la nature de Newton a été orienté, dans une certaine mesure, par ses recherches initiales en optique visant à rapatrier la science de l'optique dans les sciences mathématiques et à produire le bon type de lien entre l'expérience et le raisonnement mathématique. Je pense cependant que c'est une erreur de vouloir voir dans les travaux initiaux de Newton l'ébauche de ses vues méthodologiques plus finies. Après la publication des *Principia* en 1687, Newton rencontra une situation nouvelle et des critiques imprévues. L'espace était-il une substance? La gravité devait-elle être classée parmi les qualités premières de la matière? Comment pouvait-on raisonner sur des qualités occultes? Même Newton n'était pas certain de la direction que prendrait sa philosophie de la nature, mais ma conjecture est que la discussion par Newton de ses propres pratiques a été orientée autant par les pratiques de ses critiques — expérimentalistes, atomistes, scolastiques, néo-platoniciens, astronomes-observateurs, cartésiens — que par ses propres pratiques. La facilité de Newton à résoudre ces défis s'explique par sa capacité de repolir certaines de ses anciennes idées et d'en inventer de nouvelles en accord avec celles-ci. En un sens, ce que Newton entreprit de faire était susceptible de rallier toutes les méthodes. Dans cet esprit, il tenta dans la mesure du possible de faire une place aux pratiques de ses adversaires dans sa propre philosophie de la nature.

Une discussion plus détaillée du développement des pratiques méthodologiques de Newton déborde du cadre de cet article, mais je peux toutefois souligner quelques éléments en rapport avec sa tentative de rallier ses critiques les plus sévères et les plus influents, les cartésiens. Je pourrais rappeler un certain nombre de détails, comme l'aveu de Newton dans ses notes manuscrites que son Hypothèse III (*Regula* III) était une hypothèse des cartésiens et des aristotéliciens (voir Cohen, 1978, p. 191, fn. 6). Newton essaya également de reproduire le penchant cartésien pour une systématisation déductive et une rigueur mathématique. On rencontre assez clairement dans les *Principia* des idées directrices cartésiennes fondamentales, comme la loi de l'inertie et de la conservation du mouvement (interprétée comme la conservation du momentum). Je pense cependant que les éléments cartésiens des *Principia* sont si évidents qu'il n'en vaut pas la peine d'en faire mention[14]. Je me concentrerai plutôt sur le concept-clé de Newton, la gravitation universelle, et analyserai comment il en est venu à être considéré par les cartésiens comme une extension de leurs propres pratiques.

Un des éléments centraux du raisonnement de Newton à propos de la gravitation universelle est son refus de se prononcer sur la nature et la cause de la gravitation :

> I use the words attraction, impulse, or propensity of any sort toward a center, promiscuously, and indifferently, one for another... wherefore the reader is not to imagine that by those words I anywhere take upon me to define the find, or the manner of any action, the causes or the physical reasons thereof, or that I attribute forces, in a true and physical sense, to certain centers (which are only mathematical points); when at any time I happen to speak of centers as attracting, or as endued with attractive powers (1934, p. 5-6).

Dans les premières dix sections du Livre I des *Principia*, Newton utilise le terme *vis centripeta* pour désigner la force par laquelle un corps est tiré ou poussé vers un point situé en son centre. La Proposition 11 introduit la notion d'une 'attraction' que certains commentateurs considèrent n'être qu'une généralisation de la notion de force centripète. Le problème est que le terme 'attraction' n'est pas du tout un concept mathématique. C'est vrai que tous les corps sphériques se comportent comme si leur masse était concentrée au centre, et que tous les corps se comportent comme s'ils tournaient autour d'un centre de gravité commun, mais ce n'est pas le point au centre d'un corps sphérique qui attire les corps situés près de lui. Roger Cotes, l'éditeur de la seconde édition des *Principia*, était conscient de cette implication du concept de la gravitation universelle de Newton et, dans une lettre datée du 18 février 1712/13, il avertit Newton que son utilisation du terme 'attraction' conférait aux corps une force attractive. C'était là la seule interprétation consistante à donner au concept d'attraction de Newton, mais Newton l'éloigna, protestant qu'il était suffisant «that gravity does really exist and act according to the laws... and abundantly serves to account for all the motions of the celestial bodies» (1934, p. 547).

La position de Newton est remarquable. Nous savons très bien que Newton a soutenu que *Dieu* est la cause de la gravitation universelle; en effet, il a insisté sur le fait que si Dieu l'avait voulu il aurait pu avoir créé un univers répondant à des lois mathématiques différentes. Dans l'édition de 1713 des *Principia*, Newton inclut une affirmation dans le *Scholium Generale* disant que discourir sur Dieu sur la base de phénomènes était du domaine de la «philosophie expérimentale», mais dans l'édition de 1726, il élimina cette affirmation et fit plutôt valoir qu'un tel discours appartenait à la «philosophie de la nature». Dans *Opticks*, l'interrogation 28 nous apprend que «from phenomena [it appears] that there is a Being incorporeal, living, intelligent, omnipresent...» (19, p. 370), mais cette affirmation est exprimée sous forme d'une interrogation et est nettement mise à part de l'objet premier de la philosophie expérimentale.

Quelle en est l'explication? Newton s'applique en partie à soigneusement *démarquer la philosophie expérimentale de la philosophie de la nature*. Newton a intentionnellement laissé ouverte la question de savoir si la gravité avait une cause. Il accorda conséquemment à ses adversaires cartésiens la liberté de s'accrocher à leur conviction que la structure causale sous-jacente des choses serait révélée à la raison. Les descriptions faites par Newton de ses pratiques scientifiques permirent à Léonard Euler, l'inventeur de la théorie des perturbations, de se déclarer en 1760 comme un «impulsionniste» ou comme quelqu'un soutenant que la gravité a une cause physique qui n'est pas très bien connue mais qui présumément résulte de l'action de la matière fluide emplissant l'espace (voir Aiton, 1972, p. 251). De plus, la démarcation par Newton entre philosophie expérimentale et philosophie de la nature lui a permis de soutenir que la loi de la gravité était expérimentalement établie, en repoussant le questionnement sur le concept ou la cause de la gravitation dans le domaine de la philosophie de la nature. Les descriptions faites par Newton de ses pratiques méthodologiques assignent de ce fait différents rôles à l'expérience et à la raison, correspondant grossièrement à la mesure d'effets sensibles et à l'analyse de leurs structures causales sous-jacentes, qui peuvent convenir au cartésien qui recherche à la fois la clarté empirique et intellectuelle comme vertus intellectuelles. Bien que les cartésiens se soient initialement opposés à la séparation par Newton des causes de leurs effets, ils capitulèrent éventuellement. Et pourquoi pas? Après tout, Newton avait créé une division du travail utile permettant aux scientifiques de se pencher sur l'investigation du problème du mouvement, tout en laissant ouvertes les questions philosophiques. D'une façon qui n'a pas été pleinement reconnue, Newton démembra la tradition cartésienne de philosophie de la nature pour la remplacer par deux disciplines distinctes, la physique expérimentale et la philosophie à proprement parler. Un examen minutieux révèle que les éléments critiques de la tradition cartésienne ont été englobés dans ces deux disciplines. Cependant, en démembrant l'approche cartésienne, l'intégrité de leur tradition a été de ce fait détruite.

Le fait est qu'au cours de la première moitié du XVIIIe siècle les standards établis par Newton ont progressivement été considérés comme des principes abstraits, comme des raisons valides pour tout temps et pour tout lieu. Daniel Bernoulli, Maupertuis et d'autres cartésiens commencèrent à citer les arguments de Newton comme étant les raisons de leur conversion à la science newtonienne, comme si ces 'raisons' étaient des principes abstraits les ayant conduits à abandonner leurs sentiments cartésiens. Je pense qu'ils ont plutôt pris conscience que la science newtonienne représentait un développement prometteur de *leurs propres* pratiques, développement qui de plus faisait disparaître avec élégance le persistant problème de l'incorporation de la clarté intellectuelle et de l'excellence expérimentale en une seule discipline.

8. CONCLUSION

Pierre Louis Moreau de Maupertuis (1698-1759) visita l'Angleterre en 1728, où il fut influencé par les newtoniens. Peu après, il visita Johann Bernoulli à Bâle. En 1732, il publia son *Discours sur les différentes figures des astres* dans lequel il déclara ouvertement être un newtonien, s'attirant ainsi les foudres de plusieurs penseurs de France. Maupertuis présenta plusieurs 'raisons' de sa conversion à la théorie newtonienne, comme le fait que la théorie du vortex ne pouvait expliquer les lois du mouvement planétaire de Kepler, mais une acceptation des pratiques expérimentales de Newton était à la base de ses raisons. Maupertuis affirma :

> in fairness to Newton it must be admitted that he has never regarded the attraction as an explanation of the gravity of bodies the ones towards the others : he has often asserted that he only employed this term to designate a fact and not a cause; that he only employed it to avoid systems and explanations; that it was even possible that this endeavour was caused by some subtle matter which issued from the bodies, and was the effect of a true impulsion; but however this might be, it was always a first fact, from which one could proceed to explain the facts dependent on it (cité par Aiton, p. 202).

Maupertuis déclara que l'action à distance n'est pas plus mystérieuse que l'action par contact; i.e. la façon par laquelle les propriétés résident dans un corps est toujours incompréhensible. Cependant, il admit également qu'il n'y a pas idée plus attirante que la tentative de Descartes d'expliquer toute la physique par la matière et le mouvement seuls, adoptant de ce fait la position de Newton qu'une physique basée sur la gravitation universelle n'implique pas l'élimination de la conviction cartésienne que comprendre suppose une connaissance claire et distincte des structures causales sous-jacentes, avec la restriction qu'une telle investigation doit être menée sous la rubrique de la philosophie de la nature, et non de la science expérimentale.

L'acceptation de la science de Newton sur le continent ne reflète pas l'action de principes abstraits qui lient de façon universelle tous les agents rationnels. Elle ne reflète pas non plus l'action d'intérêts sous-jacents, comme certains sociologues de la connaissance le soutiennent. On se doit de refuser les deux explications parce qu'elles supposent que la raison est quelque chose qui se situe hors du système de la science. Une autre vue, qui est nourrie par la conviction que la sociologie de la connaissance devrait être ajustée à la pratique scientifique, est de voir la rationalité comme des descriptions de la pratique telles qu'elles apparaissent à des communautés individuelles de praticiens. La persuasion rationnelle, selon cette autre vue, consiste en la dissémination de pratiques scientifiques au-delà du contexte local qui les a fait naître — un procédé qui survient lorsque ces pratiques en viennent à être considérées par d'autres communautés comme des extensions de leurs propres pratiques sociales. La ratiocination et l'inférence jouent un rôle vital en disséminant les pratiques culturelles au-delà de leur contexte local, puisqu'elles servent à convaincre des communautés rivales que les pratiques en litige sont représentatives des vues comprises dans leurs propres pratiques.

Bibliographie

Aiton, E. (1972), *The Vortex Theory of Planetary Motions*, London, MacDonald and Company.

Baigrie, Brian S. (1987), «Kepler's Laws of Planetary Motion, Before and After Newton's *Principia* : An Essay on the Transformation of Scientific Problems», *Studies in History and Philosophy of Science*, 18 : 177-208.

Baigrie, Brian S. (1990a), «Relativism, Truth and Progress», *Transactions of the Royal Society of Canada*, Série V, Volume IV, 9-19.

Baigrie, Brian S. (1990b), «The Justification of Kepler's Ellipse», *Studies in History and Philosophy of Science*, 21 : 633-664.

Barnes, B. (1974), *Scientific Knowledge and Sociological Theory*, London, Routledge and Kegan Paul.

Barnes, B. et Bloor, D. (1982), «Relativism, rationalism, and the Sociology of Knowledge», *Rationality and Relativism*, Eds M. Hollis et S. Lukes, Oxford, Basil Blackwell.

Bloor, D. (1976), *Knowledge and Social Imagery*, London, Routledge and Kegan Paul.

Bloor, D. (1981), «The Strengths of the Strong Programme», *Philosophy of the Social Sciences*, 11 : 199-213.

Brunet, P. (1931), *L'Introduction des théories de Newton en France au XVIIIe siècle*, Paris.

Brown, H. (1976), *Science and the Human Comedy*, Toronto, University of Toronto Press.

Brown, J.R. (1989), *The Rational and the Social*, London, Routledge.

Brown, J.R. (1991), «Latour's Prosaic Practice», *Canadian Journal of Philosophy*.

Cohen, I. Bernard (1978), *An Introduction to Newton's Principia*, Cambridge, Harvard University Press.

Feyerabend, P.F. (1989), *Against Method*, London, New Left Books.

Fuller, S. (1988), *Social Epistemology*, Bloomington, Indiana University Press.

Giere, R. (1988), *Explaining Science : A Cognitive Approach*, Chicago, University of Chicago Press.

Goldman, Alvin I. (1987), «Foundations of Social Epistemics», *Synthese 73*, 109-44.

Kuhn, T.S. (1970), *The Structure of Scientific Revolutions*, Chicago, The University of Chicago Press.

Kuhn, T.S. (1977), *The Essential Tension : Selected Studies of Scientific Tradition and Change*, Chicago, University of Chicago Press.

Lakatos, I. (1970), «Falsification and the Methodology of scientific Research Programmes», in I. Lakatos et A. Musgrave (éds), *Criticism and the Growth of Knowledge*, Cambridge University Press.

Latour, B. et Woolgar, S. (1979), *Laboratory Life : The Construction of Scientific Facts*, Princeton, Princeton University Press. Augmenté en 1989.

Latour, B. (1987), *Science in Action*, Cambridge, Harvard University Press.

Latour, B. (1984), *Les microbes : Guerre et paix*, Paris, Editions A.M. Métailé.

Laudan, L. (1977), *Progress and Its Problems*, Berkeley, The University of California Press.

Laudan, L. (1981), «The Pseudo-Science of Science ? », *Philosophy of the Social Sciences 11*, 173-198.

Laudan, L. (1987a), «Relativism, Naturalism, and Reticulation», *Synthese 71*, 221-234.

Laudan, L. (1987b), «Progress or Rationality ? The Prospects for Normative Naturalism», *American Philosophical Quarterly 24*.

Leplin J. (1990), «Renormalizing Epistemology», *Philosophy of Science*, 57 : 20-33.

Newton, Isaac (1934), *Sir Isaac Newton's Mathematical Principles of Natural Philosophy and his System of the World*, 2 volumes, trans. A. Motte, revu par F. Cajori, Berkeley, University of California Press.

Popper K. (1963), *Conjonctures and Refutations*, London, Routledge and Kegan Paul.

Popper, K. (1972), *Objective Knowledge*, Oxford, Oxford University Press.

Quine, W.V.O. (1969), *Ontological Relativity and Other Essays*, New York, Columbia University Press.

Van Fraassen, B. (1980), *The Scientific Image*, Oxford, Oxford University Press.

NOTES

* Je tiens à remercier Olivier Lagueux pour la traduction française de ce texte. Une première version de cet article a déjà été présentée à Dubrovnik et à Paris en avril 1990. Je tiens aussi à remercier John Worrall, Jim Brown et Kathleen Okruhlik pour leurs commentaires judicieux, qui m'ont aidé à clarifier ma présentation du point de vue des rationalistes.

[1] Cette division du travail, implicite dans la distinction entre la production de candidats à la connaissance et l'examen épistémologique, trouve écho dans le rejet par Descartes de la loi de la chute des corps de Galilée et du pendule, parce qu'ils étaient selon lui sans fondements. Pensons aussi au refus célèbre de Karl Popper de reconnaître la valeur scientifique du darwinisme sous prétexte qu'il n'y a pas de test (popperien) vérifiant les idées darwiniennes sur la production de nouveautés évolutionnaires.

[2] Les théories médiévales de la connaissance soutenaient, de concert avec Aristote, que «the soul never thinks without a mental image» (*De Anima*, 3.7.431a 16). La luminosité et la couleur, les deux attributs des objets physiques affectant l'œil humain sans l'altérer, occupaient une place centrale dans le processus qui produit dans l'esprit l'image mentale d'un objet. Dans les *Principia philosophiae*, Descartes soutint que la luminosité était le sous-produit des mouvements de la première matière provocant une pression sur les éléments de la seconde matière, ceci étant instantanément communiqué à l'œil sous forme de lumière. La couleur y était interprétée comme étant une variation du taux de rotation des éléments de l'atmosphère (voir Baigrie, 1991, pour une présentation de la théorie des éléments de Descartes). En conséquence, Descartes affirma, contrairement à la théorie médiévale de la sensation, que ni la lumière ni la couleur n'ont d'existence formelle. Cette contestation particulière était cependant basée sur la supposition de Descartes que la raison fournit quelques-uns des candidats à la croyance et ceci ne constitue donc pas un troisième genre d'attaque contre les théories médiévales de la connaissance.

[3] En guise d'illustration, voir *La princesse de Babylone* (1768), ce merveilleux conte de Voltaire dans lequel deux amoureux se pourchassent à travers l'Asie et l'Europe. Voltaire consacre au moins un paragraphe à la description de chaque lieu visité par les amoureux, ce qui démontre sa conviction que la tradition et la diversité qu'elle engendre s'opposent à l'esprit des Lumières (voir Baigrie, 1990a). Malgré cela, Voltaire était convaincu qu'un esprit armé de la méthode scientifique pourrait venir à bout du dogme et de l'illusion nourris par la tradition; du géant Nicromégas de Sirius à Candide ou au Huron de *L'Ingénu* (1767), chaque héros fictif de Voltaire cherche à surmonter le préjudice entretenu par la tradition, selon l'objectivité fournie par une perspective scientifique (*cf.* H. Brown 1976).

[4] Pour une défense platonicienne enflammée de la rationalité scientifique, voir J. Brown (1989). Pour les vues de Karl Popper, se référer à son livre (1972).

[5] Leplin est confiant que «through it all, science continues to be mathematical and, where possible, experimental. It continues to seek truth or generality. It continues to count empirical adequacy as a criterion of truthlikeness, and deductive systematization as a criterion of generality. It continues to demand testability of its hypotheses. Knowledge in one form or another remains its overriding objective.» (Leplin, 1990, p. 24-25). Ma vision personnelle est que la plausibilité de la remarque de Leplin est inversement proportionnelle à notre proximité d'une pratique scientifique concrète.

[6] Cette théorie causale est à la base des jugements que la science est une activité critique. Nous associons d'habitude *rationalité* et *autonomie*; i.e., dans la réflexion morale, dans la vie politique et dans le langage courant, le terme rationalité signifie la capacité d'observer entre autres choses de façon critique les désirs et les préférences de quelqu'un, une attitude dans l'esprit des Lumières. Bien que nous puissions endosser des croyances conventionnelles (et nous le faisons souvent), l'autonomie demande que nous ne soyions pas gouvernés par celles-ci, que nous soyions à même de distinguer les croyances réfléchies des croyances habituelles. À n'en pas douter, l'autonomie est une question de degré et de circonstance, mais elle s'améliore présumément à mesure que nous apprenons à critiquer les valeurs acquises à travers notre socialisation. Un aspect important de l'autonomie est la capacité d'évaluer les mérites de différentes traditions intellectuelles, de discerner l'idéologie sous-jacente à notre propre tradition et de pouvoir la critiquer. Si nous ne pouvons pas examiner notre idéologie sous-jacente, il va sans dire que nous pouvons difficilement séparer croyances habituelles et rationnelles.

[7] Dans cet article, la merveilleuse expression de C.S. Peirce, «l'établissement de la croyance», sera utilisée à la place de l'expression plus commune, «la cause de la croyance», de façon à contourner une foule de questions épineuses qui ne sont pas directement reliées à mon argumentation. D'abord, l'idée que les croyances sont «causées» soulève un ensemble de difficultés psychologiques que je souhaite laisser de

côté. Bien que des sociologues comme Barnes (1974) et Bloor (1976) utilisent ce language psychologique, ils évitent de s'attaquer aux troublants problèmes psychologiques que cette expression soulève. Deuxièmement, certains sociologues emploient cette expression en prétextant que les explications causales sont scientifiques, en dépit du fait que plusieurs sciences ne proposent pas d'explications causales. Je ne suis pas du tout intéressé à proposer une 'perspective scientifique', mais plutôt un traitement philosophique d'un phénomène historique, nommément, le fait que certaines pratiques, qu'elles soient l'utilisation de techniques mathématiques ou des méthodes de supervision d'appareils de laboratoire, définissent le contexte local qui les a d'abord nourries de temps à autre. Finalement, l'attrait des explications 'causales' en sociologie de la connaissance est directement lié à la supposition que les scientifiques parviennent effectivement à un consensus à propos de leurs idées directrices et, de plus, que c'est la capacité à parvenir à un concensus qui est d'abord responsable du succès rencontré par les sciences naturelles. La causalité semble être le bon type de mécanisme seulement dans la mesure où l'on suppose que les scientifiques s'entendent quant à leurs idées directrices. Le fait est cependant que la science bénéficie souvent d'une grande stabilité même lorsqu'il y a des disputes généralisées à propos d'idées fondamentales.

[8] Daniel Bernoulli était un membre de la célèbre famille suisse de mathématiciens et de philosophes de la nature. Son père, Johann Bernoulli, est passé à l'histoire pour avoir, en 1710, attiré l'attention de la communauté scientifique sur une lacune dans la solution de Newton au problème inverse des forces centrales, et pour avoir fourni ce qui est le pivot de l'argument de Newton en faveur de la gravitation universelle. Ironiquement, le propre fils de Johann, Jakob, avertit Newton de cette difficulté et ce dernier fit juste à temps les corrections appropriées dans la seconde édition des *Principia*, s'évitant ainsi l'embarras de voir ses mathématiques reprises par un cartésien. Newton qualifia les corrections de Bernoulli de «triviales», mais fit en sorte qu'il soit élu à la Royal Society en 1713, peut-être pour compenser ce qui aurait pu être vu comme une mesquinerie de sa part. De son côté, Johann essaya de consolider son point de vue que Newton n'était pas vraiment un maître du calcul. A cette fin, Johann attira l'attention de Leibniz sur le *Commercium epistolicum* (1712), rédigé par un comité de la Royal Society, qui insinuait que Leibniz avait plagié la méthode de calcul de Newton. De tout temps, les Bernoulli sont demeurés d'ardents défenseurs des explications du vortex.

[9] Recueil des pièces qui ont remporté les prix de l'Académie Royale des Sciences, volume 4, p. 56 (ma propre emphase); cité à partir de Aiton, 1972, p. 247. Les autres essais présentés à ce concours l'ont été par Colin Maclaurin, Leonard Euler et Antoine Cavallieri, un jésuite enseignant les mathématiques. Seul Cavallieri est demeuré fidèle aux principes cartésiens. D'Alembert soutient que Maupertuis fut le premier scientifique français à avoir ouvertement adopté la science newtonienne (voir Brunet, 1931, p. 203; *cf.* Aiton, 1972, p. 201).

[10] Voir Kuhn (1977), qui soutient que «every individual choice between competing theories depends on a mixture of objective and subjective factors, or of shared and individual criteria» (p. 325) parce que les critères objectifs «are not by themselves sufficient to determine the decisions of individual scientists» (p. 325). Chaque scientifique individuel «must complete the objective criteria before any computations can be done» (p. 325).

[11] Voir Laudan (1987, p. 227) : «A precondition for an agent rationally holding a goal is that he has grounds to believe that there are some actions which are conducive to realizing the goal.»

[12] Voir Laudan (1981, p. 183) : «practically every sociologist and philosopher of science who has discussed the question of hyman belief has acquiesced in the claim that something or other causes us to believe what we believe. The idea that the mental states

we denote by the term 'beliefs' might be outside the causal order, is as anathema to most philosophical thinking as it is to 'scientific' thinking.»

[13] Voir Feyerabend (1989, p. 242) qui suggère que «what is called 'reason' and 'practice' are therefore two different types of practice, the difference being that the one clearly exibits some simple ans easily productible formal aspects thus making us forget the complex and hardly understood properties that guarantee the simplicity and producibility while the other drowns the formal aspects under a great variety of accidental properties.»

[14] Pour mieux saisir l'étendue de la préoccupation de Newton à propos des idées cartésiennes, nous n'avons qu'à considérer la *Regula V* proposée par Newton, découverte par l'historien des sciences Alexandre Koyré dans la Collection Newtoniana de Portsmouth. Elle stipule : «whenever things are not derived from objects themselves, whether by the external senses or by the sensation of internal thoughts, are to be taken for hypotheses. Thus, I sense that I am thinking, which could not happen unless at the same time I were to sense that I am. But I do not sense that some idea is innate. And I do not take for phenomena only things which are made known to us by the five external senses, but also those which we contemplate in our minds when thinking : such as, I am, I believe, I understand, I remember, I think, I wish, I am unwilling, I am thirsty, I am hungry, I am happy, I an sad, etc. And those things which follow from the phenomena neither by demonstration nor by argument of induction, I hold as hypotheses» (cité par Cohen, 1978, p. 30). Le fait que Newton établit cette règle et la refusa par la suite démontre son combat incessant pour établir une ligne de démarcation entre la philosophie de la nature et la science expérimentale, qui n'aurait pas compromis les cartésiens.

12.
Théories, paradigmes et traditions de recherche

Anastasios Brenner
Université de Toulouse-Le-Mirail

Sous des formulations différentes, le post-positivisme actuel insiste sur la notion de tradition de recherche. Cette notion, plus large que celle de théorie, a été conçue pour rendre compte de façon adéquate de l'évolution historique de la science. Mais en envisageant la science comme une série de traditions de recherche dont chacune organise différemment son domaine factuel, les post-positivistes sont conduits à l'idée d'une incommensurabilité. Comment dès lors expliquer le progrès ?

L'originalité du courant post-positiviste actuel est d'avoir introduit l'idée d'une unité de signification plus large que la théorie, appelée, selon les auteurs, paradigme, programme de recherche, théorie globale ou tradition de recherche. Seules ces structures relativement larges et durables nous permettent de comprendre le changement scientifique. Je me servirai du terme de tradition de recherche, que l'on trouve dans la littérature antérieure, pour désigner l'ensemble de ces expressions. Il s'agit d'une perspective moins étroite que celle du positivisme logique. Le contexte de découverte n'est plus évité; l'histoire des sciences acquiert un intérêt pour le philosophe. Une approche sociologique est envisagée. Selon Kuhn, un paradigme est un ensemble de croyances, de valeurs et de techniques partagées par une communauté. Dans ses écrits récents, Kuhn renforce cette tendance sociologique : une discipline scientifique, nous dit-il, est essentiellement définie par la communauté scientifique. La philosophie des sciences peut emprunter une voie interdisciplinaire.

Mais ce consensus n'est que minimal. Chaque auteur propose une vision différente de la science. La notion centrale de tradition de recherche en est affectée. Il semble dès lors opportun de soumettre cette notion à une analyse attentive. Mais comment choisir entre les différentes théories qui nous sont offertes? Où trouver le point de vue à partir duquel examiner avec impartialité les diverses réponses? Il faut élaborer une étude critique et comparative.

1. LA RECHERCHE D'UN LABORATOIRE ÉPISTÉMOLOGIQUE

Récemment, Larry Laudan et ses collaborateurs ont provoqué outre Atlantique un débat remarqué. Dans un article, «Scientific Change», suivi d'un livre, *Scrutinizing Science*, parus respectivement en 1986 et en 1988, ils posent la question du rôle philosophique de l'histoire des sciences. C'est le statut du post-positivisme actuel qui est en jeu. On lit : «Le fait est que nous n'avons aucune représentation générale de la science qui soit bien confirmée, que nous n'avons aucune théorie de la science digne d'assentiment. Nous avons eu autrefois une position bien développée et historiquement influente, l'empirisme logique, qui a été maintenant efficacement réfuté. Nous avons plusieurs théories récentes qui suscitent beaucoup d'intérêt; mais elles n'ont pour ainsi dire, pas été contrôlées»[1]. Nous nous comportons comme Ménon, qui à la question de Socrate : «Qu'est-ce que la vertu?», répond en présentant diverses vertus particulières plutôt qu'une définition unique. Selon Popper, la science consiste en la tentative continuellement renouvelée de réfuter les théories. Lakatos corrige : la réfutation concerne non pas les théories individuelles, mais les unités plus larges que sont les programmes de recherche. On trouve encore une formulation différente chez Kuhn : une discipline scientifique est définie par la croyance quasi dogmatique de la part de la communauté scientifique en un paradigme. D'après Feyerabend, la science offre le spectacle d'une lutte continuelle entre les théories globales, qui véhiculent des visions différentes du monde. Au gré de Laudan, la science réside dans l'effort de résolution des problèmes.

Le post-positivisme se caractérise donc par un consensus négatif. Il représente plutôt une réaction intellectuelle, la critique commune du positivisme servant d'unité. On est d'accord pour réhabiliter le contexte de découverte, exclu du champ philosophique par l'empirisme logique. Hanson, Kuhn et Feyerabend, à partir des années soixante, et Lakatos, Hesse et Laudan, à partir des années soixante-dix, ont tous insisté sur le fait que la philosophie des sciences doit être enracinée dans l'histoire des sciences. Mais une difficulté surgit aussitôt. Ainsi que le note Laudan : «Les théories de la science qui ont été proposées ne remplissent ni de près ni de loin les conditions de contrôle dont leurs auteurs font si grand cas en science»[2]. Il manque une méthode expérimentale pour contrôler les théories de la science, un laboratoire épistémologique. Précisons que ce n'est pas parce que l'histoire a fourni au départ quelques intuitions philosophiques, que nous ne sommes pas en droit d'exiger une comparaison rigoureuse avec les données historiques, afin d'éprouver la conception globale qui a été élaborée. Qu'une théorie ait été suggérée par quelques faits, cela n'empêche pas que l'on doive passer au crible ses conséquences. Les partisans du post-positivisme sont d'accord pour attribuer un rôle essentiel à l'histoire des sciences; mais ils ne sont pas parvenus à définir exactement ce rôle.

En réponse, Laudan propose un ambitieux programme. Il s'agit d'élaborer un vocabulaire commun. A défaut de pouvoir examiner toutes les théories proposées, on en choisit quatre ou cinq, en dégageant leurs thèses caractéristiques. Ces thèses sont ensuite évaluées entre elles, à la lumière d'événements historiques soigneusement étudiés. L'histoire n'est plus évoquée à titre de simple justification; elle devient un véritable tribunal.

Si ce programme permet d'arbitrer le différend entre les auteurs du post-positivisme, il reste interne; il ne nous permet pas de juger les thèses communes, d'évaluer l'apport de ce courant de pensée[3]. Rien n'interdit de rejeter entièrement certaines affirmations du post-positivisme. On peut concevoir un autre programme visant à contrôler cette doctrine.

Il est intéressant de noter que, dès le début du siècle, Duhem proposait un rôle philosophique pour l'histoire des sciences. L'œuvre duhemienne offre la particularité de conjuguer étroitement méthodologie et histoire des sciences. Duhem a parfaitement conscience que l'analyse logique ne suffit pas à jeter une lumière pleine et entière sur la nature de l'entreprise scientifique. Il faut pour comprendre cette entreprise faire appel en outre à l'histoire. Les leçons de l'histoire justifient, chez Duhem, le projet d'une thermodynamique générale ou énergétique ainsi que la philosophie qui lui est associée : «L'histoire du développement de la physique est venue confirmer ce que nous avait enseigné l'analyse logique des procédés employés par cette science; de l'une comme de l'autre, nous avons reçu un regain de confiance en la fécondité future de la méthode énergétique»[4]. Il ne s'agit pas, toutefois, d'une simple justification. L'histoire ne fournit pas seulement des preuves supplémentaires; elle donne surtout des preuves d'un autre ordre : « Toute pensée abstraite, précise Duhem, a besoin du contrôle des faits; toute théorie scientifique appelle la comparaison avec l'expérience; nos considérations de logique sur la méthode propre à la physique ne peuvent être sainement jugées si on ne les confronte avec les enseignements de l'histoire »[5]. Soumettre sa méthodologie à l'épreuve de l'histoire, tel est le souhait de Duhem. On peut espérer d'un retour à Duhem une instruction positive quant au problème du rôle de l'histoire des sciences, d'autant plus que plusieurs thèses adoptées par le post-positivisme, notamment la thèse holiste, se trouvent déjà chez lui.

2. LES ÉCOLES COSMOLOGIQUES

J'utiliserai maintenant cette comparaison avec Duhem pour évaluer la notion de tradition de recherche. On pourrait m'objecter que ce concept n'apparaît pas chez Duhem. Après tout celui-ci nous propose une définition de la théorie physique en tant que système déductif représentant des lois expérimentales, définition qui sera reprise par les positivistes logiques. Mais ce serait oublier que Duhem complète son analyse logique par une enquête historique. L'histoire lui fournit une représentation plus complexe. Une théorie est une suite de symboles mathématiques, et ces symboles peuvent être interprétés diversement. Ainsi, il y a plusieurs interprétations possibles d'une théorie. Ces interprétations donnent lieu à des écoles.

Selon Duhem, une expérience de physique est l'interprétation des phénomènes à la lumière de théories acceptées par le physicien. Il écrit : « Si les théories admises par un physicien sont celles que nous acceptons, si nous sommes convenus de suivre les mêmes règles dans l'interprétation des mêmes phénomènes, nous parlons la même langue et nous pouvons nous entendre. Mais il n'en est pas toujours ainsi; il n'en est pas ainsi lorsque nous discutons les expériences d'un physicien qui n'appartient pas à la même École que nous; il n'en est pas ainsi, surtout, lorsque nous discutons les expériences d'un physicien que cinquante ans, qu'un siècle, que deux siècles séparent de nous. Il nous faut alors chercher à établir une correspondance entre les idées théoriques de l'auteur que nous étudions et les nôtres; interpréter à nouveau, au moyen des symboles dont nous usons, ce qu'il avait interprété au moyen des symboles qu'il acceptait; si nous y parvenons, la discussion de son expérience deviendra possible; cette expérience sera un témoignage rendu dans une langue étrangère à la nôtre, mais dans une langue dont nous possédons le vocabulaire; nous pourrons le traduire et l'examiner »[6]. Notons que

Duhem insiste sur l'importance de l'interprétation théorique sans être conduit à l'idée d'une incommensurabilité entre les théories. A condition que nous disposions de suffisamment de renseignements concernant les méthodes et les techniques d'un physicien, nous pouvons toujours élaborer une langue commune, traduire sa conception. En vertu de sa thèse holiste, pour effectuer une expérience, le physicien fait implicitement appel à toute une constellation de théories. La thèse holiste et l'analyse historique semblent donc appeler une notion plus large que celle de théorie.

On trouve effectivement l'ébauche d'une telle idée. Dans *La Théorie physique*, Duhem admet l'existence de styles de recherche et distingue entre l'école anglaise et l'école continentale. Avant 1895, une grande différence sépare la physique continentale de la physique anglaise. Sur le Continent, les théories physiques se présentent comme des systèmes déductifs et abstraits, aussi étendus que possible, certaines options cosmologiques définissant les hypothèses de départ. Les savants anglais recourent à un mode de construction beaucoup plus souple; en restreignant la porté de la théorie, ils en approfondissent l'analyse. Duhem note : «On trouve à chaque instant dans les traités de physique publiés en Angleterre, un élément qui étonne à un haut degré l'étudiant français; cet élément, qui accompagne presque invariablement l'exposé d'une théorie, c'est le *modèle*»[7]. Le modèle peut être un modèle mécanique; le savant anglais ressent alors l'utilité d'illustrer la théorie formelle à l'aide d'une image concrète, d'une machine ou d'un mécanisme dont les lois du fonctionnement soient bien connues. Le modèle peut être aussi un modèle algébrique; le savant retient d'une théorie un groupe d'équations qu'il transpose dans l'étude de nouveaux phénomènes. L'introduction, dans un livre de méthodologie scientifique, de ces remarques appuyées sur la sociologie et sur la critique littéraire, est étonnante.

Il est intéressant de trouver la même conclusion dans l'étude de cas historique proposée par Mauskopf, dans *Scrutinizing Science* : il y a des différences culturelles significatives dans la recherche scientifique[8]. Cette conclusion va à l'encontre de la conception de Kuhn, selon lequel une révolution scientifique concerne la communauté scientifique dans son ensemble. En revanche, elle confirme le jugement de Feyerabend, qui prétend que le choix d'une théorie est déterminé par une pluralité de facteurs, parmi lesquels il admet des différences de traditions. L'approfondissement de l'histoire nous suggère une vision plus complexe.

Plus significative encore est l'idée duhemienne d'école cosmologique. Dans *La Théorie physique*, Duhem distingue quatre grandes écoles cosmologiques qu'il présente dans cet ordre : l'école péripatéticienne, l'école newtonienne, l'école atomistique et l'école cartésienne. Cette typologie se rapporte avant tout au dix-septième siècle, époque durant laquelle ces écoles se sont véritablement affrontées. Le siècle classique, qui voit la naissance de la science moderne, est une référence privilégiée pour l'épistémologue. Mais il ne s'agit pas seulement d'écoles historiquement circonscrites ; ces quatre écoles représentent des types fondamentaux d'explications qui se retrouvent dans la science contemporaine.

Selon Kuhn, la science normale, l'état ordinaire de la recherche scientifique, se caractérise par le monopole d'un paradigme. Ce n'est qu'à la suite d'une crise, où les anomalies s'accumulent, qu'un paradigme rival devient possible. Plusieurs interprètes de l'histoire ont trouvé que le schéma de Kuhn ne s'appliquait pas bien à tous les épisodes historiques. Ils notent que Laudan et Feyerabend proposent de renverser le schéma : d'abord une nouvelle approche est suggérée, les anomalies sont ensuite pleinement reconnues comme sérieuses ; enfin, une crise est provoquée. Feyerabend prétend même qu'il y a toujours des théories globales rivales. La problématique des écoles cosmologiques rapproche Duhem et Feyerabend.

Lorsqu'il s'agit de donner une définition quelque peu précise de la notion de tradition de recherche, des divergences sérieuses apparaissent chez les post-positivistes. Selon Kuhn, les divers présupposés véhiculés par ces traditions, éléments métaphysiques et valeurs partagées, restent dissimulés. Cette thèse est atténuée chez Feyerabend : ces présupposés cachés au début de la vie de la tradition de recherche finiront par être débusqués. Pour Lakatos et Laudan, les éléments métaphysiques et les valeurs partagées sont reconnus dès le commencement. Ce désaccord, qui n'est nullement mineur, montre le caractère hétérogène, pour ne pas dire indécis du post-positivisme.

Revenons à Duhem : l'adhésion à une école ou à une tradition d'interprétation est généralement consciente. S'il le fallait, les présupposés d'une école ne manqueraient pas d'être rapidement signalés par les partisans d'une école rivale. La tâche du physicien, lorsqu'il expose une théorie, consiste à rendre toujours plus explicites et plus précises ses hypothèses. Par exemple, contre Ampère, qui prétendait induire sa théorie électromagnétique à partir des données de l'expérience, Duhem montre que plusieurs hypothèses engageant des considérations théoriques ont été utilisées dans son raisonnement. Ces hypothèses peuvent être pleinement mises en lumière en faisant appel au travail des physiciens postérieurs. L'interprétation des théories est susceptible d'être constamment améliorée.

3. LA FRAGILITÉ DE LA NOTION DE RÉVOLUTION SCIENTIFIQUE

Il nous reste à apprécier une différence fondamentale entre Duhem et les post-positivistes. Ceux-ci nous proposent une conception explicitement discontinuiste. On peut même qualifier ce discontinuisme de révolutionnaire, en ce sens que le progrès scientifique est ponctué par des révolutions scientifiques. La notion de tradition de recherche lui est étroitement liée. L'apparition d'une nouvelle tradition de recherche est toujours signalée par une révolution. Ceci est manifeste chez Kuhn, qui emprunte des éléments à l'histoire politique. Dans son premier livre, *La Révolution copernicienne*, le terme de paradigme n'apparaît pas encore. Tout est centré sur la notion de révolution scientifique, héritée de Koyré et qu'avait également soutenue Bachelard. Mais déjà Kuhn met en place des idées qui caractériseront sa conception de maturité. Si le concept de paradigme apparaît au premier plan dans *La Structure des révolutions scientifiques*, Kuhn abandonne ce concept complexe et hétérogène dans le « Post-scriptum » de la seconde édition. Il lui substitue une pluralité de facteurs : des modèles métaphysiques, des valeurs rationnelles partagées, des formules théoriques et des exemplaires. Quelle unité reste-t-il désormais, sinon celle conférée par la révolution ?

L'idée de révolution scientifique remonte au dix-huitième siècle. Elle fut proposée par les encyclopédistes. Elle fut conservée ensuite par les auteurs classiques : Laplace, Kant, Comte et Whewell. Chez les classiques, la révolution revêtait un sens bien précis : un événement brusque et radical instaurant une méthode définitive. Or, au début du siècle, Duhem soumet la conception classique à une critique percutante. La méthode scientifique n'a pas été révélée soudainement à l'époque moderne. L'astronomie grecque représente un premier exemple de science naturelle mathématisée ; en effet, Duhem découvre une proximité entre sa propre définition de la théorie physique et la tradition platonicienne, selon laquelle le but de l'astronomie est uniquement de sauver les phénomènes.

Mais surtout, en contestant le mythe classique de révolution scientifique, Duhem ouvre la voie à la redécouverte de la science médiévale. Il formule une thèse vigoureuse et étonnante : la science moderne n'est pas née au dix-septième siècle, mais au quatorzième siècle. Cette naissance a été provoquée par un événement théologique : la condamnation en 1277, par l'Évêque de Paris, Étienne Tempier, de diverses thèses péripatéticiennes et arabes. Duhem montre que plusieurs conséquences de cette réaction anti-aristotélicienne ont une signification proprement scientifique[9]. Certes Duhem tend à surestimer la modernité de certaines théories médiévales. Mais il reste à démontrer que la série tout à fait impressionnante de changements qui s'accomplissent à la fin du treizième siècle et au début du quatorzième siècle dans les conceptions du temps, de l'espace et du mouvement, n'ont eu aucun ou que peu d'impact sur le développement de la pensée moderne. Il est surprenant que les post-positivistes, qui prétendent recourir à l'histoire des sciences, fassent si peu de cas des recherches sur la science médiévale.

Certes, le concept actuel de révolution scientifique n'est pas équivalent à celui des classiques. On décline désormais ce concept au pluriel. Mais il n'est pas évident que toutes les connotations anciennes de l'expression soient abandonnées. Jamais, on ne précise quel est exactement le rapport avec le concept traditionnel. Il est vrai que Koyré ajoute l'idée d'une transformation des cadres intellectuels, et que Kuhn compare la révolution scientifique à une commutation perceptive. Mais ces conséquences sont parmi les plus problématiques des doctrines en question. Si l'on en donne une interprétation forte, les théories post-positivistes conduisent au relativisme : la science ne se distingue pas des autres formes d'activité humaine; il n'y a pas au fond de différence entre l'évolution artistique et l'évolution scientifique. Les post-positivistes prétendent qu'une nouvelle tradition de recherche répond à des problèmes entièrement différents de ceux de la tradition précédente et que les traditions successives sont incommensurables. Dès lors le progrès devient inexplicable.

*

*   *

Les objections de Duhem mettent en lumière la fragilité de la notion de révolution scientifique. Pourtant, ses recherches historiques l'ont conduit à l'idée d'une unité de signification plus large que la théorie. Serait-il alors possible de dissocier la notion de révolution scientifique de celle de tradition de recherche? Pourrions-nous rejeter la première tout en conservant la seconde? Certes, il faudrait, dans ce cas, remanier la conception post-positiviste de la tradition de recherche. Un tel remaniement nous permettrait d'éviter certaines difficultés patentes du post-positivisme, tout en sauvegardant des résultats qui s'appuient sur des études historiques rigoureuses. Il ouvrirait la voie à une nouvelle analyse du progrès.

Bibliographie

Brenner, A., *Duhem : science, réalité et apparence*, Paris, Vrin, 1990.

Donovan, A., L. Laudan et R. Laudan (dir.), *Scrutinizing Science (Empirical Studies of Scientific Change)*, Dordrecht, Kluwer, 1988.

Duhem, P., *La Théorie physique, son objet et sa structure* (1906), Paris, Vrin, 1981.

Notice sur les titres et les travaux scientifiques, Bordeaux, Gounouilhou, 1913.

Feyerabend, P., *Against Method*, London, New Left Book, 1975.

Kuhn, Th., *The Structure of Scientific Revolutions*, Chicago, University of Chicago Press, 1962.

The Essentiel Tension, Chicago, University of Chicago Press, 1977.

Lakatos, I., *The Methodology of Scientific Research Programmes*, Cambridge, Cambridge University Press, 1978.

Laudan, L., *Progress and its Problems*, Berkeley, University of California Press, 1977.

Laudan, L. *et al.*, «Scientific Change : Philosophical Models and Historical Research», *Synthese 69* (1986), p. 141-223.

Popper, K., *The Logic of Scientific Discovery*, New York, Basic Books, 1959.

NOTES

[1] L. Laudan *et al.*, «Scientific Change», p. 142; je traduis.

[2] *Ibid.*

[3] Je précise, toutefois, que dans les deux publications citées plus haut, ce programme donne lieu à un bilan, qui est très précieux pour comprendre les grandes tendances du post-positivisme actuel.

[4] P. Duhem, *Notice sur les titres et les travaux scientifiques*, p. 125.

[5] *Id.*, p. 115.

[6] P. Duhem, *La Théorie physique, son objet et sa structure*, p. 241.

[7] *Id.*, p. 99; souligné dans le texte. Voir l'ensemble du quatrième chapitre de la première partie.

[8] S. Mauskopf, «Molecular Geometry in 19th Century France», dans A. Donovan *et al.*, *Scrutinizing Science*, p. 125-144.

[9] Pour une analyse critique de l'interprétation duhemienne de la science médiévale, se rapporter au chapitre 4 de A. Brenner, *Duhem : Science, réalité et apparence.*

13. Épistémologie individuelle, épistémologie sociale

Angèle Kremer-Marietti
Université de Picardie-Jules Verne

1. UNE COMPLÉMENTARITÉ AU LIEU D'UNE CONTRADICTION

Rien n'interdit de rechercher si un *a priori* social n'intervient pas dans le processus proprement formel de l'avancement des sciences. L'architectonique des opérations du cerveau humain ou de l'esprit, qui est l'objectif actuel des sciences cognitives, n'exclut pas la possibilité d'une construction sociale de l'esprit, comme l'a montré Jeff Coulter[1]. Jean-Pierre Changeux lui-même admet qu'il existe des liens entre les faits étudiés par les neurosciences et ceux étudiés par l'anthropologie sociale[2]. Rien n'empêche d'admettre non plus la possibilité d'une construction sociale de la réalité, c'est ce qu'établissent parfaitement Berger et Luckmann[3]. D'une manière générale, on peut dire que la science n'est pas simplement une construction individuelle, mais, en tant qu'œuvre collective, elle est également une construction sociale : c'est ce que souligne aussi Helen Longino[4].

C'est pourquoi je propose une conception mixte de l'épistémologie : comprise à la fois comme *épistémologie individuelle* et comme *épistémologie sociale*, selon la distinction déjà faite par Alvin I. Goldman[5] — opposition qui rejoint celle traduite dans les termes usités aux Etats-Unis : 'internalisme'/'externalisme'[6]. Loin de devoir être contradictoire, cette opposition paraît plutôt devoir être complémentaire et nécessaire.

En effet, si l'œuvre de science, en tant que travail, est «une sorte de jeu» — et je reprends les termes de Gilles Granger[7] — l'épistémologie qu'il faut recommander, et qui est celle que Granger recommande à juste titre, a «pour tâche de décrire les parties successives, de dégager les règles latentes, de proposer la signification»[8]. Pour cette épistémologie du travail scientifique qu'il souhaite vivement, Granger pense qu'il ne faut pas dissocier les formes logiques de l'œuvre de science, ni même, ajoute-t-il, décrire «les conditions externes de production de la science et l'histoire sociale des faits de science»[9]. La définition de Granger comporte donc deux exclusions. Si la première vise surtout une méthode qui serait purement logique ou analytique — et sans doute pense-t-il à une épistémologie qui serait uniquement le produit de la philosophie analytique; la seconde vise directement une forme radicale de sociologie de la science. Il semble pourtant que cette seconde exclusion ne vise, en fait, que la forme mineure, et purement extérieure, de la sociologie des sciences.

Il est permis de considérer avec Larry Laudan[10] deux types de «sociologie de la science» : l'une qui serait une «sociologie non cognitive de la science»[11], que nous qualifierons donc d'externe, et l'autre qui serait une «sociologie cognitive du savoir»[12], que nous qualifierons d'interne. Par définition, cette dernière serait capable d'intégrer des «croyances scientifiques» dans l'ensemble de ses problèmes empiriques, et pourrait les expliquer «en termes de la situation sociale de ceux qui y adhèrent»[13] : c'est, nous semble-t-il, l'attitude de Brian S. Baigrie[14]. Laudan ajoute que ce point de vue entraîne de «pouvoir trouver un moyen d'identifier les situations de croyance qui peuvent fructueusement faire l'objet d'une analyse sociologique»[15].

2. UNE SOCIOLOGIE EXTERNE ET UNE SOCIOLOGIE INTERNE

Une sociologie non cognitive de la science s'emploierait au maximum à circonstancier ponctuellement une décision scientifique, en la montrant déterminée dans toute sa précision par l'ensemble de la description concrète de la situation économique et sociale dans laquelle le chercheur est ou était engagé du fait même de sa recherche. À la limite, ce point de vue externe d'une sociologie de la science pourrait totalement ignorer les critères scientifiques de la recherche elle-même : il semble qu'il en ait été ainsi avec Mannheim. On pourrait situer dans cette même perspective les analyses du *pouvoir-savoir* qui ont montré le savoir comme Michel Foucault le voyait, c'est-à-dire pris dans un total assujettissement social et historique, formant la « matérialité » de ce qui devenait ainsi une arme concrète de pouvoir. On peut aussi remarquer que Foucault n'a pas spécialement analysé les mécanismes sociaux directs de la création scientifique, ni même les raisons sociologiques de l'avancement des sciences, et encore moins leur raison scientifique[16].

Au contraire, ces derniers objectifs s'avèrent être ceux des sociologues de la science, dont Barnes et Bloor sont actuellement les prototypes. C'est en suivant une conception cognitive de la sociologie de la science et, en particulier, en nous référant aux observations fondamentales, entre autres, à celles d'un Thomas Kuhn[17] — bien que ce dernier se défende d'être un sociologue —, que nous repérerons les diverses traditions de la recherche, en même temps que ses circonstances, ainsi que les conjectures de la découverte plutôt que ses causes directes ou ses raisons. Procédant de la sorte, nous aurons la possibilité de reconnaître, après coup, et d'un point de vue cognitif, les coordonnées sociales et historiques des traditions de recherche, tout comme les conditions historicosociales de leur travail effectif. En ce qui concerne un chercheur — tout comme un peintre ou un musicien —, il est vrai qu'appartenir ou non à une école constitue ni plus ni moins qu'une circonstance historicosociale déterminante : on sait que Taine[18] fut sensible, en matière d'histoire de l'art ou de la littérature, à l'importance et à l'originalité d'une période, d'une école, ou d'un document. Dans la situation historicosociale d'un chercheur individuel, comme dans la situation mentale liée aux croyances scientifiques qui en découlent, il entre indéniablement en ligne de compte, non seulement sa formation propre, c'est-à-dire son origine scientifique, mais encore les institutions auxquelles il s'est soumis ou se soumet encore, ou bien encore celles auxquelles il ne se soumet plus, et qui dans ce cas néanmoins président négativement à sa propre recherche. On ne voit pas, dès lors, comment il serait possible de dissocier, sinon par pure abstraction, l'élément directement social de l'élément historique, en d'autres termes : la *synchronie* de la *diachronie*.

L'un des premiers, Bernal sut combiner les deux points de vue, social et historique, dans la signification qu'il voulait donner à la science qu'il étudiait. Donc, bien avant Kuhn, J.D. Bernal avait remarqué l'influence historique des traditions de la science, ainsi que le caractère irrégulier du progrès des sciences, à la fois dans le temps et dans l'espace. Ayant commencé son étude vers 1948 sous forme de conférences qu'il avait d'ailleurs intitulées « La science dans l'histoire sociale », Bernal continua ses travaux jusqu'en 1954, date à laquelle il publia la première édition de son grand œuvre : *La science dans l'histoire*[19]. À partir de la troisième édition, le travail s'étendait sur quatre volumes. La remarque de Bernal concernait la convergence des disciplines scientifiques. En effet, les diverses disciplines se trouvaient enveloppées dans un même champ socio-économique déterminé. De ce fait, Bernal y voyait, quant à lui, la tendance des différentes sciences à constituer une «science unifiée». Partant d'un point de vue strictement historicosocial, auquel d'ailleurs il ajoutait des analyses d'ordre méthodologique et épistémologique, Bernal pouvait relever ce qui, à ses yeux, semblait caractériser le développement de la science de la Renaissance, qu'il jugeait, pour sa part, révolutionnaire, mais qu'il voyait cependant soumise à quatre périodes majeures d'avancement observable. Il serait certainement intéressant de confronter l'approche historicosociale de Bernal à l'approche sociologique de R.K. Merton[20] : mais ce dernier s'est plus spécialement intéressé au point de vue fonctionnaliste du changement social, et, en particulier, au développement parallèle des connaissances scientifiques et techniques en tant qu'elles furent soumises à l'influence de certains facteurs économiques et socioculturels. Sur Merton, il faut se tourner vers les études fouillées de Bernard-Pierre Lécuyer et de Bernhard Plé[21].

3. LA DIVERSIFICATION DE LA RATIONALITÉ

L'approche sociale et historique de la recherche scientifique en tant que telle, ou la volonté de saisir le mouvement réel de la progression des différentes sciences, ne peut que nous entraîner à concevoir la rationalité au-delà du tronc commun sémantique originaire. La nature de la rationalité ne peut que nous apparaître comme étant fondamentalement unitaire en même temps qu'essentiellement diversifiée. De plus en plus, nous sommes frappés par un véritable phénomène de diversification allant sans cesse croissant. Au cœur des pratiques scientifiques actuelles, la rationalité doit aujourd'hui pouvoir se définir selon quelques points de repère très précis : (1) selon l'histoire propre à une science particulière; (2) avec des différences notables, d'une science à l'autre; (3) et pour la même science et la même histoire, avec des différences diachroniques, c'est-à-dire d'une génération de chercheurs à l'autre; (4) enfin, pour une même science à une même époque, avec des différences synchroniques, c'est-à-dire d'une équipe de chercheurs à une autre. Toutes ces différences proviennent autant des procédures spécifiques que des dispositions d'esprit particulières, les unes et les autres, rattachées à un cadre culturel socio-historique approprié et parfaitement défini. Pour retenir l'essentiel des observations nettement historicosociales de Kuhn, disons que la somme des croyances, impliquées par une même science à un moment donné de son développement, comporte des éléments qui devancent parfois la collecte des faits, et qui viennent souvent d'une région parfaitement extérieure à la science : soit encore de la métaphysique, soit surtout d'une autre science que ses succès du moment a rendue influente, soit enfin d'un «hasard personnel»[22]. Les *themata* mis en relief par Gerald Holton[23] complètent et confirment la possibilité d'une migration d'éléments hétérogènes d'une science à une autre, au cœur même du système des croyances scientifiques confirmées. Sur la base d'observations distinctes, il est permis d'invoquer, outre une rationalité inhérente à la science considérée, une rationalité additionnelle, donc non immanente, en outre coordonnée à des circonstances singulières différentes, ou dépendant tout simplement de groupes de recherche différents, et, en tout cas, ayant été eux-mêmes soumis à des *a priori* différents.

4. HISTOIRE DES SCIENCES ET PHILOSOPHIE DES SCIENCES

En effet, si l'épistémologie et la philosophie des sciences nécessitent le recours à l'histoire des sciences, il faut reconnaître qu'inversement une histoire des sciences ne peut se vouloir absolument sans aucun présupposé philosophique, celui-ci fût-il le plus infime ou le plus implicite qui soit, entièrement tacite, voire inconscient au chercheur. Car une entité scientifique quelconque ne peut avoir d'histoire, si elle n'est elle-même définie dans son unité et dans son identité propres, au sein d'un ensemble de propositions, elles-mêmes strictement définies. Or, comment définir cette entité scientifique sans présupposer, outre l'ensemble structurel auquel elle appartient étroitement, également le cadre d'une philosophie des sciences ou, du moins, celui d'une philosophie de la science traitée? La philosophie des sciences est alors appelée à donner à cette entité le contexte historique compréhensif, destiné à lui assigner ou même à lui garantir une signification propre.

En aucun cas, philosophie des sciences et histoire des sciences ne sauraient être confondues, comme l'indique très justement Gilles Granger[24]. C'est malheureusement parfois le cas dans certaines écoles d'épistémologues. Là même où les historiens des sciences et les chercheurs dans les diverses sciences prétendent se passer de philosophie et surtout de métaphysique, il est, au contraire, permis de supposer un tel cadre philosophique, fût-il introduit par le biais du choix des *themata* qu'inventorie Holton et que, de son côté, critique Laudan. De fait, sur la base d'études de cas définis, l'analyse thématique de Holton repère un certain nombre de prises de position extérieures à la discipline scientifique, et qui peuvent être métaphysiques, mais qui jouent néanmoins un rôle euristique certain. Il peut s'agir, en l'occurrence, soit de *themata* opposés, comme le couple continu/discontinu, soit d'*hypothèses thématiques*, comme celle de Newton relative à l'immobilité du centre du monde. Même si, en suivant l'argumentation de Laudan[25], on rétorquait que le principe de la discrétion ne peut avoir la même signification s'il est appliqué par Démocrite ou par Bohr, il n'en demeure pas moins — et quoi qu'en pense Laudan — que la notion de discrétion prise abstraitement s'avère être toujours identique à elle-même, en tant qu'elle s'oppose à la notion de continu, de quelque nature que puisse être ce dernier, et en tant qu'elle renvoie à un schème identique de pensée — et cela, d'ailleurs, qu'il concerne Démocrite ou Bohr. Ce que nous avançons demeure valable, quelle que soit la différence des implications supposées et quels que soient même les développements mathématiques, impliqués ou non dans l'un ou l'autre cas. Or, c'est précisément ce sur quoi Holton veut attirer l'attention en traitant des *themata.*

Les processus de symbolisation scientifique obéissent principalement à des critères logiques et méthodologiques; ils n'en obéissent pas moins aussi, et complémentairement, à des normes variées de légitimation, appliquées cas par cas, c'est-à-dire ponctuellement. Quant aux méthodes scientifiques appropriées qui révèlent à l'usage leur validité, les chercheurs qui les utilisent ne se réfèrent pas nécessairement à une véritable théorie de leurs méthodes. C'est d'ailleurs pourquoi certains d'entre eux réclament, au contraire, que soit mise sur pied une «bonne» théorie de la méthode, impliquant par là même l'utilité d'une connaissance de la base philosophique de toute découverte scientifique[26]. Dans cette perspective, il faut citer en premier Einstein[27] qui, d'une part, pensait que l'épistémologie et la science étaient nécessaires l'une à l'autre, mais qui, d'autre part, relevait deux observations pour lui incontournables : (1) les théories scientifiques sont sujettes à être remplacées, tôt ou tard, par d'autres théories plus adéquates; (2) l'épistémologie doit être ancillaire de la recherche, et nullement sa directrice, du moins pas définitivement. C'est aussi pourquoi il ajoutait, non sans malice, que l'épistémologie du savant devait être d'un opportunisme le moins scrupuleux qui fût.

En vérité, Einstein était lui-même son propre épistémologue : il se créait, selon les nécessités, et surtout selon l'actualité de ses propres questions, l'épistémologie qui était nécessaire à la recherche du moment. Et il faut bien constater que les épistémologues habituels ne peuvent réussir à jouer un rôle semblable auprès des chercheurs scientifiques. On peut même s'interroger sur l'utilité directe de la plupart des débats épistémologiques, en ce qui concerne la fécondité de la recherche scientifique; encore que nous pensions que l'épistémologie conserve une utilité indirecte. Ainsi, aujourd'hui, Holton[28] se demande même s'il faut aux scientifiques une « philosophie des sciences » avouée, tandis qu'il découvre que les chercheurs se posent actuellement des problèmes spécifiques assez particuliers, nés, pour la plupart, aux frontières qui séparent entre elles les sciences distinctes. De plus, et à juste raison, Holton constate que les scientifiques actuels sont plutôt moins interpellés par la réflexion épistémologique elle-même que par l'*éthique* : c'est-à-dire davantage par les problèmes moraux que leur pose leur discipline relativement aux valeurs communes qu'ils reconnaissent dans leur propre existence. Notons justement que l'une de ces valeurs est celle qu'Auguste Comte énonçait explicitement dans la 60e leçon de son *Cours de philosophie positive* : « le respect scrupuleux pour la vie de l'homme, qui a toujours augmenté à mesure que notre sociabilité s'est développée »[29].

En outre, ce sont souvent les philosophes, et non les chercheurs scientifiques, qui sont le plus intéressés de savoir comment la science « avance », et surtout selon quel modèle se construit la théorie scientifique en général, ou telle théorie scientifique en particulier. Et, si l'on admet qu'il existe une « histoire des sciences », par là même on reconnaît implicitement que le savoir ne cesse de s'accroître quantitativement et de s'organiser qualitativement. Par conséquent, aucune théorie scientifique ne devrait jamais être jugée ni parfaite ni définitive. On devrait sur ce point suivre prudemment Pierre Duhem[30], bien qu'il fît une exception à cette règle et qu'il accordât lui-même toute sa confiance aux théories acoustiques[31]. Duhem constatait que les théories acoustiques de l'époque se hissaient à un rare degré de certitude et de perfection, parce qu'elles permettaient, selon lui, d'atteindre sans faillir les mouvements réels auxquels on pouvait attribuer les phénomènes sonores. On voit que cette dernière perspective touche la question du *réalisme* de l'entité scientifique.

Or c'est une question qui se pose aujourd'hui (voir la discussion des affirmations de Latour par Brown, dans ce volume) : il est donc utile de débattre du réalisme au sujet des propositions scientifiques ; remarquons qu'il implique la présupposition d'une attitude philosophique qui gagne, d'ailleurs, à être nuancée. Pour trancher s'il y a, ou non, réalisme de la part du chercheur scientifique, il faudrait pouvoir distinguer entre les apparences sensibles et la réalité supposée se cacher derrière ces apparences. À certaines phases de la recherche, peut-être faudrait-il même accepter de considérer comme inaccessible une certaine réalité subsistant « en soi » derrière les apparences sensibles. Le développement de la science a, en effet, révélé que d'autres réalités se cachaient encore derrière ce qu'à un moment donné on pensait être la réalité dernière. En outre, les apparences sensibles sont elles-mêmes réfractaires à l'approche scientifique. Même alors, rien n'empêcherait de considérer l'entité scientifique (bien qu'elle ne soit plus ni sensible ni accessible) comme étant cependant bel et bien *réelle*, ainsi que le professe Nancy Cartwright[32], en privilégiant le réalisme des entités scientifiques sur le réalisme des théories scientifiques. Mais dans la réalité de la recherche les deux réalismes s'opposent-ils? La conception du réalisme des entités et celle du réalisme des théories s'opposent-elles effectivement? Dans certains cas, les deux réalismes ne se confirment-ils pas plutôt l'un l'autre? Car, si l'on opte pour le réalisme des entités, par exemple, ne laisse-t-on pas s'ensuivre le réalisme des théories leur correspondant, qui loin de s'affaiblir, pourrait se trouver renforcé? D'ailleurs, c'est à ce point précis que la philosophie scientifique d'Einstein correspond, même indirectement, à un réalisme mathématique, conformément auquel l'univers est saisi comme éminemment intelligible. De là, se pose la fameuse question métaphysique posée par Einstein : Comment se fait-il que cet univers soit intelligible? Autrement dit, l'intelligibilité de l'univers nous est directement *inintelligible* : c'est bien là le minimum d'*en soi* qui pourrait être réservé, au-delà de tout ce qui est *pour nous*, c'est-à-dire en dehors de tout ce qui nous est intelligible. Il est vrai, par ailleurs, que le réalisme a beaucoup à apprendre de l'anti-réalisme : cette simple constatation plaide en faveur des échanges philosophiques à propos de la recherche scientifique.

5. DÉCLARATION OU PROCÉDURE?

Pour ce qui a trait à la réalité présumée être l'objet même de la science, on peut se demander si la théorie qui lui convient doit être de préférence «déclarative» ou «procédurale», selon la distinction que fait Jan Hacking[33]. En ce qui concerne la connaissance qui s'exprime selon le mode déclaratif, elle est généralement orientée vers l'ensemble des hypothèses spéculatives concernant objectivement le monde, tandis que la connaissance qui s'exprime selon le mode procédural vise le point de vue subjectif de l'action humaine dans le monde. Mais entre la perspective mondaine et la perspective humaine, déjà distinguée par Auguste Comte[34], Bas Van Fraassen expose comme suit les termes d'une alternative maintenant classique. En effet, ou bien il est possible de concevoir une philosophie des sciences uniquement concernée par le *contenu* et la structure des théories. Ou bien, au contraire, on peut concevoir une philosophie des sciences seulement concernée par la *relation* qu'entretient la théorie avec le monde, ou, mieux encore, avec l'usager de la science face à ce monde. C'est bien d'ailleurs pourquoi Bas Van Fraassen propose, quant à lui, une nouvelle manière de présenter toute théorie scientifique. Tout d'abord, une théorie peut être là «pour spécifier une famille de structures, ses modèles; et deuxièmement pour spécifier certaines parties de ces modèles (les substructures empiriques) comme les candidates à la représentation directe des phénomènes observables»[35]. Par conséquent, on peut aussi accepter de concevoir deux types généraux de philosophie des sciences.

D'une part, on aurait un *premier type* de philosophie des sciences, qui serait conçue comme purement spéculative et traitée d'un point de vue systématique : elle concernerait au plus haut point le philosophe. C'est le type classique : il permet au philosophe d'obtenir une vision plus intelligible, et même sans doute une vision unitaire du monde, nécessaire ensuite à une meilleure compréhension des rapports de l'homme et du monde.

Remarquons, à propos de la vision unitaire, que les philosophes ne sont pas seuls à entretenir un tel désir d'unité. La vision unitaire tente également aujourd'hui quelques physiciens tels que Stephen Hawking[36]. C'est une position unitaire qu'énonçait, déjà en 1963, Jean Charon[37] dans un chapitre intitulé «La nature, miroir de l'homme». Il écrivait : «Enfin, ces dernières années ont vu se multiplier les tentatives de théories dites 'unitaires', cherchant à décrire au moyen d'un système de lois unique *tous* les aspects de la Nature»[38]. D'où, expliquait Charon, la nécessité d'introduire, à la suite des deux premières constantes (la constante de la vitesse de la lumière, c, et la constante de Planck, h), une troisième constante, l, homogène à une longueur : une longueur spatiale plus petite que l serait difficile à reconnaître ou à mesurer; mais, malheureusement, ajoutait-il, on pourrait toujours l'analyser! Quant à Einstein, ne désirait-il pas réaliser une *théorie du champ unifié*, dans laquelle il n'y aurait plus «deux sortes de choses physiques»[39], séparées les unes des autres, et «mesurant des tringles et des horloges», ainsi que «toutes les autres choses».

D'autre part — et comme on peut le reconnaître surtout dans la mécanique classique — en incluant dans la théorie scientifique l'action même de mesurer (ce que les anglophones appellent 'measurement', et non pas 'measure' qui n'est que le résultat statique de l'action de mesurer), on est sur la voie de concevoir un second type de philosophie des sciences, qui irait se développant comme devant être conçue de façon totalement opérative. Ce type procédural ne pourrait manquer d'intéresser la pratique créative du physicien.

La conception purement spéculative de la philosophie des sciences risque, en effet, de ne donner de la science qu'une vision purement contemplative : elle alimente son discours uniquement dans l'histoire intellectuelle des sciences. C'est celle qui intéresse un Larry Laudan qui définit la *rationalité* comme ce qui consiste à « faire les choix théoriques les plus progressistes »[40].

La seconde conception de la philosophie des sciences, conçue comme étant procédurale, est animée et orientée dans une visée pragmatique, sans être nécessairement pragmatique elle-même. Elle présente la science comme un ensemble d'activités, au sein desquelles vit et agit le spécialiste qu'est le physicien, lorsqu'il résoud les problèmes qui se posent à lui et quand il monte et développe les expériences utiles à la solution des mêmes problèmes, enfin quand il envisage l'application de ses résultats. Aussi, comme l'a fort bien suggéré Ian Hacking[41], qui encourage dans la voie procédurale, en matière de physique le véritable arbitre ne siège pas où il est question du « comment penser ? », mais bien plutôt là où il est plutôt question du « quoi faire ? ». Même théoriquement parlé, c'est ce que soulignait Einstein.

Si l'on adopte le dernier point de vue, on décide également du sort et de la finalité de l'épistémologie. Mais les deux points de vue peuvent se combiner sur la base du second. On s'apprête, d'une part, à accepter de pratiquer une épistémologie à destination, non plus seulement « individuelle » et purement intéressée aux processus de cognition, c'est-à-dire en tant qu'elle est liée aux processus symbolisateurs de la pensée en général — n'est-ce pas celle qui a intéressé un grand nombre de philosophes ? —, mais encore, et en même temps que celle-ci, on se décide à accepter de pratiquer une autre épistémologie qui puisse être également cognitive et à *destination sociale*, c'est-à-dire liée aux faits et aux modèles offerts par l'espace de la communauté sociale. Il s'agirait alors d'une *philosophie sociologique des sciences.*

On le voit, si une sociologie de la science peut jouer un rôle dans l'épistémologie active du chercheur et dans la conception d'une philosophie des sciences qui lui soit appropriée du point de vue de son efficacité, c'est bien à partir d'une conception qui sache allier autant le *procédural* que le *déclaratif* (ou le purement *spéculatif*). C'est ainsi que la conception procédurale de la science entre dans la perspective d'une « science en action » telle que la conçoit, par exemple, un Bruno Latour[42] mais à laquelle le spéculatif ne serait cependant pas confisqué.

6. DE QUOI SONT FAITES LES THÉORIES?

Malgré les réflexions qui précèdent, rien n'empêche les philosophes de jouer, en la matière, au jeu qu'ils apprécient : celui de la considération spéculative des théories scientifiques. Il est vrai aussi, du point de vue d'une « théorie des théories », que les théories ne sont possibles qu'après l'étude d'une *classe de phénomènes*, et seulement si cette classe permet d'établir un *système d'uniformités*, exprimables sous la forme de lois expérimentales. Et tout particulièrement en physique, ces unités doivent être exprimées en termes mathématiques. Et c'est aussi la conception qu'a développée Michel Brodowski[43] au cours du Colloque « La Sociologie de la Science ».

Dans le meilleur des cas, une proposition scientifique doit établir des relations précises entre des quantités observables. Une loi implique des relations numériques au moyen desquelles une vérification expérimentale peut être faite par la *mesure*; celle-ci étant comprise avant tout, non pas comme un simple résultat de mesure, mais bien comme l'action de mesurer (*measurement*). Ainsi, pour Einstein[44], le temps d'un événement est-il ce qui est donné, simultanément avec l'événement, par une horloge stationnaire, située à l'emplacement de cet événement. Il s'agit alors d'un temps *réellement* mesuré, d'un temps conçu et représenté en tant qu'il est étroitement lié à l'action même de la mesure *se faisant*, et non pas du temps mesuré tel que Bergson l'a critiqué en l'opposant au temps vécu[45]. Il faut, en outre, considérer que les mesures requises répondent nécessairement au *Principe de la correspondance des unités*. Avec l'action de mesurer intervient obligatoirement dans la théorie l'explicitation, ou même l'implication des principes nécessaires à l'effectuation de la mesure. En ce qui concerne le principe de la relativité restreinte, on peut en déduire que si celui-ci s'accorde avec le principe de la correspondance des unités, alors il s'accorde également avec les *faits* de l'expérience.

La mécanique classique newtonienne décrit les phénomènes comme si, existant en eux-mêmes (*en soi*), ils étaient doués par eux-mêmes de *réalité*. Aussi le réalisme des entités scientifiques est-il requis par elle : il n'y a là-dessus aucun doute. De même, tout en donnant à l'observation et à l'expérimentation une fonction importante dans la recherche scientifique, la mécanique classique relativiste, qui est celle d'Einstein, présuppose que les événements observés existent en eux-mêmes, puisque chaque observateur est censé prendre une vue effective de ladite « réalité objective ». Il n'en est cependant pas exactement ainsi avec la mécanique quantique. L'action de mesurer y est supposée répondre uniquement à la question posée par l'expérimentateur. En effet, avec la mécanique quantique, d'une part, il y a un modèle de mesure, qui est décrit suivant un jumelage du *système à mesurer* avec l'*appareil mesurant*. D'autre part, il est possible de décrire les mesures de la mécanique quantique à travers le simple usage d'un formalisme. L'une et l'autre possibilités sont d'ailleurs équivalentes : aussi bien, d'une part, le formalisme des effets et des opérations que, d'autre part, la description en termes de modèles de mesure. C'est précisément ce que démontrent les chercheurs américains Samuel L. Braunstein et Carlton M. Caves[46]. Notons qu'ils nous apprennent qu'il est possible d'obtenir le formalisme des effets et des opérations par l'application de règles standard à l'observation de l'appareil dans un modèle de mesure : le formalisme permet donc ainsi une description directe de la mesure de l'état du système. Il faut savoir que dans les effets et opérations sont incorporés tout à la fois l'*état quantique* et le *type de l'appareil*, mais également l'état quantique et le type d'interaction avec le système. Car, pour Braunstein et Caves, «un effet peut avoir plus d'une opération»[47]. Il faut surtout tenir compte du fait que, dans la mécanique quantique, nous avons à faire à un appareil macroscopique mesurant un système microcospique. Dès lors, l'outil peut, en effet, troubler l'état du système mesuré et donner différents «états du système».

Ce qui importe en physique, c'est donc la mesure : nous voyons cette position confirmée par Henry Krips, qui montre que le mode de description d'un système quantique dépend des pratiques de mesure auxquelles il est soumis[48]. La mesure est naturellement reliée à la notion précise de l'appareil employé ou de la machine en action. Les lois sont toujours vérifiées à travers des mesures; et, dès que nous nous occupons de mesurer, nous nous référons déjà nécessairement à des principes. C'est un lieu commun d'admettre qu'une théorie permette de relier les phénomènes à quelque principe, mais aussi que, sans théorie, il ne soit guère possible d'utiliser des observations isolées, encore moins de les combiner, ni de mentionner des faits isolés que l'on présenterait — mais à tort — comme scientifiques. Des faits isolés n'ont aucune signification scientifique s'ils ne sont pas reliables à un ensemble quelconque; tel est le principe du holisme, et tel fut déjà un principe comtien. Dans la 23e Leçon, évoquant la prévision des éclipses, Comte montre quelle est sa condition de rationalité : la théorie positive.

On peut repérer le jeu d'une certaine circularité entre l'action de mesurer et le recours aux principes, serait-ce le principe de correspondance des unités. Les systèmes de référence utilisés le sont en relation avec la possibilité de mesurer et avec celle d'énoncer le principe convenable du point de vue de son utilisation théorique. L'action de mesurer et l'utilisation des principes caractérisent le travail scientifique en physique. Aussi la mesure est-elle au cœur de la théorie physique, qui inclut des lois dont la vérité dépend, d'une part, de la mesure, et, d'autre part, des principes. Pour résumer ce qui précède, disons que quelques lois, quelques concepts et quelques principes pourraient déterminer la théorie physique la plus complète. Sur cette base, Einstein envisageait d'accomplir, autant qu'il était possible, une œuvre scientifique de généralisation et d'unification. À cet égard, il est permis de dire que la théorie d'Einstein peut être considérée comme l'une des plus parfaites théories scientifiques. Or, selon ce que rapporte Holton, Einstein proclamait qu'il était nécessaire au physicien de savoir de quelle façon il *pensait* lui-même effectivement.

Cette dernière référence à la pensée spéculative, c'est-à-dire à l'élément déclaratif, n'exclut pas chez Einstein l'effet de l'élément procédural, inhérent aux faits physiques nécessairement compris comme des événements maîtrisés par la théorie et ses lois. Car, pour Einstein, une loi ou une constante n'était jamais qu'un «fait général» (position dans laquelle il rejoint certaines affirmations énoncées par Comte).

7. ÉPISTÉMOLOGIE INDIVIDUELLE, ÉPISTÉMOLOGIE SOCIALE

Les considérations épistémologiques précédentes n'en demeureraient pas moins valables si nous tentions de les mettre en relation, soit avec le sujet individuel représenté par le *cogito* cartésien, soit avec le sujet kantien, individuel et transcendantal, c'est-à-dire considéré uniquement du point de vue de la cognition, soit même enfin avec le sujet collectif de quelque *Comité positif occidental*, du type de celui que souhaitait Auguste Comte, à la 57e leçon du *Cours de philosophie positive*[49]. Rappelons que le Comité scientifique envisagé par Comte n'était pas seulement destiné à la diffusion des idées scientifiques, il était également conçu comme devant servir à édifier, dans son contenu et dans sa forme, «le système universel de l'éducation positive»[50], en aidant à ce que Comte appelait l'«essor plus complet des facultés de généralisation et d'abstraction»[51].

Quoi qu'il en soit, il est vrai, en tout cas, et d'un point de vue général, que la soumission de la recherche d'un sujet épistémique au critère scientifique de la socialité semble bien manifester l'une des dernières exigences reconnues de la scientificité. Et, de ce point de vue précis, les réactions de l'école purement rationaliste à cette perspective sociale, jugée par elle intempestive, sont elles-mêmes réductibles à des faits académiques[52] ou institutionnels, donc sociaux. En outre, les éléments strictement théoriques que nous avons expressément discernés jusqu'ici, n'excluent pas *a priori* la possibilité d'une intervention d'éléments, dits « métaphysiques » ou « culturels », ayant toujours une origine sociale pour l'individu qui les reçoit à travers l'éducation, et qui les retransmet à son tour.

Si l'on veut bien accepter de considérer un instant le point de vue de la philosophie positive, Comte annonçait dans le *Discours sur l'esprit positif* (1844) que l'esprit scientifique était « social » par priorité. Ce qui voulait dire pour lui que l'œuvre scientifique se déroulait dans le cadre social d'une « société des savants », agissant elle-même au sein de la « société générale », localisée dans l'histoire intellectuelle et politique du temps. Ces observations n'allaient pas sans impliquer une évidence déterminante : à savoir que la scientificité avait adopté à travers elles un nouveau critère, celui de la socialité. Le point de vue social y était annoncé comme étant devenu « seul susceptible d'une active universalité »[53]. D'où, pour première conséquence, le refus de la considération *unique* d'une rationalité universelle, abstraite et *a priori*. Tout au contraire, est impliquée l'affirmation de la possibilité d'ajouter à une première rationalité, pour ainsi dire « naturelle » et universelle à la base, une seconde rationalité, non moins universelle, mais « historique » et *a posteriori*. Entre donc en considération la référence à un nouveau présupposé, qui n'est autre que le cadre de la société savante, elle-même inscrite dans la société générale.

La communauté scientifique était pour Comte historiquement et socialement constituée, au sein de laquelle était supposé s'être développée une rationalité initialement pure et simple. Sur ces considérations, il est permis de se demander si un principe de socialité ne joue pas effectivement un rôle dans le travail scientifique. Ce travail intellectuel n'apparaît plus comme exclusivement intellectuel, mais doit, en tant que « nouvel esprit scientifique », en outre acquérir l'autorité qui lui est nécessaire en se faisant d'abord reconnaître par la société des scientifiques, afin de s'imposer au consensus nécessaire. Du moins, c'est ce que semble l'exiger la *nouvelle rationalité objective*, propre à tout esprit scientifique dans la mesure où cette rationalité est, en fait, propre à la mentalité d'un corps scientifique, situé dans les coordonnées autant de l'histoire que de l'espace culturel.

On peut survoler l'évolution des conditions philosophiques du sujet épistémique moderne. Parti de l'*assurance cartésienne* inhérente au *cogito* individuel, quant à la puissance pensante de l'être humain, et qui s'avère être la base historique et métaphysique fondamentale et incontournable de la *science moderne*, le sujet épistémique est passé ensuite à travers le crible de la pitié rousseauiste, donnant droit au mode non moins fondamental de la *communication*, qui ne devait pas manquer de préparer aux sciences sociales. Il est maintenant sur la voie de devoir composer avec une conception mixte de la philosophie des sciences : mi-individuelle, mi-sociale. Pour jouer sur le plan de la déclaration propositionnelle, comme pour jouer sur le plan de la procédure active, l'épistémologie doit se reconnaître elle-même autant déclarative que procédurale. Ce qu'elle entraîne d'opérations pratiques et théoriques la met dans la double perspective du « faire faire » et du « faire penser », dans laquelle s'est engagée la science dans son mode d'avancement. C'est pourquoi l'épistémologie et la philosophie des sciences sont appelées à répondre à une double série d'exigences : aux exigences d'une rationalité formelle, dite *a priori*, en même temps qu'aux exigences d'une rationalité sociale, reconnue *a posteriori*.

La dualité de ce type d'exigence donne voie à une conception mixte de l'épistémologie : à la fois individuelle et sociale. La socialité très particulière, qui est propre à une société savante ou à un comité scientifique, semble devoir consolider les vertus du sujet épistémique formel et général, du moins dans la mesure où celui-ci peut en tirer les bases consensuelles d'une légitimation de la vérité scientifique. La perspective sociale n'exclut en aucune façon la perspective formelle; elle s'accompagne nécessairement d'une remise en cause de la relation sujet/objet, décidée par la rencontre d'une épistémologie individuelle et d'une épistémologie sociale.

Le changement dans la relation sujet/objet, qui a été confirmé surtout par les dernières avancées de la physique quantique, fut suggéré très tôt dans la visée d'une totalisation de l'expérience ou d'une unité de champ, englobant ensemble sujet et objet dans un tout aux éléments solidaires, en concordance unanime avec un principe d'homologie, que nous avons cru devoir dégager de l'épistémologie positiviste proposée par Comte[54].

Pour ce qu'il en est de la question philosophique de l'*origine épistémologique*, comme de la question épistémologique du *mode d'effectuation des processus de symbolisation*, la reconstitution des voies suivies par l'esprit dans le travail scientifique met au jour avec évidence des processus formels individuels, en œuvre à côté de processus indéniablement sociaux quant à leur incitation chez l'individu. La métaphysique des *themata* s'accommode parfaitement avec les propositions vérifiées de la science la plus rigoureuse. De plus, en un sens, à travers cette métaphysique, il s'agit aussi d'éléments d'origine sociale, puisqu'ils sont généralement d'origine culturelle, retransmis et enseignés, même s'ils sont délibérément choisis par tel sujet épistémique. Les *themata* de Holton sont des éléments qui s'infiltrent dans le cœur des croyances scientifiques. La métaphysique traditionnelle a elle-même permis au physicien d'utiliser avec succès ses schèmes de pensée. Le cadre conceptuel offert ainsi par la métaphysique aux scientifiques a été à la fois utile et fécond, ne serait-ce que dans le départ d'une recherche, même si par la suite, les résutats scientifiques n'avaient plus rien à voir avec ce qui avait indirectement concouru à les produire. C'est le cas de la philosophie de Kierkegaard et de toute l'Ecole de Copenhague, qui influencèrent le mode de penser de Bohr et mirent le savant dans des conditions formelles en opposition au mode de penser d'Einstein qui lui-même reconnaît avoir été un moment influencé par Spinoza et par Mach. Gerald Holton a étudié ces diverses influences philosophiques[55].

Quelle soit une ou multiple, il semble que la rationalité scientifique actuelle ait peu à craindre de la sociologie des sciences ni même des grands thèmes métaphysiques qui peuvent inspirer la recherche scientifique. En effet, les nouveaux philosophes des sciences ne reculent pas devant la métaphysique *a posteriori* qu'ils décèlent dans les résultats de la physique, tel Henry Krips qui rejette la notion de complémentarité de Bohr.

Bibliographie

Alston (William P.), *Epistemic Justication. Essays in The Theory of Knowledge*, Ithaca et Londres, Cornell University Press, 1989. Voir l'*Essai 8* : «Internalism and Externalism in Epistemology».

Berger (P.) and Luckmann (T.), *The Social Construction of Reality*, London, Penguin Press, 1967.

Bernal (J.D.), *Science in History* (1954), vol. 1, *The Emergence of Science*; vol. 2, *The Scientific and Industrial Revolutions*; vol. 3, *The Natural Sciences in Our Time*; vol. 4, *The Social Sciences : Conclusion.* Troisième édition en 1965. Première édition en livre de poche, MIT Press Paperback, mars 1971.

Bernal (J.D.), *The Social Function of Science*, Londres, Routledge & Kegan Paul, 1939.

Baigrie (Brian S.), «Les recoins de la raison : vers une sociologie cognitive de la science», in *Sociologie de la science. Sociologie des sciences et rationalité scientifique*, sous la direction d'Angèle Kremer-Marietti, 1998.

Braunstein (Samuel L.) and Carlton (M. Caves), «Quantum rules : An effect can have more than one operation», in *Foundations of Physik Letter*, Editor Alwyn van der Merwe, FPLEET 1 (1), 1-100 (1988), March 1988,p. 2-12.

Brenner (Anastasios), *Duhem. Science, réalité et apparence*, Paris, Vrin, 1990.

Brodowski (Michel), *Les couches de la théories et des critères méthodologiques. Étude des sciences empiriques dans une méthodologie formelle*, paru en polonais à Lublin (Pologne), Wydawnctwo Uniwerytetu M. Curie Sklodowskiej, 1988.

Brown (James Robert), *La science prosaïque de Bruno Latour*, in *Sociologie de la science*, 1998.

Cartwright (Nancy), *How the Laws of Physics lie*, Oxford University Press, 1983.

Changeux (Jean-Pierre), *L'homme neuronal*, Paris, Fayard, 1983.

Charon (Jean), *L'homme à sa découverte*. Paris, Éditions du Seuil, 1963.

Comte (Auguste), *Discours sur l'esprit positif* (1844), Édition classique, Paris, Société Positiviste, 1923.

Comte (Auguste), *Physique sociale. Cours de philosophie positive. Leçons 46 à 60* (1839-1842), Paris, Hermann, 1975.

Coulter (Jeff), *The Social Construction of Mind. Studies in Ethnomethodology and Linguistic Philosophy*, London, Macmillan Press Ltd, 1979.

Dreyfus (Hubert), « Foucault et la psychothérapie », *Revue Internationale de Philosophie*, 1990/2, p. 209-230.

Duhem (Pierre), *La Théorie physique. Son objet. Sa méthode*, deuxième édition revue et augmentée, Paris, Marcel Rivière & Cie, 1914.

Eccles (John), « The World of Objective Knowledge », in *The Philosophy of Karl Popper*, La Salle, Illinois, Open Court, 1974. Voir tome I, p. 349-370.

Einstein (Albert), « Zur Elektrodynamik bewegter Körper », *Annalen der Physik*, 17, 1905.

Einstein (Albert), « Autobiographical Notes », in Schilpp (Paul A.), *Albert Einstein : Philosopher-Scientist*, Evanston, Illinois, Open Court, 1949.

Einstein (Albert), « Reply to Criticism », in Paul A. Schilpp, *Albert Einstein : Philosopher-Scientist*, Evanston, Illinois, Open Court, 1949.

Goldman (Alvin I.), *Epistemology and Cognition*, Cambridge Mass. et Londres, Angleterre, Harvard University Press, 1986. Voir l'introduction de l'ouvrage.

Granger (Gilles), « Pour une épistémologie du travail scientifique », in *La Philosophie des sciences aujourd'hui*. Publication de l'Académie sous la direction de Jean Hamburger, Paris, Gauthier-Villars, Bordas, 1986.

Hacking (Ian), *Representing and Intervening*, Cambridge University Press, 1983.

Hawking (Stephen), *Une brève histoire du temps. Du bing bang aux trous noirs*, traduit par Isabelle Naddeo-Souriau, Paris, Flammarion, 1989.

Holton (Gerald), *L'imagination scientifique*, Paris, Gallimard, 1981.

Holton (Gerald), *L'invention scientifique*, Paris, PUF, 1982.

Holton (Gerald), *The Advancement of Science and its Burdens. The Jefferson Lectures and Other Essays*, Cambridge University Press, 1986.

Holton (Gerald), *Thematic Origins of Scientific Thought. Kepler to Einstein*, Revised Edition, Cambridge, MA : Harvard University Press, 1988.

Kremer-Marietti (Angèle), *Les racines philosophiques de la science moderne*, Bruxelles, Mardaga, 1987.

Kremer-Marietti (Angèle), « De la matérialité du discours saisi dans l'institution », *Revue Internationale de Philosophie*, 1990/2, p. 241-261.

Kremer-Marietti (Angèle), « Measurement and Principles : the Structure of Physical Theories », *Revue Internationale de Philosophie*, 1992, 3, n° 182, p. 361-375.

Kremer-Marietti (Angèle), *La philosophie cognitive*, Paris, PUF, 1994.

Kremer-Marietti (Angèle), *La raison créatrice*, Paris, Kimé, 1996.

Krips (Henry), *The Metaphysics of Quantum Theory*, Oxford, Clarendon Press, 1987.

Kuhn (Thomas Samuel), *La structure des révolutions scientifiques* (1962), traduction de L. Meyer, Paris, Collection «Champs», Flammarion, 1983.

Latour (Bruno), *La science en action*, Paris, La Découverte, 1989.

Laudan (Larry), *La dynamique de la science*, traduit de l'anglais par Philip Miller, préface de Michel Meyer, Bruxelles, Mardaga, 1977.

Lécuyer (Bernard-Pierre), «Sociologie de la connaissance et sociologie de la science», in *Sociologie de la science. Sociologie des sciences et rationalité scientifique*, sous la direction d'Angèle Kremer-Marietti, 1998.

Longino (Helen), *Science as Social Knowledge : Values and Objectivity in Scientific Inquiry*, Princeton, NJ, Princeton University Press, 1989.

Marietti (Angèle), *Les formes du mouvement chez Bergson*, Paris, Diffusion Vrin, 1953.

Marietti (Angèle K.), *Michel Foucault. Archéologie et Généalogie*, Paris, LGF, 1985.

Merton (Robert), *Science, Technologie and Society in Seventeenth England* (1938), New Jersey, Sussex, 1978.

Miller (Richard W.), *Fact and Method. Explanation, Confirmation, and Reality in the Natural and the Social Sciences*, Princeton University Press, 1987.

Plé (Bernhard), «La sociologie de la science de Merton : une prise de conscience américaine à l'égard du progrès des sciences», in *Sociologie de la science. Sociologie des sciences et rationalité scientifique*, sous la direction d'Angèle Kremer-Marietti, 1998.

Schilpp (Paul A.), *Albert Einstein : Philosopher-Scientist*, Evanston, Illinois, Open Court, 1949. Voir l'article d'Einstein, «Reply to Criticism», p. 673-674.

Taine (Hippolyte), *Philosophie de l'art* (1882), Genève, Slatkine, 1980.

Van Fraassen (Bas C.), *The Scientific Image*, Oxford University Press, 1980.

NOTES

[1] *Cf.* Jeff Coulter, *The Social Construction of Mind. Studies in Ethnomethodology and Linguistic Philosophy*, Londres, Macmillan Press Ltd, 1979.

[2] *Cf.* Jean-Pierre Changeux, *L'homme neuronal*, Paris, Fayard, 1983.

[3] *Cf.* P. Berger and T. Luckmann, *The Social Construction of Reality*, Londres, Penguin Press, 1967.

[4] *Cf.* Helen Longino, *Science as Social Knowledge : Values and Objectivity in Scientific Inquiry*, Princeton N.J., Princeton University Press, 1989.

[5] *Cf.* Alvin I. Goldman, *Epistemology and Cognition*, Cambridge, Mass., et Londres, Angleterre, Harvard University Press, 1986. Voir l'introduction de l'ouvrage.

[6] *Cf.* William P. Alston, *Epistemic Justication. Essays in The Theory of Knowledge*, Ithaca et Londres, Cornell University Press, 1989. Voir l'*Essai 8* : «Internalism and Externalism in Epistemology».

[7] Gilles Granger, «Pour une épistémologie du travail scientifique», in *La Philosophie des sciences aujourd'hui*. Publication de l'Académie sous la direction de Jean Hamburger, Paris, Gauthier-Villars, Bordas, 1986, p. 110-122.

[8] *Op.cit.*, p. 112.

[9] *Ibid.*

[10] *Cf.* Larry Laudan, *La dynamique de la science*. Traduit de l'anglais par Philip Miller, préface de Michel Meyer. Bruxelles, Mardaga, 1977.

[11] *Op. cit.*, p. 202.

[12] *Op. cit.*, p. 202-203.
[13] *Op. cit.*, p. 203.
[14] *Cf.* Brian S. Baigrie, «Les recoins de la raison : vers une sociologie cognitive de la science», in Angèle Kremer-Marietti, *Sociologie de la science. Sociologie des sciences et rationalité scientifique*, 1998.
[15] Larry Laudan, *op. cit.*, p. 204.
[16] Voir, dans le numéro de la *Revue Internationale de Philosophie*, 1990/2, consacré à Michel Foucault, les articles de Hubert Dreyfus, «Foucault et la psychothérapie», et A. Kremer-Marietti, «De la matérialité du discours saisi dans l'institution».
[17] *Cf.* Thomas Samuel Kuhn, *La structure des révolutions scientifiques* (1962), traduction de L. Meyer, Paris, Collection «Champs», Flammarion, 1983.
[18] *Cf.* Taine Hippolyte, *Philosophie de l'art* (1882), Genève, Slatkine, 1980.
[19] *Cf.* J.D. Bernal, *Science in History* (1954), vol. 1, *The Emergence of Science*; vol. 2, *The Scientific and Industrial Revolutions*; vol. 3, *The Natural Sciences in Our Time*; vol. 4, *The Social Sciences : Conclusion*, troisième édition en 1965, première édition en livre de poche, MIT Press Paperback, mars 1971. Du même auteur, citons également *The Social Function of Science*, Londres, Routledge & Kegan Paul, 1939.
[20] *Cf.* Robert Merton, *Science, Technologie and Society in Seventeenth England* (1938), New Jersey, Sussex, 1978.
[21] *Cf.* Bernard-Pierre Lécuyer, «Sociologie de la connaissance et sociologie de la science», et Bernhard Plé, «La sociologie de la science de Merton : une prise de conscience américaine à l'égard du progrès des sciences», in *Sociologie de la science. Sociologie des sciences et rationalité scientifique*, 1998.
[22] Thomas Kuhn, *op. cit.*, p. 38.
[23] *Cf.* Gerald Holton, *Thematic Origins of Scientific Thought. Kepler to Einstein*, Revised Edition, Cambridge, MA, Harvard University Press, 1988.
[24] Gilles Granger, *op. cit.*, p. 112.
[25] Larry Laudan, *op. cit.*, p. 187.
[26] Sir John Eccles, «The World of Objective Knowledge», in *The Philosophy of Karl Popper*, La Salle, Illinois, Open Court, 1974. Voir tome I, p. 349-370.
[27] Paul A. Schilpp, *Albert Einstein : Philosopher-Scientist*, Evanston, Illinois, Open Court, 1949. Voir l'article d'Einstein, «Reply to Criticism», p. 673-674.
[28] Gerald Holton, *The Advancement of Science and its Burdens. The Jefferson Lectures and Other Essays*, Cambridge University Press, 1986, p. 177.
[29] Auguste Comte, *Physique sociale*, Paris, Hermann, 1975, p. 778.
[30] Pierre Duhem, *La Théorie physique. Son objet. Sa méthode*, deuxième édition revue et augmentée, Paris, Marcel Rivière & Cie, 1914, p. 24. Sur Duhem, voir l'ouvrage publié par Anastasios Brenner, *Duhem. Science, réalité et apparence*, Paris, Vrin, 1990, ainsi que la communication du même auteur dans l'ouvrage collectif *Sociologie de la science. Sociologie des sciences et rationalité scientifique*, 1998.
[31] Pierre Duhem, *op. cit.*, p. 5.
[32] *Cf.* Nancy Cartwright, *How the Laws of Physics lie*, Oxford University Press, 1983, p. 77. De toute manière — et quelle que soit la position adoptée — que le réalisme ait à apprendre de l'anti-réalisme, c'est aussi ce que montre Richard W. Miller, dans son ouvrage *Fact and Method*, Princeton University Press, 1987.
[33] *Cf.* Ian Hacking, *Representing and Intervening*, Cambridge University Press, 1983.
[34] Voir les «Questions de méthode» dans Angèle Kremer-Marietti, *Entre le signe et l'histoire. L'Anthropologie positiviste d'Auguste Comte*, Paris, Méridiens Klincksieck, 1982; chapitre premier : «Du monde à l'homme par la médiation du langage des sciences positives»; chapitre II : «De l'homme au monde par la médiation de la sociologie»; chapitre III : «Questions de méthode : la révolution anthropologique».

[35] Bas Van Fraassen, *The Scientific Image*, Oxford University Press, 1980, p. 2. *Op. cit.*, p. 64.
[36] *Cf.* Stephen Hawking, *Une brève histoire du temps. Du bing bang aux trous noirs*, traduit par Isabelle Naddeo-Souriau, Paris, Flammarion, 1989.
[37] *Cf.* Jean Charon, *L'homme à sa découverte*, Paris, Éditions du Seuil, 1963.
[38] *Op. cit.*, p. 20.
[39] Albert Einstein, «Autobiographical Notes», in Albert Einstein, *Philosopher-Scientist*, *op. cit.*, p. 59-61.
[40] Larry Laudan, *op. cit.*, p. 25.
[41] Jan Hacking, *op. cit.*, p. 31.
[42] *Cf.* Bruno Latour, *La science en action*, Paris, La Découverte, 1989.
[43] Nous nous référons à la contribution au Colloque apportée par Michel Brodowski, «Théories empiriques de l'Espace-Temps», mais également à son ouvrage dont le titre se traduit en français comme suit : *Les couches de la théories et des critères méthodologiques. Étude des sciences empiriques dans une méthodologie formelle*, paru à Lublin, en Pologne, Wydawnctwo Uniwerytętu M. Curie Sklodowskiej, 1988.
[44] Einstein, «Zur Elektrodynamik bewegter Körper», *Annalen der Physik*, 17, 1905, p. 94.
[45] *Cf.* Angèle Marietti, *Les formes du mouvement chez Bergson*, Paris, Diffusion Vrin, 1953.
[46] Samuel L. Braunstein and Carlton M. Caves, «Quantum rules : An effect can have more than one operation», in *Foundations of Physik Letter*, Ed. Alwyn van der Merwe, FPLEET 1 (1), 1-100 (1988), March 1988, p. 2-12.
[47] *Op. cit.*, p. 3.
[48] *Cf.* Henry Krips, *The Metaphysics of Quantum Theory*, Oxford, Clarendon Press, 1987. Nous avons publié entre-temps un article intitulé «Measurement and Principles : the Structure of Physical Theories», *Revue Internationale de Philosophie*, 1992, 3, n° 182, p. 361-375.
[49] Auguste Comte, *Physique sociale*, *op. cit.*, p. 696.
[50] Auguste Comte, *op. cit.*, p. 683.
[51] Auguste Comte, *op. cit.*, p. 674.
[52] Voir la communication de Brian Baigrie dans ce volume.
[53] *Discours sur l'esprit positif*, édition classique de 1923, Paris, Société Positiviste, p. 77.
[54] *Cf.* A. Kremer-Marietti, *Entre le signe et l'histoire*, p. 143. Voir également A. Kremer-Marietti, *Le projet anthropologique d'Auguste Comte*, Paris SEDES, 1980; le chapitre IV, «Le principe d'homologie de la totalisation anthropologique», p. 53-69; plus spécialement, p. 62 : «Pas plus qu'il n'y a une science des sujets en soi, il n'y a une science des objets en soi; le tout doit être considéré chaque fois : à savoir l'organisme et le milieu, la connaissance et l'objet de la connaissance, le concept étant le produit de cette dernière dualité résolue dans l'harmonie du tout et de la partie.»
[55] Nous renvoyons à Angèle Kremer-Marietti, *Les racines philosophiques de la science moderne*, Bruxelles, Mardaga, 1987. Voir les ouvrages de Holton, traduits en langue française sous les titres *L'invention scientifique*, PUF, 1982, et *L'imagination scientifique*, Gallimard, 1981.

Index des noms

Table des matières

ILOSOPHIE ET LANGAGE
lection publiée sous la direction de Sylvain AUROUX, Claudine NORMAND, Irène ROSIER

vrages déjà parus dans la même collection

AM : Éléments de linguistique textuelle
DLER *et al.* : Philosophie et cognition – Colloque de Cerisy
SCOMBRE / DUCROT : L'argumentation dans la langue
ROUX : Histoire des idées linguistiques – Tome 1
ROUX : Histoire des idées linguistiques – Tome 2
ROUX : La révolution technologique de la grammatisation
SSIERE : Dire le littéraire
RILLO : Information pour les sciences de l'homme
SEBEER : Hermann Hesse
USSAT : La langue source de la Nation
IROLLET : Esthétique et technoscience
METTI : Musil
UTURE : Éthique et rationalité
CROSSE : L'esprit de société
MINICY : La naissance de la grammaire moderne
FAYS : Stéréotype et lecture – Essai sur la réception littéraire
ERAERT-DESMEDT : Le Processus interprétatif – Introduction à la sémiotique de Ch. S. Pierce
NTANILLE-ZILBERBERG : Tension et signification
RMIGARI : La sémiotique empirique face au kantisme
LVEN : Etre et temps de Heidegger
ILHAUMOU-MALDIDIER-ROBIN : Discours et archive. Expérimentation en analyse du discours
ARSCHER : La raison du plus fort
YNDELS : La pensée fragmentée
NTIKKA : Investigations sur Wittgenstein
ER : L'acte de lecture
COB : Anthropologie du langage
BEDI-VARGA : Discours, récit, image
EMER-MARIETTI : Les racines philosophiques de la science moderne
EMER-MARIETTI : Sociologie de la science
MIZET : Les lieux de la communication
RUELLE : Philosophie et non-philosophie
TRAVERSE : La pragmatique
UDAN : Dynamique de la science
URIER : Introduction à la philosophie du langage
MPEREUR : L'argumentation – Colloque de Cerisy
AINGUENEAU : Genèse du discours
ARTIN : Langage et croyance
EYER : De la problématologie
OUREY : Borges, vérité et univers fictionnels
UBERG : Théorie de l'action
RRET : Les passions
RRET : La communauté en paroles
HLIEBEN-LANGE : Idéologie, révolution et uniformité de la langue
ERIDAN : Discours, sexualité et pouvoir (Michel Foucault)
UART MILL : Système de logique
ABANT : Humboldt ou le sens du langage
NDERVEKEN : Les actes de discours
ECK : Francis Ponge ou le refus de l'absolu littéraire